KB262298

시로 읽는 국어 정서법

시로 읽는 국어 정서법

시로 읽는 국어 정서법

강 희 숙

글누림

　이 책은 2005년 3월부터 2006년 7월까지 1년 4개월 동안 캐나다 토론토 한국일보의 월요일자 신문에 70회에 걸쳐 연재한 글들을 모은 것이다. 제목이 암시하듯이, 이 책은 시 텍스트 속에서 발견되는 국어 현상을 정서법(正書法) 차원에서 분석하는 데 목적을 두었다.

　지난 2004년, 필자는 캐나다 토론토대학교 언어학과에 1년간 머물렀다. 전공인 사회언어학 연구를 위해서였다. 아울러 교민 사회의 이모저모를 들여다보는 가운데 우리의 모국어인 한국어 교육의 실태를 돌아볼 기회를 가졌다. 그 결과, 이른바 복합문화주의를 표방하는 캐나다 정부가 각 민족의 고유 언어 교육을 장려하는 언어 정책을 전개하고 있는 데 부응한 결과이기도 하겠지만, 어딜 가든 숨기기 어려운 우리 민족의 뜨거운 교육열에 힘입어 토론토 총영사관 관할 구역만 하더라도 85개의 한국어 교육 기관에 470여 명의 한국어 교사가 활동을 하고 있을 정도로 활발한 모습을 관찰할 수 있었다.

　그해 여름, 미주의 한국어 교사를 대상으로 이루어진 학술대회에서 필자는 '한글 맞춤법과 국어 음운론'이라는 제목의 특강을 할 기회가 있었던바, 그때에 만났던 한국어 교사들과 몇몇 교민들이 자신들이 해외로 이주한 후에 새롭게 바뀐 국어 어문 규정에 대해 낯설어 하면서 별도로 공부할 시간을 갖기를 원하였다. 그리하여 때로는 몇몇 지인들을 대상으로, 때로는 신문사 편집국 기자들을 대상으로 강의가 이루어졌다. 국어 정서법을 쉽게 소개하는 글을 연재해 보자는 토론토 한국일보사 측의 제안을 받은 것도 바로 그와 같은 맥락에서였다. 『한글 맞춤법』('띄어쓰기', '문장부호' 포함), 『표준어 규정』, 『외래어 표기법』 등 주요 어문 규정 가운데 특별히 일반인들의 이해를 필요로 한다고 여겨지는 규정과 관련을 지을 수 있는 시 텍스트를 선정하고, 그에 대한 짤막한 감상과 함께 국어 현상과 어문 규정에 대한 해설을 골자로 하는 매주 한 편의 글쓰기는 이렇게 해서 이루어졌다. 그러므로 이 책은 필자와 캐나다 동포사회가 1년 동안 맺은 귀한 인연의 결실인 셈이다.

앞서 말했듯이, 이 책은 일차적으로 일반인들이 시 텍스트를 매개로 하여 문법의 각 층위에 걸쳐 관찰할 수 있는 국어 현상에 대한 이해와 함께 그와 관련되는 정서법 혹은 표기 규범에 대한 체계적인 이해를 꾀할 목적으로 씌어진 것이긴 하지만, 경우에 따라서는 대학 학부 수준 강의의 주 교재나 보조 자료로 활용할 수 있을 것으로 여겨진다.

그러나 뭐니 뭐니 해도 가장 의미 있는 일은 국어 현상이니 정서법 규정이니 하는 부담은 다 내려놓은 채 그저 편안한 마음으로 한 편의 시 읽기에 빠져 보는 일이라고 할 것이다. 그때라면 비로소 국어학적 지식에 관한 혹은 한 편의 글쓰기에 대한 필자의 자괴감을 덜 수 있을 것으로 여겨지는바, 아무쪼록 이러한 유형의 책 읽기를 통해서나마 시를 읽고 시를 아는 인구가 많아질 수 있기를 바라는 마음 간절하다.

신문의 연재가 끝나고 난 후 한 권의 책으로 엮으면 어떨까 하는 생각을 어렴풋하게나마 가지고 있었지만, 쉴 새 없는 일의 홍수에 떠밀리어 차일피일 미뤄지고 있다가, 지난해 여름방학과 겨울방학을 온전히 바치고 난 뒤에야 이 작업에서 손을 뗄 수 있게 되었다.

그럼에도 불구하고 이 책의 내용들 가운데는 온전치 못한 구석들이 적지 않다는 점이 못내 마음에 걸린다. 특히 시에 관한 한 문외한일 수밖에 없는 필자로선 오독과 오분석을 피할 수 없었을 터, 시를 쓰고 읽는 이들의 속 깊은 포용을 바랄 뿐이다.

이 책이 만들어지기까지 많은 분들의 도움이 있었다. 맨 먼저, 필자로 하여금 시라는 텍스트 속에서 국어 현상을 발견할 수 있도록 시를 이 세상에 내놓은 모든 시인들께 감사의 말씀을 전하고 싶다. 일일이 허락을 구하지 못한 경우도 없지 않은바, 나중에라도 이러한 필자의 결례를 용서해 주실 것으로 믿는다. 또한, 게으른 필자에게 마감시간이라는 채찍을 통해 1년 이상 매주 한 편씩 글을 실을 수 있도록 허락해 준 토론토 한국일보의 김명규 회장님과 김운영 사장님의 배려가 없었다면 이 책은 아예 싹조차 틔우지 못했을 것이다. 언제 책이 나오느냐고 하는 몇몇 토론토의 독자들의 채근도 큰 힘이 되었다. 대학원생인 박혜숙 선생과 박정자 선생은 시 텍스트의 원전을 확인하는 일을 비롯하여 오자와 내용상의 오류를 바로잡는 일 등 많은 부분에서 도움을 주었다. 이 자리를 빌려 고마움을 전한다. 큰 효용 가치가 있을 것으로 보이지도 않는 책의 출판을 기꺼이 허락해 준 글누림출판사의 최종숙 사장님과 편집진들께도 깊은 감사의 말씀을 드린다.

2007년 봄
무등산 아래 서석동 캠퍼스에서, 필자 씀.

차 례

제 1 장

시로 읽는
『한글 맞춤법』

시로 읽는 국어 정서법

님의 노래

김 소 월

그리운 우리 님의 맑은 노래는
언제나 제 가슴에 젖어 **있어요.**

긴 날을 밖에서 서서 들어도
그리운 우리 님의 고운 노래는
해지고 저무도록 귀에 들려요.
밤들고 잠드도록 귀에 **들려요.**

고히도 흔들리는 노랫가락에
내 잠은 그만이나 깊이 들어요.
고적(孤寂)한 잠자리에 홀로 누워도
내 잠은 포스근히 깊이 **들어요.**

그러나 자다 깨면 님의 노래는
하나도 남김 없이 잃어버려요.
들으면 듣는 대로 님의 노래는
하나도 남김 없이 잊고 **말아요.**

1920년대 한국시에서 민족적 서정의 진수를 보여주었던 김소월. 그가 남긴 250여 편의 시에 담겨 있는 아름다운 정서는 세기가 바뀐 지금에도 여전히 우리를 사로잡고 있다. 그가 생전에 펴낸 유일한 시집 ≪진달래꽃≫이 간행된 해가 1925년이고 보면, 80여 년이라는 긴 세월의 강이 놓여 있음에도 불구하고 그의 노래는 아직도 우리의 귓가에 쟁쟁하다고 할 수 있는 것이다.

소월의 시가 가지고 있는 최대의 매력은 무엇일까? 그것은 역시 우리말의 결을 잘 살린 부드러운 가락에 있다. <님의 노래>를 통해 확인할 수 있듯이, 3·4·5라는 음절수의 반복에 의해 실현되는 3음보의 율격은 우리 민족의 삶 속에 면면히 뿌리를 내려온 민요의 가락과 일치한다. 따라서 그의 시들은 우리의 감정과 호흡에 가장 잘 어울리는 가락을 지니고 있다. 더구나 그것은 맑고도 고운 임의 노래라고 할 수 있는 바, 깊은 잠 속에서도 우리의 영혼을 붙드는 아름다운 노래임에 틀림이 없다.

시로 읽는 『한글 맞춤법』 1 — 모음조화와 표기 원칙(1)
어미 ‘ – 아요’와 ‘ – 어요’의 대립

<님의 노래>에서 두드러지게 나타나는 또 하나의 가락, 혹은 음악적 리듬으로, 우리는 각 연의 마지막 시구(詩句)들, 곧 ‘있어요’, ‘들려요’, ‘들어요’, ‘말아요’에서 발견되는 국어 모음조화 현상에 대해서 주목하게 된다.

모음조화(vowel harmony)라 함은 2음절 이상의 국어 단어에서 흔히

발견되는 현상으로, 양성모음은 양성모음끼리, 음성모음은 음성모음끼리 결합하는 현상을 말한다. '찰랑찰랑'(양성모음끼리의 연결)과 '출렁출렁'(음성모음끼리의 연결) 같은 의태어의 대립이 그러한 예이다.

'있어요', '들려요', '들어요', '말아요'와 같은 시구 또한 마찬가지다. 이러한 시구들은 각각 다음과 같은 구성 방식에 의해 형성되었다.

    (1) ㄱ. 있어요 → 있+어(요)
       ㄴ. 들려요 → 들리+어(요)
       ㄷ. 들어요 → 들(＜듣-)+어(요)
       ㄹ. 말아요 → 말+아(요)

이와 같이 분석되는 각 단어의 구성 요소들을 검토해 보면, (1ㄱ)~(1ㄷ)에서는 어간 '있-', '들리-', '들-' 다음에 어미 '-어(요)'가, (1ㄹ)의 '말-' 뒤에는 '-아(요)'가 연결되고 있음을 알 수 있다. 여기에서 발견되는 '-어(요)'와 '-아(요)'는 이른바 음운론적 조건에 따른 이형태(phonologically conditioned allomorph)로서 '-어(요)'는 음성형, '-아(요)'는 양성형이다. 그러니까 '있-', '들리-', '들-'의 어간말 모음 /ㅣ, ㅡ/는 음성의 조화 자질을 가지고 있어 음성형인 '-어(요)'를 취한 반면, '말-'의 모음 /ㅏ/는 양성의 조화 자질을 가지고 있어 양성형인 '-아(요)'를 어미로 취하고 있는바, 이와 같은 현상을 일컬어 모음조화라 하는 것이다.

여기에서 말하는 양성(陽性) 혹은 음성(陰性)이라는 모음의 조화 자질(harmonic feature)을 결정짓는 것은 음상(音相, phonic shape), 곧 말소리에 대한 느낌의 차이이다. '찰랑찰랑'과 '출렁출렁'에서 나타나는 어감(語感)의 차이는 '있어요'와 '말아요'와 같은 단어에 대해서도 동일하게 적용된다는 것이 국어 모음조화의 본질이다.

문제는 국어의 모음들 가운데 어떤 모음이 양성의 조화 자질을, 어떤
모음이 음성의 조화 자질을 갖고 있느냐 하는 것인데, 현대국어의 표준
단모음 10개의 조화 자질을 제시하면 다음과 같다.

  (2) ㄱ. 양성모음 : ㅏ, ㅗ
    ㄴ. 음성모음 : ㅣ, ㅔ, ㅐ, ㅚ, ㅟ, ㅡ, ㅓ, ㅜ

여기에서 보듯이, 현대국어 단계에서 국어의 단모음 가운데 양성모음
으로는 'ㅏ', 'ㅗ'가, 음성모음으로는 'ㅣ', 'ㅔ', 'ㅐ', 'ㅚ', 'ㅟ', 'ㅡ',
'ㅓ', 'ㅜ'가 있다. 양성모음보다 음성모음이 수적으로 적은 것은 역사적
인 음성모음화, 곧 양성모음이 음성모음으로 변화한 사실과 관련된다.

시

네 루 다

그러니까 그 나이였어…… 시가
나를 찾아왔어. 몰라, 그게 어디서 왔는지,
모르겠어, 겨울에서인지 강에서인지.
언제 어떻게 왔는지 모르겠어,
아냐, 그건 목소리가 아니었고, 말도
아니었으며, 침묵도 아니었어,
하여간 어떤 길거리에서 나를 부르더군,
밤의 가지에서,
갑자기 다른 것들로부터,
격렬한 불 속에서 **불렀어.**
또는 혼자 돌아오는데 말야
그렇게 얼굴 없이 있는 나를
그건 건드리더군.

나는 뭐라고 해야 할지 **몰랐어,** 내 입은
이름들을 도무지
대지 못했고,
눈은 멀었으며,
내 영혼 속에서 뭔가 시작되어 있었어,
열(熱)이나 잃어버린 날개,
또는 내 나름대로 해 보았어,
그 불을

해독하며,
나는 어렴풋한 첫 줄을 **썼어**
어렴풋한, 뭔지 모를, 순전한
넌센스,
아무것도 모르는 어떤 사람의
순수한 지혜,
그리고 문득 나는 보았어
풀리고
열린
하늘을,
유성(遊星)들을,
고동치는 논밭
구멍 뚫린 그림자,
화살과 불과 꽃들로
들쑤셔진 그림자,
휘감아도는 밤, 우주를

그리고 나, 이 미소(微小)한 존재는
그 큰 별들 총총한
허공(虛空)에 취해,
신비의
모습에 취해,
나 자신이 그 심연의
일부임을 느꼈고,
별들과 더불어 굴렀으며,
내 심장은 바람에 풀렸어.

"조국의 개척지인 '머나먼 서부'에서 나는 삶과 대지, 시, 빗속에서 태어났다."는 고백으로 자신의 유년 시절을 그려내었던 칠레의 시인 파블로 네루다는 겨우 열 살의 나이에 시를 쓰기 시작한 것으로 잘 알려져 있다.

바로 그 무렵이었는지도 모를 일이다. 뜨거운 불과 같은 강렬함으로 홀로 길을 걷고 있는 어린 영혼으로 하여금 시의 첫 줄을 쓸 수 있도록 만들었던 것은……. 그것은 마치 아무리 긁어도 긁어지지 않는 가려움 같은 것이어서, 네루다는 귀뚜라미처럼 또는 올빼미처럼 밤낮으로 노래하지 않고는 견딜 수 없는 상태가 되어, 인간의 언어 가운데 가장 빛나는 보석이라고 할 시의 탄생이 가능하도록 만들었을 것이다.

그러한 순간이 있었기에 네루다는 고작 스무 살의 나이에 ≪황혼의 일기≫, ≪스무 편의 사랑의 시와 한 편의 절망의 노래≫ 등 두 권의 시집을 통해 칠레 시단의 주목받는 신성(新星)으로 떠올랐고, 노벨상 수상 시인으로서, 칠레 민중의 불꽃으로서 탄생 100주년이 훨씬 넘은 오늘날까지도 세계인의 가슴에 오롯이 남아 있다.

무언가에 강렬하게 사로잡힐 것, 그 강렬함이 영혼을 뒤흔듦으로써 창조적인 삶을 살 수 있도록 만들 것. 이것이야말로 우리가 매 순간 꿈꾸는 일이다. 이러한 꿈은 다른 누구보다도 시구 하나하나의 조탁에 목숨을 거는 시인들에게 더더욱 긴요한 것일 수 있다.

일정한 대상에 대한 미칠 듯한 열기와 목숨을 건 집착, 이것이 없이 위대한 예술은 이루어지지 않는다. 그것은 비단 예술의 창조에만 해당하는 것은 아닐 것이다. 장님 코끼리 다리 만지기 식으로 대상의 일부만을 보고 전체를 다 아는 것처럼 생각하는 것이 아니라, 그것이 지닌 본질적인 속성을 속속들이, 총체적으로 이해할 수 있도록 하기 위해서라면, 또한 그러한 열기와 집착이 요구되는 것이다.

언어 현상만 하더라도 그렇다. 앞글에서 이루어진 국어 모음조화 현상에 대한 비교적 상세한 설명에도 불구하고, 아직 다 이해하지 못한 것이 있으니, 그것은 모음 '으'가 중성 모음(中性母音, neutral vowel)의 자질을 갖는다는 점이다.

시로 읽는 『한글 맞춤법』 2 ─ 모음조화와 표기 원칙(2)
'불렀어'와 '몰랐어'의 '었~았'의 교체와 중립모음 '으'

앞글에서 필자는 국어의 모음을 이른바 조화 자질(harmonic feature)의 측면에서 양성모음과 음성모음으로 구분할 수 있다는 설명을 하였다. 그러나 여기에는 예외가 있다. 단어의 첫머리, 곧 어두(語頭, word-initial) 위치에서는 '으'가 음성모음의 자질을 지니지만, 2음절 이하의 비어두 (非語頭) 위치에서는 두 가지 자질, 곧 양성모음과 음성모음의 자질을 둘 다 갖게 되는바, 이를 일컬어 중립모음이라 한다. 네루다의 <시>에 는 '으'의 그러한 속성을 이해할 수 있는 단서가 잘 나타나 있다.

(1) ㄱ. 격렬한 불 속에서 **불렀어**　　　→ 부르-+-었-+-어
　　 ㄴ. 나는 뭐라고 해야 할지 **몰랐어**　→ 모르-+-았-+-어
(2) 나는 어렴풋한 첫 줄을 **썼어**　　　　→ 쓰-+-었-+-어

여기에서 주목해야 할 것이 바로 '었~았'의 교체이다. 흔히 '과거 시상(時相, tense-aspect) 선어말어미'라고 부르는 형태음소 '-았-'은 (1ㄱ)의 '부르-' 다음에서는 '었'으로 실현되지만, (1ㄴ)의 '모르-' 다음에는 '았'

으로 실현되는바, '부르-'와 '모르-'에 공통적으로 나타나는 모음 '으'가 음성형 '었'을 택하기도 하고, 양성형 '았'을 택하기도 하는 것이다. 이를 분명히 이해하기 위해 좀 더 많은 예를 들면 다음과 같다.

    (3) ㄱ. 선생님께 <u>일렀어.</u>　　← 이르-+-었-+-어
        ㄴ. 시험을 잘 <u>치렀어.</u>　　← 치르-+-었-+-어
    (4) ㄱ. 편을 <u>갈랐어.</u>　　← 가르-+-았-+-어
        ㄴ. 찬물에 손을 <u>담갔어.</u> ← 담그-+-았-+-어

이러한 예들을 통해서 알 수 있는 것처럼, 국어의 모음 '으'는 비어두 위치에서는 중립모음이다. '으'가 비어두 위치에서 중립의 자질을 갖게 된 데에는 국어의 역사적 변화가 관련되어 있다. 즉, '부르-', '이르-', '치르-'의 '으'는 본래부터 음성의 조화 자질을 갖는 '으'에서 비롯된 것이지만, '모르-', '가르-', '담그-'의 '으'는 역사적으로 양성의 조화 자질을 갖는 'ᄋ'에서 기원한 것이다. 그러나 (2)의 '쓰-'처럼 어두 위치에서는 언제나 음성모음의 자질을 갖는다. '달이 떴어'의 '뜨-', '불을 껐어'의 'ㄲ-' 다음에 항상 '었'이 연결된다는 것 또한 그러한 예에 속한다.

서구의 언어로 쓰인 가장 위대한 초현실주의 시인이라는 평가를 받아온 네루다. 그의 시들은 어느 날 그를 불러내었던, 뜨거운 불과 같은 무의식의 거친 생명력에서 비롯된 것임을 네루다는 그의 시 <시>에서 고백하고 있다. 그와 같은 역동적인 생명력의 발현은 사물의 핵심에 닿지 않고는 불가능하다고 할 수 있는바, 그는 언제나 자신이 노래하는 대상과 한 몸이 되기 위해 노력한 예지(叡智)의 시인이었다.

가갸날

한 용 운

아아 가갸날
참되고 어질고 <u>아름다와요.</u>
축일(祝日), 제일(祭日),
데이·시이즌 위에 가갸날이 났어요, 가갸날.
끝없는 바다에 솟아오르는 해처럼
힘있고 빛나는 뚜렷한 가갸날.

데이보다 읽기 좋고 시이즌보다 알기 쉬워요.
입으로 젖꼭지를 물고 손으로 다른 젖꼭지를 만지는 어여쁜 아
기도 일러 줄 수 있어요.
아무 것도 배우지 못한 계집 사내도 가르쳐 줄 수 있어요.
가갸로 말을 하고 글을 쓰셔요.
혀끝에서 물결이 솟고 붓 아래에 꽃이 피어요.

그 속엔 우리의 향기로운 목숨이 살아 움직입니다.
그 속엔 낯익은 사랑의 실마리가 풀리면서 감겨 있어요.
굳세게 생각하고 아름답게 노래하여요.
검이여 우리 서슴지 않고 소리쳐 가갸날을 자랑하겠습니다.
검이여 가갸날로 검의 가장 좋은 날을 삼아 주세요.
온 누리의 모든 사람으로 가갸날을 노래하게 하여 주세요.
가갸날, 오오 가갸날이여.

우리의 문화유산 가운데 가장 빛나는 업적이 있다면, 그것은 '훈민정음', 곧 '한글'이라고 해도 전혀 틀린 말이 아니다. 자음과 모음이라는 말소리의 특징을 가장 잘 나타낼 수 있는 문자로서, 누구나 쉽게 배우고 익힐 수 있다는 한글의 우수성은 세계적으로도 널리 인정되고 있는 바이다.

한글에 대한 이와 같은 인식을 처음으로 보여주는 것이 바로 '가갸날'의 제정이다. 일제 강점기에 우리말과 글에 대한 연구를 통해 민족사상을 고취시키려 했던 조선어학회(한글학회의 전신)는 1926년, 훈민정음 반포 480년을 기념하면서 9월 29일(음력)을 '가갸날'이라 정하고 첫 기념식을 가졌다. 그 후 '가갸날'은 '10월 9일 한글날'로 날짜와 명칭이 바뀌어 오늘에 이르고 있다.

문자의 창제를 기념하는 날이라는, 세계에 유례가 없는 '가갸날'의 제정은 언중(言衆)은 물론 지식인들에게조차 흥분을 감출 수 없는 사건이었으리라. 만해 한용운이 '가갸날' 제정이라는 신문기사를 보고 남긴 시 <가갸날>엔 그와 같은 흥분이 고스란히 묻어난다. 승려 시인으로서, 일제에 끝까지 항거한 심지 굳은 민족지도자로서의 만해가 어린아이들의 그것과 같은 소박한 언어로써 마음속에 일렁이는 기쁨을 숨김없이 드러내고 있는 것이 바로 <가갸날>이다.

시로 읽는 『한글 맞춤법』 3 ― 모음조화와 표기 원칙(3)
'아름다와요'는 '아름다워요'로

<가갸날>에서 확인할 수 있는 또 한 가지 사실은 바로 '참되고 어질

고 아름다와요'라는 시행에서 쓰인 '아름다와요'의 표기이다. 현행 『한글 맞춤법』에 따르면 '아름다와요'는 '아름다워요'로 적도록 되어 있다.

이러한 표기법의 변화가 의미하는 것은 무엇일까? 이는 이른바 'ㅂ' 불규칙 활용 어간에서 나타나는 음성모음화 혹은 모음조화의 파괴를 반영하는 것이다. 우선 다음 문장들을 보기로 하자.

> (1) ㄱ. 친구들과 집에 가면서 "아, **더워!**"라는 말을 제일 많이 하게 된다.
> ㄴ. 두 볼에 흐르는 빛이 정작으로 **고와서** 서러워라.
> (2) ㄱ. 해와 하늘빛이 문둥이는 **서러워** 보리밭에 달 뜨면 애기 하나 먹고 꽃처럼 붉은 울음을 밤새 울었다.
> ㄴ. 해마다 자신의 집을 들러 주는 게 **고마워** 그 우동집 주인은 새해만 되면 그들을 기다리게 되었다.

위 문장 (1), (2)를 비교해 보면, 상당히 흥미 있는 언어적 사실이 발견된다. 즉, (1)에서 쓰인 '덥-'과 '곱-'의 활용형에서는 모음조화가 지켜지고 있는 반면, (2)에서 쓰인 '서럽-'과 '고맙-'은 모음조화가 지켜지지 않는다는 것이다. 이를 좀 더 분명히 알기 위해 (1), (2)의 밑줄 친 활용형들이 어떠한 단어 형성 과정을 거쳐 만들어진 것인가를 제시하면 다음과 같다.

> (3) ㄱ. 더워서 ← 덥-+-어서
> ㄴ. 고와서 ← 곱-+-아서
> (4) ㄱ. 서러워 ← 서럽-+-어
> ㄴ. 고마워 ← 고맙-+-어

이러한 단어 형성 과정을 살펴보게 되면, (3)에 제시된 1음절 어간

‘덥-’, ‘곱-’의 경우는 어간 모음 ‘ㅓ’, ‘ㅗ’의 조화 자질에 따라 각각 ‘-어서’(음성형)와 ‘-아서’(양성형)를 선택적으로 연결시킴으로써 모음조화를 충실히 지키는 반면, (4)에서의 어간 ‘서럽-’, ‘고맙-’은 (3)과 같은 유형의 교체 없이 ‘-어’만을 선택함으로써 모음조화가 지켜지지 않고 있다.

결론적으로 말해, 현대국어 단계에서 모음조화가 비교적 충실히 유지되고 있는 ‘용언의 어간+-아/-어 계열의 어미’의 연결에서 맨 먼저 모음조화가 파괴된 경우는 (4)에서와 같은 2음절 이상의 ‘ㅂ’ 불규칙 활용 어간들이다. 이러한 경우에 해당하는 어간들로는 다음과 같은 것들을 더 찾을 수 있다.

    (5) ㄱ. 가깝-, 가렵-, 간지럽-, 더럽-, 두렵-, 서럽- 등.
        ㄴ. 꽃답-, 사내답-, 사람답-, 숙녀답-, 아름답- 등.
        ㄷ. 멋스럽-, 사랑스럽-, 예스럽-, 자랑스럽- 등.

요컨대, 위의 어간들은 모두 2음절 이상의 ‘ㅂ’ 불규칙 활용 어간들로서, 어간말 모음의 조화 자질과는 무관하게 모두 ‘-어’ 계열의 어미만을 취한다. 위에서도 언급한 대로, 이러한 양상은 국어의 역사적 발달 과정 속에서 출현한 국어의 변화 가운데 하나인 음성모음화를 반영하는 것이다.

따라서 한때는 강력한 음운론적 제약으로 작용하였던 모음조화에 의해 실현된 ‘아름다와요’와 같은 활용형은 보수형(conservative form), 곧 이전 시기의 언어형으로 자리를 잡고 말았다. 제행무상(諸行無常)이라고 하였으니, 언어 또한 변화의 수레바퀴 아래서 자유로울 수 없는 것이다.

봄 햇볕 새로이 눈을 트면

나 태 주

감나무 묵은 가지 새 잎 나듯
우리나라 봄 **햇볕** 새로이 눈을 트면
여리고 여린 **햇볕살**
그 **사잇길**을 타고
봇짐장수 아주머니
등짐장수 아저씨들
바지런 바지런히
장삿길 떠나는 게 보인다
남쪽에서 북쪽으로
북쪽에서 남쪽으로
아직도 인심 좋은 사람들
살기 좋은 마을이 남았는가
개울 건너 고개 넘어
경상도의 미역장수
전라도의 대그릇장수
강원도의 오징어장수
우리나라의 산과 들을
두루두루 누비며
떠도는 게 보인다.

몇 해 전, 1년간 머물렀던 캐나다 토론토의 3월은 엉엉 소리 내어 울고 싶을 만큼 서러운 달이었다. 햇살이 눈부신 아침, '드디어 올 것이 왔구나.' 하는 기대를 잔뜩 품은 채 길을 나서면, 바람 끝이 어찌나 맵고 시린지 봄은 아직 멀고멀었음을 절감해야만 했다. 햇볕과 바람이 전혀 섞이지 않은 채 서로의 갈 길을 가는 때. 그래서 토론토의 3월은 진정으로 서러웠다. 그러나 정녕 봄은 기다리지 않아도 오고, 기다림마저 잃었을 때에도 오는 것. 그 3월을 견딘 후엔, 차가운 북국에도 어느새 훈김이 도는 봄이 오고 있었다.

봄을 기다리는 일, 우리에게 그것은 봄 '햇볕'을 기다리는 일이라고 할 수 있다. 봄볕의 다사로움이 온 누리에 퍼질 때, 찬바람은 마침내 위세를 잃는다. 미역장수, 대그릇장수, 오징어장수 등 괴나리봇짐 장수가 만일 있기만 하다면, 그들이 전국 방방곡곡으로 떠날 짐을 새로이 꾸릴 수 있게 되는 것도 순전히 그 봄 햇볕 덕분이라고 할 것이다.

'해님'이 품은 '봄 햇볕'

봄이 오는 순간 태양은, 아니 우리의 '해님'은 새로이 기운을 회복하여 다사로운 '햇볕'을 마음껏 품을 터, 여기에서 우리는 국어 표기법의 중요한 특징 가운데 하나인 사이시옷 표기의 원칙에 대해 생각해 볼 필요가 있다. 따스하게 내리쬐는 '해'의 기운을 '햇볕'이라고 적는 것과는 달리, '달님', '별님'처럼 '해'를 높여서 부르는 말은 '햇님'이 아니라 '해님'으로 표기해야 하니, 이러한 차이가 무엇인지를 이해해야 하는 것이다.

‘해님’에는 나타나지 않는 ‘ㅅ’이 ‘햇볕’에는 쓰이고 있는데, 우리는 이 ‘ㅅ’을 가리켜 ‘사이시옷’이라고 한다. 그렇다면 국어의 사이시옷은 어떤 환경에서 삽입되는 것일까? 결론부터 말하자면, 사이시옷은 명사와 명사가 결합하여 새로운 명사, 곧 합성명사(compound noun)를 만드는 단어 형성(word formation) 과정에서 삽입하되, 그 과정에서 일정한 유형의 발음의 변화를 보이는 경우에 한해서 표기가 이루어진다.

이러한 원칙을 가지고 일단 ‘해님’을 보게 되면, 이는 합성명사가 아니라는 점에서 사이시옷이 삽입될 수 있는 환경이 아니라는 것을 알 수 있다. 즉, ‘해님’은 ‘해’와 ‘님’의 결합에 의해 만들어진 것이긴 하지만, ‘님’의 신분이 명사가 아닌 접미사(suffix)이므로 합성명사가 아니며, 따라서 사이시옷의 표기와는 아무런 관련이 없는 것이다.

국어 합성명사의 형성 과정에서 나타나는 발음의 변화는 크게 세 가지로 구분되는데, 그 유형과 예를 제시하면 다음과 같다.

> (1) 후행 명사의 첫소리가 된소리로 발음됨.
> 예 해＋볕 [해뼡] → 햇볕, 나루＋배 [나루빼] → 나룻배,
>   차＋집 [차찝] → 찻집 등.
>
> (2) 후행 명사의 첫소리 ‘ㄴ’, ‘ㅁ’ 앞에서 ‘ㄴ’ 소리가 덧남.
> 예 뒤＋머리 [뒨머리] → 뒷머리, 비＋물 [빈물] → 빗물,
>   제사＋날 [제산날] → 제삿날 등.
>
> (3) 후행 명사의 첫소리 모음 앞에서 ‘ㄴㄴ’ 소리가 덧남.
> 예 나무＋잎 [나문닙] → 나뭇잎, 깨＋잎 [깬닙] → 깻잎,
>   예사＋일 [예산닐] → 예삿일 등.

요컨대, 사이시옷의 삽입은 합성명사의 형성 과정에서 나타나는 발

음의 변화와 밀접한 관련이 있다. 만일 그러한 발음의 변화가 나타나지 않는다면, 사이시옷을 표기하지 않는 것이 원칙이다. '개구멍', '개고기', '새집', '새가슴', '머리말', '머리글', '인사말' 등의 합성명사에서 사이시옷이 표기되지 않는 것은 바로 그러한 이유 때문이다.

그러나 경상도와 전라도와 강원도의 어디쯤, 늙은 감나무 가지에 돋아나는 연둣빛 새잎처럼 봄볕이 새로이 눈을 틀 때, 여리고 여린 햇볕살 그 '사잇길'을 타고 '장삿길'을 떠나는 아주머니, 아저씨들이 보일 터, 그 길에도 '사이시옷'이 존재한다는 사실을 기억해야 할 것이다.

3월에서 4월 사이

안 도 현

산서고등학교 관사 앞에 매화꽃 핀 다음에는
산서주조장 돌담에 기대어 산수유꽃 피고
산서중학교 **뒷산**에 조팝나무꽃 핀 다음에는
산서우체국 **뒤뜰**에서는 목련꽃 피고
산서초등학교 울타리 너머 개나리꽃 핀 다음에는
산서정류소 가는 길가에 자주제비꽃 피고

3월에서 4월로 가는 계절의 길목에는 줄줄이 봄꽃들이 태어난다. 매화꽃, 산수유꽃, 조팝나무꽃, 목련꽃, 개나리꽃, 자주제비꽃……. 시인이 몸을 담았던 고등학교가 있는 곳, 전라북도 장수군 산서면에는 혹은 희고, 혹은 노랗고, 혹은 붉은 빛의 꽃들이 여기저기서 축포처럼 꽃망울을 터뜨리며 봄기운을 뽐내었으리라.

군이 산서 땅이 아니어도 좋으리라. 4월 어느 날에는 먼 이국의 땅에서도 노란 민들레가 지천으로 피어 온 대지를 점령할 것이고, 개나리, 라일락, 튤립이 차례로 눈을 뜨고 길고 길었던 겨울의 흔적을 깡그리 지워 나갈 것이므로…….

'뒷산'과 '뒤뜰'의 차이

문제는 그 꽃들이 피고 지는 '뒷산'과 '뒤뜰'이다. '산' 앞에는 '뒷'이, '뜰' 앞에는 '뒤'가 결합되어 있으니 그 차이는 무엇일까? 우선 '뒷'은 '뒤+ㅅ'의 구조, 곧 명사 '뒤'에 이른바 '사이시옷(ㅅ)'이 연결됨으로써 형성된 것임을 알아둘 필요가 있다. '뒷갈망', '뒷동산', '뒷마을', '뒷문' 등등의 단어에서 발견되는 '뒷' 역시 마찬가지이다.

앞글에서 언급했듯이, 합성명사의 형성 과정에서 삽입되는 국어의 사이시옷은 두 개의 명사가 연결된 결과, 경음화(된소리되기)나 'ㄴ'의 덧남 혹은 'ㄴㄴ의 덧남' 같은 발음 변화가 나타나는 경우에 삽입되는 요소이다. '뒷산'의 발음은 [뒤싼], '뒷문'의 발음은 [뒨문]이라는 사실이 이를 입증한다. 그러나 '뒤뜰'을 비롯하여 '뒤꼍', '뒤꿈치', '뒤쪽',

그리고 '뒤축', '뒤통수', '뒤편', '뒤풀이' 같은 단어들은 그러한 발음의 변화와 무관하므로 사이시옷을 삽입하지 않는다.

이 경우, 두 번째 명사의 첫 소리는 된소리(ㄲ, ㄸ, ㅉ)이거나 거센소리(ㅊ, ㅋ, ㅌ, ㅍ)라는 점에 유의할 필요가 있다. 다시 말해, 두 번째 명사의 첫소리가 된소리이거나 거센소리라면 선행명사는 언제나 '뒷'이 아니라 '뒤'로 표기해야 하는 것이다.

'위'나 '아래' 같은 명사 다음에 또 다른 명사가 연결됨으로써 형성되는 합성어의 표기 역시 마찬가지다. 다음 예들을 보기로 하자.

> (1) ㄱ. 물 속에서 벽돌을 <u>위아래</u>로 움직이면 수면에 물결이 일어나는데 이것이 바로 지진해일이 생기는 원리이다.
>   ㄴ. <u>위쪽</u> 점은 하늘의 수분 그리고 <u>아래쪽</u>의 점은 물방울 내지는 물기를 머금은 씨앗이라고 했다.
>   ㄷ. <u>아래층</u> 여자와 <u>위층</u> 남자
>   ㄹ. <u>윗사람</u>이 강해야 <u>아랫사람</u>이 강해진다.

위의 예에서 (1ㄱ)의 '위아래'는 '위＋아래'의 결합에 의해 만들어진 합성어이지만, 발음에 아무런 변화도 나타나지 않으므로 당연히 사이시옷이 삽입되지 않는다. (1ㄴ)의 '위쪽'과 '아래쪽', (1ㄷ)의 '아래층'과 '위층' 역시 발음의 변화가 없는 예들이므로 사이시옷을 삽입하지 않는다. 그러나 (1ㄷ)의 '윗사람'과 '아랫사람'의 경우에는 후행 명사인 '사람'이 둘 다 [싸람]으로 발음되므로, 사이시옷을 삽입해야 한다. 이와 같은 사실들은 국어의 사이시옷은 단어가 형성되는 과정에서 나타나는 발음의 변화를 반영하는 것임을 다시 한번 확인해 준다고 하겠다.

그런데 여기에서 다룬 '위', '아래'의 표기와 관련해서는 중요한 국어학적 사실이 개입되어 있다. 다음을 보자.

(2) ㄱ. 소탐대실은 <u>웃돈</u>의 경제학을 단적으로 표현한 단어다.

    ㄴ. 그러므로 <u>웃어른</u> 앞에 서면 언제나 자기를 낮추는 말을 써야
한다.

(3) ㄱ. *<u>윗글</u>에 나타난 '나'의 심리 변화로 가장 적절한 것은?

    ㄴ. 저도 *<u>윗분</u> 말씀에 동의합니다.

먼저 (2)의 '웃돈', '웃어른'에서는 (1)의 예들에서 출현한 '위'나 '윗'이 아닌 '웃'이 쓰이고 있다는 점에서 특이한데, 이 경우 '웃'은 일부 국어 단어에서만 굳어져 쓰이고 있는 접두사(prefix)로, 주로 의미상으로 '위아래'의 대립을 보이지 않는 단어에 쓰인다. '아랫돈'이나 '아래어른' 같은 단어가 없는 것은 바로 그러한 이유 때문이다.

마지막으로, (3)의 '*윗글'과 '*윗분'에 대해서 말하자면, 이와 같은 형식으로 존재하는 국어 단어는 아직 없다. 따라서 '윗글'은 '위 글'로, '윗분'은 '윗사람'으로 대체해야 한다. 이 경우, '위 글'은 명사구(noun phrase)로서 띄어쓰기를 필요로 하며, '윗분'의 경우는 이에 대립되는 '아랫분'은 없다는 사실과 관련, '윗사람'을 더 적절한 국어 단어로 볼 수 있다.

파주의 대장장이를 만나고 오며

신 경 림

식칼 만들어 자식들 옷가지 사고
낫 벼려 쌀 팔고 밤에는 대폿집에서
순대와 소주로 취해야 하루가 가는
파주의 대장장이한테는 입에 달린 허풍이 있다
집채만한 도가니를 만들어
나라 안의 모든 총과 대포를 잡아넣고
삼백예순닷새 펄펄 끓여
그걸로 가래를 만드는 거다
그래서 사람들은 그를 가래라고 놀려댄다지만
겨우 파주까지 올라갔다가 돌아서는
동강난 경의선 찻간에서 나도 꿈을 꾼다
차폐물로 골짜기에 숨겨진 탱크와 대포가
펄펄 끓는 도가니 속에 들어가
벌건 쇳물로 녹는 허황된 꿈을 꾼다
그 힘으로 기차가 머리를 돌려 냅다
신의주를 향해 내달리는 어리석은 꿈을 꾼다
병정들의 거친 군홧발자국 소리만큼이나
이웃들의 조롱이 두려운
경의선 썰렁한 찻간에서

개나리, 산수유, 진달래, 목련, 벚꽃이 다투어 고운 얼굴빛을 자랑하는 4월, 동강난 경의선 철도를 이야기한다는 것은 요즘 유행하는 말로 매우 생뚱맞은 일인지도 모른다. 그러나 봄이면 어떻고, 4월이면 또 어떠랴. 계절의 아름다움이 아픈 분단의 역사를 지워줄 리 만무한 것이고 보면, 서울에서 신의주까지 장장 499Km를 쉼 없이 달려야 할 철도가, 파주시 문산읍까지 고작 46Km를 달리고 나서 '철마는 달리고 싶다'며 애통해하는 모습 앞에 우리는 다시 설 필요가 있다. 그때서야 잊혀졌던 우리의 꿈은 다시 눈을 뜰 터, 동강난 경의선 '찻간'이 아니라, 썰렁한 경의선 '찻간'이 아니라, 서울과 평양과 신의주, 그리고 저 광활한 시베리아 대륙을 오가는 사람들로 가득 찬 '찻간'에 자리를 차지할 수 있기를 바라는 마음 간절하다.

'찻간'과 '기차간'의 구별

문제는 '경의선 찻간(車間)'이란 다름 아닌 '경의선 기차간(汽車間)'을 의미하는 것에 있으니, '기차간'에는 쓰이지 않은 사이시옷이 '찻간'에는 나타나는 이유가 무엇인가를 알아야 한다.

두 번에 걸쳐 이루어진 사이시옷 표기 규범에 대한 언급에서 필자는 국어의 사이시옷이 합성어의 형성 과정에서 나타나는 발음의 변화를 반영하는 표기법상의 장치임을 밝힌 바 있다. 그런데 우리의 주의를 요하는 문제가 한 가지 더 남아 있는데, 그것은 한자어와 관련된 사이시옷의 표기이다.

현행『한글 맞춤법』제30항을 보면, 국어의 단어 가운데 2음절로 이루어진 다음 한자어 6개는 사이시옷을 표기하도록 규정하고 있음을 알 수 있다.

> (1) 곳간(庫間), 셋방(貰房), 숫자(數字), 찻간(車間), 툇간(退間), 횟수(回數)

사실, 국어 사이시옷의 표기는 합성어의 구성 성분이 '고유어＋고유어'이거나 '고유어＋한자어'인 경우에만 해당되고, '기차간(汽車間)'처럼 한자어로만 이루어진 경우에는 원칙적으로 표기를 하지 않는다. 그러나 여기에는 예외가 있다. 즉, (1)에서 제시한 한자어 6개만큼은 사이시옷을 표기해야 하는 것이다. 이와 같은 사실 때문에 1970년대 이후 우리 민중시의 파수꾼으로, 통일과 평화에 대한 간절한 염원을 시(詩)의 그릇에 담았던 신경림의 몸을 실은 '동강난 경의선 찻간'은 '차간'이 아닌 '찻간'으로 표기해야 한다. 그러므로 다음 문장들에서 발견되는 오류는 국어 사용자들이 흔히 범하는 한자어 사이시옷 표기의 오류라는 점에서 각별한 주의를 요한다.

> (2) ㄱ. 이 땅의 다수 시민단체나 언론들은 외국자본 유치라는 신화
>   속에서 주주의 권리문제에만 *<u>촛점</u>을 맞추어 온 것이 사실
>   이다.
>   ㄴ. 공항을 통해 *<u>싯가</u> 6억 원 어치의 필로폰을 반입하려던 밀수
>   범이 검찰에 적발됐다.
>   ㄷ. 삼성전자가 지난해 기술사용의 *<u>댓가</u>(로열티)로 해외에 지불
>   하는 금액이 1조 3,000억 원에 달했다.
>   ㄹ. *<u>칫과</u>에서 찍는 사진으로 치아에 문제가 있는 걸 모두 알 수
>   있나?

위의 예에서 발견되는 '촛점', '싯가', '댓가', '칫과' 등의 어휘들은 각각 '초점(焦點)', '시가(時價)', '대가(代價)', '치과(齒科)'로 적어야 한다. 이들은 (1) 이외의 단어들이기 때문이다.

사실 (1), (2)의 예들은 모두 사이시옷이 삽입되는 경우에 나타나는 발음상의 변화, 곧 경음화(된소리화)를 겪는다는 점에서 공통점을 지닌다. 따라서 '초점(焦點)', '시가(時價)', '대가(代價)', '치과(齒科)' 등의 단어들 또한 사이시옷의 표기가 요청된다고 볼 수도 있다. 그러나 현행 규정에서는 (1)의 예들에만 한정하고 있는바, 그러한 규정이 마련된 데는 개별 단어의 역사나 동음이의어(同音異義語)의 구별과 같은 언어학적 이유가 개입되어 있다. 요컨대, 사이시옷의 표기를 위해서는 단어의 발음은 물론, 그 구성 요소가 무엇인가를 고려해야 하며, 한자어의 경우라면 오직 6개의 단어에만 제한적으로 표기됨을 알아 두자.

마을

박 남 수

외로운 마을이
나른나른 오수에 조을고

넓은 하늘에
소리개 바람개비처럼 도는 날……

뜰 안 **암탉**이
제 그림자 쫓고
눈알 대록대록 겁을 삼킨다.

한가로운 농촌 마을, 여름날 오후의 정적을 깨트릴 수 있는 것이 있다면, 목숨을 내건 '소리개(솔개)'와 '암탉'의 대결 정도일 것이다. 마을 전체가 나른한 오후의 잠에 빠져 고요하기만 한 때, 먹이를 찾아 바람개비처럼 마을 위를 맴돌던 소리개는 마침내 어미를 따라 종종걸음을 치는 작은 병아리 떼를 찾아내고야 만다. 어미 닭의 긴장은 어떠할까, 굳이 설명이 없어도 알 것 같다. 소리개를 쫓는 암탉의 눈알이 대록대록 구르는 소리, 그것만으로도 충분히 짐작하고도 남음이 있으므로…….

잠시도 맘을 놓지 못하고 어린 병아리들을 품어 안으려는 어미 닭의 가슴속에는 또 한 가지 이른바 언어의 화석이 안기어 있다고 한다면, 의아해할 독자가 많을지도 모른다. 그러나 공룡이나 암모나이트, 삼엽충 등 까마득히 오랜 역사적 시기에 살았던 동물의 흔적이 현재의 지층이나 암석 속에 고스란히 보존되어 있을 수 있듯이, 언어 역시 이전 시기의 흔적을 그대로 가지고 있는 경우가 있는데, 이를 일컬어 언어의 화석이라고 한다. 예컨대, 단일 형태소로 이루어진 '닭'에는 나타나지 않지만, 이를 암수로 구분하여 '암탉'과 '수탉'이라고 말하는 순간, 난데없이 등장하는 'ㅎ'을 일컬어 언어 화석이라고 하는바, 여기에서는 이와 관련된 표기의 원칙에 대해 설명하고자 한다.

'암탉'이 품은 언어 화석(linguistic fossils) 'ㅎ'

우선 '암탉'과 '수탉'의 내부에 존재하는 언어 화석이란 무엇인가를 이해하기 위해서 이 단어의 형성 과정을 제시하면 다음과 같다.

(1) 암ㅎ+닭 → 암탉
수ㅎ+닭 → 수탉

이러한 분석에서 드러나는 'ㅎ'의 정체가 무엇인가 하면, 이는 15세기 국어에서 몇몇 제한된 어휘들이 가지고 있었던 말음(末音), 곧 종성이다. 다시 말해, '암'과 '수'는 훈민정음 창제 시기인 15세기 중엽, '암ㅎ', '수ㅎ'과 같은 형식을 취하고 있었던바, 이것이 'ㄱ', 'ㄷ', 'ㅂ'로 시작하는 명사와 결합할 경우, 'ㅎ+ㄱ → ㅋ', 'ㅎ+ㄷ → ㅌ', 'ㅎ+ㅂ → ㅍ'와 같은 변화를 겪게 된 것이고, '암탉'과 '수탉' 속에는 그와 같은 역사적 단어 형성 과정의 흔적이 그대로 남아 있는 것이다.

현행 『한글 맞춤법』 제31항과 『표준어 규정』 제7항에 의하면, '암ㅎ', '수ㅎ'의 흔적이 유지되어 있는 국어 어휘로는 '닭' 이외에도 다음과 같은 것들이 있다.

(2) 강아지 → 암캉아지 / 수캉아지
개   → 암캐   / 수캐
것   → 암컷   / 수컷
기와   → 암키와   / 수키와
당나귀 → 암탕나귀 / 수탕나귀
돌쩌귀 → 암톨쩌귀 / 수톨쩌귀
돼지   → 암퇘지   / 수퇘지
병아리 → 암평아리 / 수평아리

이와 같은 어휘 체계가 반영하는 것은 바로 합성어 속에 남아 있는 언어의 흔적이라고 할 수 있는바, 17세기에 들어 단독형 '암ㅎ', '수ㅎ'의 말음 'ㅎ'이 탈락한 결과 각각 '암'과 '수'로 변화한 후에도 합성어 내부에서만큼은 여전히 그 흔적을 가지고 있다.

언어 화석으로 남아 있는 'ㅎ'의 흔적은 '암'과 '수' 이외에도 몇 개가 더 있는데, 다음이 그 예이다.

    (3) 살ㅎ＋고기　　→　살코기
        머리ㅎ＋가락　→　머리카락
        안ㅎ＋밖　　　→　안팎

우리의 문헌 자료에 의하면, 15세기 국어에서 'ㅎ'을 말음으로 가지고 있었던 어휘는 80여 개가 있었다. 결코 적지 않은 수의 어휘 가운데 그 흔적을 남긴 어휘는 극히 소수에 지나지 않는바, 지질시대의 화석이 희귀한 존재이듯이 언어의 화석 또한 귀하면서도 흥미 있는 것임에 틀림이 없다.

뒤웅박

이 동 순

흙담 가생이로 박순 벋어오르던 여름밤
달빛 푸른 갈대이엉 위에서 하늘 뜻을 받았지요
다 익은 꼭지 옆에 바람구멍이 나든지
꼭지를 동글게 따고 속 비워낸 함지박 되어
볕씨랑 서숙이랑 알타리씨도 담고
성근 보리밥 눌러 담아 사이참 먹기도 하다가
기심매던 논두렁 가에 둘러앉아
상춧잎에 된장 발라 한 잎 옴쏙 욱여 넣고
찬물 한 사발 쭉 들이켜 기지개 켜면
빈 뒤웅박 두드리는 젓가락 장단에도
어깻짓 신명이 절로 났지요
긴 세월 속에 굽 언저리도 모즈라지고
깨진 귀퉁이가 흙바탕에 나딩구는 팔자지만
아직도 뒤웅박은 뒤웅박이야요

한때는 우리의 전통적 농경문화에서 요긴하게 쓰이던 것이었지만, 오늘날에 이르러선 그 이름조차 낯선 농구(農具)들이 상당히 많은데, 그 가운데 하나가 바로 뒤웅박이다. 쨍쨍한 가을 햇볕과 푸른 달빛을 받아먹고 탐스럽게 잘 익은 박을 골라, 옛사람들은 꼭지 근처에 구멍만 뚫고 박 속을 파내어 바가지를 만들었으니, 이를 일컬어 뒤웅박이라 한다.

이 뒤웅박은 다음해 농사를 위해 씨앗을 담아두거나 밥을 담아 먹는 그릇으로 사용되기도 하고, 논두렁 가에서 갑작스럽게 벌어진 놀이판에서 신명나게 장단을 맞추는 악기로 쓰이기도 했다. 오늘날에 이르러선 '뒤웅박 팔자(입구가 좁은 뒤웅박 속에 갇히듯이, 일단 신세를 망치면 헤어나기 어렵다는 뜻)'와 같은 말에서 겨우 명맥을 잇고 있을 뿐이지만, 우리의 선인들은 바가지 하나로도 여러 가지 쓰임새를 부여해 가며 어려운 시절을 살아내었다.

좁은 뒤웅박 속에서 때를 기다리고 있었을 볍씨와 서숙(좁쌀)과 알타리씨(총각무씨)……. 그 작은 씨앗들이 봄날이 되어 푸른 싹을 틔우고, 이윽고는 벼가 되고, 좁쌀이 되고, 튼실한 총각무로 변신을 하게 되는 세월 속에는 또 다른 언어 화석(linguistic fossils)이 개입해 있는바, 이번에는 이 문제에 대해 언급하기로 한다.

'볍씨'에 담긴 언어 화석 'ㅂ'

앞글에서 필자는 지질 시대에 존재했던 동식물의 흔적이 오늘날까지 남아 있는 것과 마찬가지로 언어에도 오랜 역사적 흔적이 그대로 남아 있는 경우가 있는바, 이를 언어 화석이라고 규정하였다. '암탉'과 '수탉' 속에 보존되어 있는 중세국어의 흔적으로서 'ㅎ', '수ㅎ'의 'ㅎ'이 그 전형적인 예이다. 바로 그와 같은 유형의 언어 화석이 뒤웅박 속에 담겨 있었을 '볍씨' 속에도 들어 있다는 사실에 우리는 주목할 필요가 있다.

'볍씨'란 '벼의 씨'를 말한다. 이는 '벼+씨'의 구조로 이루어진 합성어인데, 단어 형성 과정의 결과 나타나는 '볍씨' 속에는 우리의 순수한 언어적 직관만으로는 이해하기 어려운 'ㅂ'이 발견된다. 그렇다면 이 'ㅂ'은 어디에서 비롯된 것일까? 우선 다음 단어 목록을 보기로 하자.

(1) 댑싸리, 볍씨, 멥쌀, 입쌀, 좁쌀, 햅쌀, 입때, 접때……

이러한 단어들은 모두 두 개의 단어가 결합하여 만들어진 합성어로서, 구조상 두 단어 사이에 'ㅂ'이 삽입되어 있다는 공통점을 지니고 있다. 이 'ㅂ' 역시 '암ㅎ', '수ㅎ'의 'ㅎ'과 마찬가지로 중세국어의 흔적이다. 이는 이른바 'ㅂ'계 어두 자음군(word-initial consonant cluster)의 첫 자음 'ㅂ'에서 비롯된 것이다. 이를 분명히 이해하기 위해서 (1)에 열거한 단어의 어원 구조를 제시하면 다음과 같다.

(2) 댑싸리 ← 대+ᄡ리   볍씨 ← 벼+ᄢ
    멥쌀   ← 뫼+ᄡᆞᆯ   입쌀 ← 니+ᄡᆞᆯ

좁쌀　←　조+쌀　　　　햅쌀　←　히+쌀
입때　←　이+때　　　　접때　←　저+때

　여기에서 알 수 있듯이, (1)의 단어들을 구성하는 두 번째 요소들은 중세국어에서 '쌀리', '씨', '쌀', '때' 등 모두 'ㅂ'을 첫소리로 가진 자음군(consonant cluster)이었다. 현대국어에서는 발견되지 않는다는 점에서 매우 특이한 역사적 존재라고 할 수 있는 이 'ㅂ'계 어두 자음군들은 근대국어 시기에 이르기까지 수행된 일련의 음운 변화를 거쳐 '싸리', '씨', '쌀', '때' 등으로 변화하게 된다. 이와 같은 변화에도 불구하고 (1)과 같은 합성어에서는 자음군의 흔적인 'ㅂ'을 그대로 유지함으로써 언어적 화석이 된 것이다.

　한때는 우리의 삶 속에서 제법 쓸모 있는 자리를 차지하였던 뒤웅박이 이제는 천덕꾸러기가 되어 여기저기 이지러지고 깨어진 채 나뒹구는 모습을 보는 시인의 마음은 한없이 쓸쓸하고 허전하기만 하였으리라. 그러나 그 뒤웅박 속에 만일 한 알의 볍씨라도 남아 있다면, 거기엔 우리 국어의 역사가 고스란히 남아 있다고 할 수 있는바, 마냥 쓸쓸해할 일만은 아닐지도 모른다.

억새풀

도 종 환

당신이 떠나실 때 내 가슴을 덮었던 저녁 하늘
당신이 떠나신 뒤 내 가슴에 쌓이는 흙 한 삽
떠나신 마음들은 이런 저녁 모두 어디에 깃듭니까
떠도는 넋처럼 <u>가으내</u> 자늑자늑 흔들리는 억새풀.

가을이 깊어 가는 들녘 어디에서건 흰 머리털을 풀어헤치고 이리 저리 흔들리는 억새풀을 볼 때마다 결코 무게가 느껴지지 않는 흔들림을 구체화할 수 있는 단 하나의 부사어를 찾고 싶었다. 이런 나의 오랜 염원은 도종환의 <억새풀>을 통해서 해결되었다고 해도 가히 틀린 말이 아니다. '자늑자늑'이라니, 한없이 가볍고 조용하며 부드러우면서도 잠시도 쉼 없이 바람의 자취에 반응하는 억새풀의 움직임을 그리는 데 이처럼 적합한 모국어는 없지 않을까 한다.

그것이 키가 크고 무성한 갈대였다면, 달랐으리라. 만일 그랬다면, 갈대는 수수 모가지처럼 튼실한 갈기를 굼실굼실 일렁대었을 것이므로⋯⋯. 그러므로 우리는 가을이면 산과 들에 지천으로 피어나 자늑자늑 흔들리는 억새풀에서 우리 곁을 떠나간 이들의 숨결을 찾을 수 있게 된다. 사랑하는 이의 흔적을 땅위의 어디에선가 찾고 싶었을 때, 잠시도 가만있지 못하고 흔들리는 억새풀이 끊임없이 말을 건네는 것처럼 느낄 수도 있을 터.

온 가을을, 따라서 '가으내' 자늑자늑 흔들리며 속살거리게 될 억새풀을 두고 여기에서는 합성어 형성 과정에서 실현된 /ㄹ/ 탈락 현상과 관련되는 표기 문제를 다루고자 한다. 이는 '가을'과 '내'가 결합하여 형성된 합성명사가 '가을내'가 아닌 '가으내'로 실현되고 있는 사실에 대한 인식을 구체화하려는 시도이다.

'가을내'가 '가으내'로

우선, 다음 단어 목록을 보기로 하자.

    (1) ㄱ. 겨우내(겨울+내), 나날이(날+날+이), 따님(딸+님), 아드님
         (아들+님), 무논(물+논), 무넘기(물+넘+기) 등.
       ㄴ. 다달이(달+달+이), 마되(말+되) 등.
       ㄷ. 겨우살이(겨울+살+이), 더부살이(더불+살+이), 두서너(둘
         +서너), 마소(말+소), 무소(물+소), 부삽(불+삽), 부손(불+
         손), 화살(활+살) 등.
       ㄹ. 무자위(물+자위), 싸전(쌀+전), 바느질(바늘+질), 마지기(말
         +지기), 부젓가락(불+젓가락), 부집게(불+집게) 등.

우선, 이와 같은 형태들에서 발견되는 /ㄹ/ 탈락이 어떤 음운론적 환경에서 수행된 것인가를 살펴보면, /ㄹ/ 다음에 오는 형태의 첫 소리 /ㄴ, ㄷ, ㅅ, ㅈ/ 앞에서 탈락하고 있음을 알 수 있다. 이와 같은 성격을 지니는 /ㄹ/ 탈락은 국어사적으로 볼 때 훈민정음 창제 시기, 곧 후기 중세국어 단계에서부터 수행된 것으로, 조음 위치가 유사한 자음의 연쇄를 막으려는 음성적 동기에서 비롯된 것이다.

/ㄹ/ 탈락은 한자어 '不'의 음성적 실현에도 영향을 끼쳤다. 즉, 다음 예들에서 보듯이 일부 한자어에서 '不'이 [부] 또는 [불]로 실현되는 것은 바로 /ㄹ/ 탈락의 실현 여부와 관련이 있는 것이다.

    (2) ㄱ. 不道德(부도덕), 不當(부당), 不實(부실), 不自由(부자유), 不條理
         (부조리), 不知不識(부지불식) 등.
       ㄴ. 不純(불순), 不信(불신), 不親切(불친절), 不寢番(불침번), 不便
         (불편) 등.

위의 예에서 확인할 수 있는 것처럼, 한자어 '不'은 어휘에 따라 [불]이 아닌 [부]로 실현되는 모습을 보여주는데, [부]로 실현되는 것은 다름 아닌 /ㄹ/ 탈락에 의한 것이며, 탈락되는 환경 역시 (1)의 환경과 유사함을 알 수 있다.

한편, (1)의 예들은 /ㄹ/ 탈락이 실현된 형태만을 표준어로 삼고 있는 데 반하여, 다음 (3)의 예들은 /ㄹ/ 탈락이 일어나기 전의 형태와 /ㄹ/ 탈락이 수행된 형태 둘 다 표준어로 채택됨으로써 복수 표준어의 신분을 가지고 있다.

    (3) ㄱ. 불＋나방 → 불나방~부나방
        ㄴ. 불＋나비 → 불나비~부나비

이와 같은 언어적 사실 때문에, 다음 문장들에서 쓰인 '불나방~부나방', '불나비~부나비'는 모두 엄연한 표준어로서 자연스럽게 쓰인다.

    (4) ㄱ. **불나방**은 왜 그렇게 전구나 불로 뛰어 드는 건가요?
        ㄴ. 불에 날아드는 **부나방**처럼 전쟁에 뛰어든 걸 평생 후회하게 될지라도 난 그렇게 행동할 것이다.
    (5) ㄱ. 그것은 마치 천상의 별을 그리워하는 **불나비**의 열정과도 같다.
        ㄴ. 의사는 **부나비**를 손바닥에 얹어 놓고 불에 탄 조그만 날개를 요리조리 들여다보았다.

양성 주광성(陽性走光性)의 본능, 곧 불빛만 보면 불로 뛰어들도록 되어 있는 '불나방'의 본능이 국어의 어휘 체계 안에서 이처럼 다양하게 표현되고 있음은 흥미로운 일이다.

사랑하는 마음 내게 있어도

나 태 주

사랑하는 마음
내게 있어도
사랑한다는 말
차마 건네지 못하고 삽니다
사랑한다는 그 말 끝까지
감당할 수 없기 때문

모진 마음
내게 있어도
모진 말
차마 하지 못하고 삽니다
나도 모진 말 남들한테 들으면
오래오래 잊혀지지 않기 때문

외롭고 슬픈 마음
내게 있어도
외롭고 슬프다는 말
차마 하지 못하고 삽니다
외롭고 슬픈 말 남들한테 들으면
나도 덩달아 외롭고 슬퍼지기 때문

사랑하는 마음을 아끼며

삽니다
모진 마음을 달래며
삽니다
될수록 외롭고 슬픈 마음을
숨기며 삽니다.

어떤 시인의 말처럼, 누군가에게 뿌려 놓은 말의 씨앗을 조심스레 헤아려 보아야 할 때가 있다. 그것이 정녕 한 알의 씨앗이었을진대, 누군가의 가슴에 오롯이 남아 싹을 틔우고, 뿌리를 내리고, 꽃을 피워 열매를 맺으리라는 것은 불을 보듯 환한 일. 그러므로 흉중에 고이는 말들을 남김없이 뱉어 냄으로써 누군가에게 허무를 가르치고, 혹은 상처를, 혹은 외롭고 슬픈 마음을 새겨 놓는 것은 그다지 지혜롭지 못한 일이다.

한 사람을 향한 애틋한 사랑의 감정도 어느 순간엔 붉게 타오르던 꽃이 까맣게 시들듯 시들 수 있는 법, 그리하여 달콤한 사랑의 속삭임도 인색할 정도로 아껴야 한다는 것을 우리는 잘 안다. 하물며 십중팔구는 상처로 남게 될 모진 말임에야 두말할 필요도 없으리라. 따라서 살아가는 동안 다른 무엇보다도 삼가야 할 것이 있다면, 모진 마음과 모진 말일 터, 오직 무거운 침묵만이 황금처럼 빛을 발할 수 있다고 보아도 틀린 말은 아닐 것이다.

다만, '모진'이라는 단어의 용법 속에는 앞글에서 언급한 /ㄹ/ 탈락 문제가 관여되어 있는바, 여기에서는 동사나 형용사와 같은 용언의 어미변화에서 발견되는 /ㄹ/ 탈락 현상에 대해 설명하고자 한다.

'모질+ㄴ'이 '모진'으로

결론부터 말하자면, '모진'은 어간 '모질-'과 관형사형 어미 '-ㄴ'의 결합 과정에서 어간말음 /ㄹ/가 탈락함으로써 만들어진 것이다. 그렇다면, 이와 같은 /ㄹ/ 탈락은 어떠한 환경에서 이루어지는 것일까? 다음 예들을 보기로 하자.

    (1) ㄱ. 엄마야 누나야 강변 <u>살자</u>.
       ㄴ. 오래 <u>살고</u> 싶으면 우유를 먹지 마라.
       ㄷ. 그는 백 살까지 <u>살았다</u>.
       ㄹ. 집을 구할 때까지 우리 집에서 <u>살면</u> 좋겠다.
    (2) ㄱ. 한때 그와 같은 마을에서 <u>산</u> 적이 있습니다.
       ㄴ. 미리내라고 하면 용이 <u>사는</u> 시내라는 뜻이 된다.
       ㄷ. <u>사노라면</u> 언젠가는 좋은 날도 오겠지.
       ㄹ. 넌 아직도 대학 근처에서 <u>사니</u>?
       ㅁ. 그는 하루 종일 연구실에서 <u>산다</u>.
       ㅂ. 오래오래 <u>사시고</u> 건강하소서.
       ㅅ. 할아버지, 할머니 오래오래 <u>사십시오</u>.
    (3) ㄱ. 우리는 지금 광주에 <u>사오</u>.
       ㄴ. 저희는 삼대가 한집에서 <u>사옵니다</u>.
       ㄷ. 제가 요즘 랩에 빠져 <u>삽니다</u>.
       ㄹ. 나 혼자라도 여기서 잘 <u>사마</u>.
       ㅁ. 그때는 정말 어렵게 살 때였습니다.
       ㅂ. 훌륭한 인생을 살면 <u>살수록</u> 죽음은 더욱더 무의미한 것이 된다.

위의 예를 통해서 우리는 한 가지 중요한 국어학적 사실을 발견하게 된다. (1)의 예를 통해 알 수 있듯이, /ㄹ/ 탈락은 어떤 경우에나 실현되는 것이 아니라, (2), (3)의 예에서처럼 특정 환경에서만 실현된다는 것이다. 여기에서 말하는 특정 환경이란 무엇인가를 이해하기 위해 (2)~(3)의 밑줄 친 단어들을 분석하면 다음과 같다.

    (2)' ㄱ. 산   ← 살-+-ㄴ
        ㄴ. 사는   ← 살-+-는
        ㄷ. 사노라면 ← 살-+-노라면

ㄹ. 사니　　　← 　살-+-니
　　　ㅁ. 산다　　　← 　살-+-ㄴ다
　　　ㅂ. 사시고　　← 　살-+-시-+-고
　　　ㅅ. 사십시오　← 　살-+-십시오
(3)' ㄱ. 사오　　　← 　살-+-오
　　　ㄴ. 사옵니다　← 　살-+-옵니다
　　　ㄷ. 삽니다　　← 　살-+-ㅂ니다
　　　ㄹ. 사마　　　← 　살-+-마
　　　ㅁ. 살　　　　← 　살-+-ㄹ
　　　ㅂ. 살수록　　← 　살-+-ㄹ수록

　이와 같은 분석에 따르면, /ㄹ/ 탈락의 조건은 크게 두 가지 유형으로 나누어 볼 수 있다. 우선, (2)'의 예들은 일정한 음운론적 조건, 곧 어미의 첫 음이 /ㄴ, ㅅ/인 경우에 수행되는 /ㄹ/ 탈락이라는 공통점을 지니고 있다. 이 경우, 어간 말음 /ㄹ/와 어미의 첫 음 /ㄴ, ㅅ/는 조음 위치가 치경이라는 공통점을 지니고 있다. 따라서 (2)'에서의 /ㄹ/ 탈락은 이른바 동기관적 이화(homorganic dissimilation) 현상에 속하는 것이다.

　한편, (3)'의 예들은 (2)'와 같은 일정한 음운론적 조건을 발견할 수 없는 경우에 해당하는 것들로서, /ㄹ/ 탈락이 '-오', '-옵니다', '-ㅂ니다', '-마', '-ㄹ', '-ㄹ수록' 등 같은 어미 앞이라는 형태론적 조건하에서도 실현될 수 있음을 보여주는 것이다.

　이와 같은 /ㄹ/ 탈락 현상은 '살다' 외에도 '갈다', '날다', '달다', '돌다', '둥글다', '만들다', '불다', '썰다', '울다', '잘다', '풀다' 등 /ㄹ/를 어간 말음으로 하는 동사나 형용사의 경우에 예외 없이 적용된다. 따라서 다음에서 보는 것처럼 /ㄹ/를 탈락시키지 않은 예들은 모두 잘못된 표기들이다.

(4) ㄱ. 미네르바의 부엉이는 황혼녘에 *날은다.

　　ㄴ. 어젯밤, 날개가 생기고 하늘을 *날으는 꿈을 꿨어요.

　　ㄷ. 최신형 핸드폰 애니콜 케이스하고 액정유리만 *갈을 수 있나요?

　　ㄹ. 정말 두껍게 *썰은 햄과 얇게 *썰은 햄 맛이 다른가요?

위의 예들에서 보이는 '*날은다', '*날으는', '*갈을', '*썰은'은 각각 '난다', '나는', '갈', '썬'으로 적어야 올바른 표기이다. 일반인들의 경우, 기원적으로 가지고 있던 어간 말음 /ㄹ/를 어떤 식으로든 유지하고 싶은 생각에서인지, (4)의 예에서와 같이 /ㄹ/를 탈락시키지 않고 도리어 /으/를 삽입하여 표기하는 방식을 자주 보인다. 그러나 이러한 환경에서는 (2), (3)의 예에서처럼 /ㄹ/를 탈락시키는 것이 정확한 표기이다.

어디 들러서

정 현 종

거기 좀 가 있다가
어디 <u>들러서</u>
애들 있는 데 좀 가 있다가……
이런 말들은 당장 쓸쓸하다.
어디도 쓸쓸하고
좀도,
있다가와 갔다가도
많이 쓸쓸하다.
가고 오고가 다
하늘처럼 벌판처럼
가이없이……

이리도 눈부신 오월을 두고 쓸쓸함에 대하여 이야기하는 것은 분명 쓸쓸한 일이다. 그러나 고운 연둣빛으로 단장한 오월이 우리 앞에 펼쳐질 때에야말로, 별안간 세상에 홀로 버려진 것 같은 고독감이 우리를 더 자주 찾아오는지도 모른다.

근원을 따져보자면 그 쓸쓸함은 분명 사람과의 거리에서 비롯된다. 얼굴을 맞대고 뜨거운 숨결을 함께 나눴던 사람에게서 발견되는 저만큼의 거리. '어디'라는 공간과 '좀'이라는 시간이 주는 그 막연하고도 아득한 느낌 앞에서는 가족이라는 이름까지도 따뜻한 위로가 되지 못한 채 가없는 하늘과 벌판처럼 공허해질 수밖에 없다.

결국, 우리의 쓸쓸함 혹은 고독은 존재의 '있음'이 아무것도 '없음'으로 변화한 데서 오는 것, 국어의 음운 탈락 현상까지도 여기에 포함시켜 보자고 하면 지나친 궤변일까? 어찌 됐건, 이 글에서는 '어디 들러서'의 '들러서'에 나타나는 어간말(語幹末, stem-final) 모음 /으/ 탈락 현상과 관련된 표기 문제를 다루기로 한다.

시로 읽는 『한글 맞춤법』 11 —/으/ 탈락과 표기
'들러서'의 음운론

주지하다시피, '지나는 길에 잠깐 거치다'라는 의미를 담고 있는 국어 동사의 기본형은 '들르다'이다. 우선, 이 단어가 국어 문장 안에서 어떻게 쓰이는지 보기로 하자.

(1) ㄱ. 혼자서 서점에 <u>들르면</u> 책들과 더 많은 이야기를 나눌 수 있다.

ㄴ. 집에도 안 <u>들르고</u> 바로 이리로 쫓아 올라왔구면.

ㄷ. 진해를 거쳐 하동 백릿길, 화개장터, 남해도 등을 <u>들르다</u> 보
면 경남이 바로 벚꽃 세상임을 새삼 느끼게 된다.

(2) ㄱ. 잠깐 <u>들러서</u> 한 잔 하지 않겠나?

ㄴ. 여기서 우리 집이 가까우니 <u>들렀다</u> 밥 먹고 가자.

ㄷ. 명동에 오거든 꼭 <u>들러라.</u>

위의 예들을 보면, (1)에서는 '들르면', '들르고', '들르다'가, (2)에서는 '들러서', '들렀다', '들러라' 등의 형태가 쓰이고 있음을 알 수 있다. 이러한 형태들을 비교해 보면, (1)의 예들에서 공통적으로 발견되는 어간말 모음 /으/가 (2)에서는 발견되지 않는데, 이러한 현상을 일컬어 /으/ 탈락이라고 한다. 이를 좀 더 분명하게 이해하기 위해 이들의 단어 형성 과정을 제시하면 다음과 같다.

(1)' ㄱ. 들르-+-면   → 들르면

ㄴ. 들르-+-고   → 들르고

ㄷ. 들르-+-다   → 들르다

(2)' ㄱ. 들르-+-어서   → 들러서

ㄴ. 들르-+-었-+-다   → 들렀다

ㄷ. 들르-+-어라   → 들러라

이와 같은 과정을 통해 확인할 수 있듯이, '들르-'의 모음 /으/는 (1)'의 예에서처럼 자음으로 시작하는 어미, 곧 '-면', '-고', '-다' 앞에서는 그대로 유지되지만, (2)'의 예에서와 같이, '-어' 계열의 어미, 즉 '-어서', '-었-', '-어라' 앞에서는 탈락한다. 이러한 현상이 바로 /으/ 탈락이다.

/으/ 탈락 현상은 '들르다' 외에도 어간말 모음이 /으/인 동사나 형용

사에서 거의 필수적으로 나타난다. 다음은 /으/ 탈락을 겪는 단어의 목
록이다.

> (3) ㄱ. 끄다, 뜨다, 트다, 쓰다, 담그다, 따르다, 잠그다, 치르다 등.
>   ㄴ. 크다, 가쁘다, 고프다, 바쁘다, 슬프다, 아프다 등.

　여기에서 (3ㄱ)은 어간말 모음이 /으/인 동사 목록이고, (3ㄴ)은 형용
사 목록이다. 이러한 목록들 가운데 특히 '담그다', '잠그다', '치르다'는
기본형과 함께 /으/ 탈락이 수행된 활용형을 잘 기억해 둘 필요가 있다.
예를 보이면 다음과 같다.

> (4) ㄱ. 두부를 물에 **담가서** 보관하는 이유는 무엇일까요?
>   ㄴ. 오빠가 문을 **잠가서** 그런가 보다 했어요.
>   ㄷ. 별도의 시험을 **치러서** 진급을 하게 됩니다.

　이와 같은 탈락 현상을 잘 이해하지 못하는 일반인들의 경우, 잘못된
활용형을 사용하는 경우가 매우 자주 나타나는데, 다음은 그 전형적인
예들이다.

> (5) ㄱ. 제 싸이월드 *<u>들려서</u> 축하 말 좀 남겨 주세요.
>   ㄴ. 문방구에서 파는 일반 온도계를 물에 *<u>담궈서</u> 써도 되나요?
>   ㄷ. 문을 *<u>잠궈서</u> 밀폐된 실내 공간도 식물에게는 좋은 환경이 아
>   니다.
>   ㄹ. 법조인이 되려면 사법고시를 *<u>치뤄서</u> 합격해야 한다.

　여기에서 보듯이, /으/ 탈락을 적용해야 하는 국어 단어들 가운데 '들
르다', '담그다', '잠그다', '치르다'의 사용과 관련, 어느 면에서는 상당

히 체계적인 오류가 발견되는데, 이는 기본형에 대한 인식부터 잘못되어 있다는 점에서 특히 그러하다. (5)의 예들을 검토해 보면, 그러한 오류는 '들르다', '담그다', '잠그다', '치르다'의 기본형을 '*들리다', '*담구다', '*잠구다', '*치루다'로 본 데서 야기된 것임을 쉽게 알 수 있다. 일정한 동사의 기본형 또는 그 활용형에 대한 체계적인 지식이 필요한 이유가 바로 여기에 있다.

개미

문 태 준

처음에는 **까만** 개미가 기어가다 골똘한 생각에 멈춰 있는 줄
알았을 것이다

등멱을 하러 엎드린 봉산댁
젖꼭지가 가을끝물 서리맞은 고욤처럼 말랐다
댓돌에 보리이삭을 치며 보리타작을 하며 겉보리처럼 입이 걸
던 여자
해 다진 술판에서 한잔 걸치고 숯처럼 **까매져서** 돌아가던 여자
담장 너머로 나를 키워온 여자
잔뜩 허리를 구부린 봉산댁이 아슬하다

생각해 보면 담장 너머에는 수많은 여인네들이 있었다. 언니와 이모와 아주머니, 할머니 등등의 이름으로 불렸던 여인들. 마치 피붙이처럼 살갑기만 하던 그 여인네들 가운데는 봉산댁이라는 이름을 가진 여인네 또한 없지 않았으리라.

댓돌 위에 보리이삭을 놓고 타작을 할 때면 다른 누구보다도 먼저 달려와 온종일 쉼 없이 몸을 놀리던 여인. 일솜씨 못지않게 말솜씨도 한없이 걸어서 아무런 거리낌 없이 푸지기만 하던 봉산댁을 바라보는 것만으로도 우리의 유년은 풍성할 수 있었을 것이다.

그러나 그러한 봉산댁도 세월의 타작을 견디지 못하고 까만 개미처럼 혹은 서리 맞은 고욤처럼 말라붙은 젖꼭지를 드러내 놓은 채 엎드려 등멱을 한다.

관능을 자랑할 수 있을 정도로 풍성하지 못한 여인의 젖꼭지. 그것은 크게 소리 내어 울지도 못할 깊은 슬픔이라고 해도 가히 틀린 말은 아니리라. 그러한 슬픔을 두고 여기에서는 '까만 개미', '숯처럼 까매져서'와 같은 표현에 등장하는 '까맣다'의 활용형에서 확인되는 /ㅎ/ 탈락 현상에 대해 살펴보기로 한다.

시로 읽는 『한글 맞춤법』 12 — /ㅎ/ 탈락과 표기
'까만', '까매져서'의 음운론

먼저, 다음 예들을 보기로 하자.

(1) ㄱ. 마을 사람들이 **까맣게** 둑 위에 서서 무당의 춤과 넋두리를

구경했다.

　ㄴ. 지난해 겨울에 완공돼 올해 여름에 입주한 이 아파트는 확장을 하지 않았지만 이미 벽면에 곰팡이가 **까맣습니다.**

(2) ㄱ. 하얀 종이에 **까만** 글씨가 있긴 한데 눈이 나빠 잘 보이지 않는다.

　ㄴ. 처음 태어날 때부터 얼굴이 **까마면** 하얗게 바뀌긴 어렵지요.

(3) ㄱ. 제가 피부가 너무 **까매서** 그러는데요.

　ㄴ. 화장을 지우면 양쪽 눈 밑 부분이 모두 **까매요.**

　ㄷ. 밤은 내 방에 놓여있는 새의 동공처럼 **까맸다.**

(4) 다들 얼굴이 너무 **까마네.**

　위의 예들을 보면, (1)에서는 그대로 유지되는 어간 말음 /ㅎ/가 (2)~(4)에서는 실현되지 않음을 알 수 있는데 이러한 현상을 일컬어 /ㅎ/ 탈락이라 한다. (1)과 (2)~(4)의 차이는 어간 '까맣-'에 연결되는 어미의 조건과 관련이 있는데, 이를 구체적으로 제시하면 다음과 같다.

(1)' ㄱ. 까맣-+-게　　　→ 까맣게

　　ㄴ. 까맣-+-습니다　→ 까맣습니다

(2)' ㄱ. 까맣-+-은　　　→ 까만

　　ㄴ. 까맣-+-으면　　→ 까마면

(3)' ㄱ. 까맣-+-아서　　→ 까매서

　　ㄴ. 까맣-+-아+요　→ 까매요

　　ㄷ. 까맣-+-았-+다　→ 까맸다

(4)' 까맣-+-네　　　　→ 까마네

　(1)'의 형태소 분석을 통해 알 수 있듯이, '까맣-'의 어간말음 /ㅎ/는 자음으로 시작하는 어미 '-게'나 '-습니다' 앞에서는 그대로 유지된다. 그러나 (2)'~(3)'의 예들처럼 모음으로 시작하는 어미나, (4)'의 종결어미 '-네'(감동을 나타내거나, 같은 연배나 아랫사람에게 이를 때 쓰는 종결

어미) 앞에서는 /ㅎ/가 탈락한다.

따라서 다음 예들은 /ㅎ/ 탈락의 조건을 정확히 알지 못한 데서 비롯된 오류라는 점에서 주의를 필요로 한다.

(5) ㄱ. 저를 보신 분들은 아시겠지만 제가 남들보다 피부가 <u>*까맙니다.</u>
    ㄴ. 그래도 머리랑 눈동자는 <u>*까맣네요.</u>

위의 예에서 '*까맙니다'는 '까맣습니다'로, '*까맣네요'는 '까마네요'로 적어야 올바른 표기이다. 다시 말해, 어간말음 /ㅎ/는 '-습니다' 앞에서는 탈락하지 않으며, 어미의 첫 음이 자음인 경우, '-네' 앞에서만 탈락하게 되는 것이다.

이와 같은 /ㅎ/ 탈락은 '그렇-', '노랗-', '빨갛-', '파랗-', '커다랗-', '높다랗-', '동그랗-' 등 어간이 2음절 이상인 형용사에만 적용된다. 즉, '놓-', '닿-', '좋-' 등 1음절의 동사나 형용사 어간들은 어떤 환경에서도 /ㅎ/가 탈락하지 않는다. 따라서 예컨대 2음절 어간 '노랗-'과 1음절 어간 '놓-'의 활용형 사이에는 /ㅎ/ 탈락과 관련하여 다음과 같은 차이가 나타나게 된다.

(6) ㄱ. 아이의 눈도 좀 노랗고 다리도 좀 <u>노라네요.</u>
    ㄴ. 왠지 태풍전야의 고요함이 사람 맘을 흔들어 <u>놓네요.</u>

위의 예를 통하여 다시 한번 확인할 수 있듯이, /ㅎ/ 탈락은 (6ㄱ)의 '노랗-'처럼 2음절 어간에는 적용되지만, (6ㄴ)의 '놓-'과 같은 1음절 어간에는 적용되지 않음이 원칙이다.

그 여자네 집

김 용 택

가을이면 은행나무 은행잎이 노랗게 물드는 집
해가 저무는 날 먼 데서도 내 눈에 가장 먼저 뜨이는 집
생각하면 그리웁고
바라보면 정다웠던 집
어디 갔다가 늦게 집에 가는 밤이면
불빛이, 따뜻한 불빛이 검은 산속에 깜박깜박 살아 있는 집
그 불빛 아래 앉아 수를 놓으며 앉아 있을
그 여자의 까만 머릿결과 어깨를 생각만 해도
손길이 따뜻해져오는 집

살구꽃이 피는 집
봄이면 살구꽃이 하얗게 피었다가
꽃잎이 하얗게 담 너머까지 날리는 집
살구꽃 떨어지는 살구나무 아래로
물을 길어오는 그 여자 물동이 속에
꽃잎이 떨어지면 꽃잎이 일으킨 물결처럼 가 닿고
싶은 집

샛노란 은행잎이 지고 나면
그 여자
아버지와 그 여자 큰오빠가
지붕에 올라가

하루 종일 노랗게 지붕을 이는 집
노란 초가집

어쩌다가 열린 대문 사이로 그 여자네 집 마당이 보이고
그 여자가 마당을 왔다갔다하며
무슨 일이 있는지 무슨 말인가 잘 알아들을 수 없는 말소리와
옷자락이 대문 틈으로 언뜻언뜻 보이면
그 마당에 들어가서 나도 그 일에 참여하고 싶었던 집

마당에 햇살이 노란 집
저녁연기가 곧게 올라가는 집
뒤안에 감이 붉게 익는 집
참새떼가 지저귀는 집
보리타작, 콩타작 도리깨가 지붕 위로 보이는 집
눈 오는 집
아침 눈이 하얗게 처마끝을 지나
마당에 내리고
그 여자가 몸을 웅숭그리고
아직 쓸지 않은 마당을 지나
뒤안으로 김치를 내러 가다가 "하따, 눈이 참말로 이쁘게도 온
다이이" 하며
눈이 가득 내리는 하늘을 바라보다가
싱그러운 이마와 검은 속눈썹에 걸린 눈을 털며
김칫독을 열 때
하얀 눈송이들이 어두운 김칫독 안으로
하얗게 내리는 집
김칫독에 엎드린 그 여자의 등에
하얀 눈송이들이 하얗게 하얗게 내리는 집
내가 함박눈이 되어 내리고 싶은 집
밤을 새워, 몇밤을 새워 눈이 내리고

아무도 오가는 이 없는 늦은 밤
그 여자의 방에서만 따뜻한 불빛이 새어나오면
발자국을 숨기며 그 여자네 집 마당을 지나 그 여자의 방 앞
뜰방에 서서 그 여자의 눈 맞은 신을 보며
머리에, 어깨에 쌓인 눈을 털고
가만가만 내리는 눈송이들도 들리지 않는 목소리로
가만 가만히 그 여자를 부르고 싶은 집
그
여
자
네 집

어느 날인가
그 어느 날인가 못밥을 머리에 이고 가다가 나와 딱
마주쳤을 때
"어머나" 깜짝 놀라며 뚝 멈추어 서서 두 눈을 똥그랗게 뜨고
나를 쳐다보며 반가움을 하나도 감추지 않고
환하게, 들판에 고봉으로 담아놓은 쌀밥같이,
화아안하게 하얀 이를 다 드러내며 웃던 그
여자 함박꽃 같던 그
여자

그 여자가 꽃 같은 열아홉 살까지 살던 집
우리 동네 바로 윗동네 가운데 고샅 첫집
내가 밖에서 집으로 갈 때
차에서 내리면 제일 먼저 눈길이 가는 집
그 집 앞을 다 지나도록 그 여자 모습이 보이지 않으면
저절로 발걸음이 느려지는 그 여자네 집
지금은 아, 지금은 이 세상에 없는 집
내 마음 속에 지어진 집

눈감으면 살구꽃이 바람에 하얗게 날리는 집
눈 내리고, 아, 눈이, 살구나무 실가지 사이로
목화송이 같은 눈이 사흘이나
내리던 집
그 여자네 집
언제나 그 어느 때나 내 마음이 먼저
가
있던 집
그
여자네
집
생각하면, 생각하면 생. 각. 을. 하. 면……

일명 섬진강의 시인으로 불리는 김용택의 시 <그 여자네 집>을 만난 순간, 시의 언어가 이렇게도 눈이 부실 수 있는 것인지 놀라웠다. 그 여자가 들판에 고봉으로 담아놓은 쌀밥처럼 하얀 이를 드러내며 웃고 있었으므로, 살구꽃이 바람에 하얗게 날리고, 그 살구나무 실가지 사이로 목화송이 같은 눈이 사흘씩이나 내리는 집이 바로 그 여자네 집이었으므로…….

그 여자네 집에 대한 그리움이 아니었던들 어찌 삶이 한 순간이라도 환하게 빛을 발할 수 있었으랴. 그러므로 오로지 한쪽으로만 치닫던 그 간절한 그리움이야말로 삶을 지탱케 해 준 원동력이었음을 고백하지 않으면 안 될 것이다.

<그 여자네 집>의 '여자'는 말소리, 곧 음성적 층위(phonetic level)에서 국어가 지니고 있는 특질 가운데 하나인 두음법칙을 잘 보여주는바, 이번에는 이 문제에 대해 언급하고자 한다.

시로 읽는 『한글 맞춤법』 13 ― 두음법칙과 표기 원칙(1)
'그 여자네 집'에서 보는 두음법칙

국어는 어두, 즉 단어 첫머리에 여러 가지 제약을 가지고 있다. 어두 위치에 자음군(子音群, consonant cluster)이 올 수 없음은 물론, /ㅇ/(/ŋ/)과 /ㄹ/, 특정 환경에서의 /ㄴ/ 역시 올 수 없다는 것이 그것이다. 이러한 제약으로 인해 만일 어두 위치에 그러한 자음이 오면, 해당 자음을 탈락시키거나 다른 자음으로 바꿈으로써 발음을 좀 더 쉽게 만드는데, 이를 일컬어 두음법칙(頭音法則)이라 한다.

그렇다면 '여자'에 적용되는 두음법칙의 유형은 어떤 것일까? 다음 예를 보자.

> (1) ㄱ. 한국 **남녀(男女)** 프로골퍼들이 미국 무대에서 뛰어난 활약을 보였다.
> ㄴ. 그 **여자(女子)**는 모를수록 좋은 일을 너무 많이 안다.

위의 예를 통해서 알 수 있는 것처럼, '女'라는 한자는 위치에 따라서 발음에 차이가 있다. (1ㄱ)의 '남녀'처럼 비어두 위치에서는 [녀]로 발음되지만, (1ㄴ)의 '여자'처럼 어두 위치에서는 [녀]의 'ㄴ'가 탈락함으로써 [여]로 발음되는 것이다. 이와 같은 현상은 어두 위치의 /ㄴ/가 모음 /이/나 이중모음 /야, 여, 요, 유/ 앞에서는 제대로 발음되기 어려우므로 두음법칙을 적용, /ㄴ/를 탈락시킨 결과이다. 이를 좀 더 분명히 이해하기 위해서는 다음 예들을 참고할 필요가 있다.

> (2) ㄱ. 당뇨(糖尿), 결뉴(結紐), 은닉(隱匿)
> ㄴ. 요소(尿素), 유대(紐帶), 익명(匿名)

여기에서 보듯이, '尿', '紐', '匿' 등의 한자는 (2ㄱ)의 비어두 위치에서는 [뇨], [뉴], [닉]으로, (2ㄴ)의 어두 위치에서는 [요], [유], [익]으로 발음되는데, 이러한 현상이 바로 국어 두음법칙의 유형 가운데 하나이다. 이러한 두음법칙은 어두 위치가 아닌 환경에 확대 적용되기도 하는데, 다음이 그 예이다.

> (3) ㄱ. 이 작품 속의 노라는 **신여성**의 대명사로 부각되었다.
> ㄴ. 사람들은 조선 왕조를 일컬어 **남존여비**의 사상으로 얼룩진 시대라고 말한다.

위의 예에서 발견되는 '신여성'과 '남존여비'의 [여]는 어두 위치가 아닌 곳에서도 두음법칙이 적용될 수 있음을 보여 준다는 점에서 주의를 요한다. 이와 같은 현상은 '신여성(新女性)'은 일종의 파생어로서 '신＋여성'의 구조를, '남존여비(男尊女卑)'는 합성어로서 '남존＋여비'의 구조를 갖는 것으로 본 데서 비롯된 것이다.

한편, 다음 문장들에 등장하는 '연도(年度)'는 명사구(noun phrase)를 구성하는 두 번째 요소로서 어두 위치에 쓰이고 있으므로 당연히 두음법칙을 적용해야 한다.

(4) ㄱ. <u>입학 연도</u>가 언제였을까 까마득하다.
　　ㄴ. <u>졸업 연도</u>가 같은 사람들끼리 다 모였습니다.
　　ㄷ. <u>회계 연도</u>의 시작은 나라마다 다른데, 우리나라는 1월 1일부터 그해 12월 31일까지이다.
　　ㄹ. <u>당해 연도</u>의 가장 탁월한 시문학 작품들만을 모았다.

선운사에서

최 영 미

꽃이
피는 건 힘들어도
지는 건 잠깐이더군
골고루 쳐다볼 틈 없이
님 한번 생각할 틈 없이
아주 잠깐이더군

그대가 처음
내 속에 피어날 때처럼
잊는 것 또한 그렇게
순간이면 좋겠네

멀리서 웃는 그대여
산 넘어 가는 그대여

꽃이
지는 건 쉬워도
잊는 건 한참이더군
영영 한참이더군

4월 어느 날, 고창 선운사엘 가면 통째로 바닥에 몸을 부린 동백꽃을 만날 수 있다. 툭툭, 붉은 동백꽃이 땅 위로 떨어지는 소리를 들으며, 우리는 문득 영겁의 시간과 대조되는 찰나의 순간을 경험하게 된다. 어린 꽃눈이 꽃망울을 맺어 한 송이 고운 꽃봉오리로 성장하기까지 소요되었던 시간의 깊이에 비하면, 낙화의 순간이란 참으로 짧은 법.

문제는 살아가는 동안 누군가와 맺은 인연의 매듭이란 그렇게 동백꽃이 지듯 한순간에 풀리는 것이 아니라는 데 있다. 더욱이 그 인연의 대상이 애틋하게 생각하며 그리워하던 이라고 한다면, 오랜 시간을 별리(別離)의 고통 속에 잠겨 있어야 한다. 그러한 때 우리는 "잊는 건 영영 한참이더군."이라는 고백을 할 수밖에 없으리라.

오랜 세월을 두고 애틋한 연모의 대상으로 존재하게 될 '님'은 현대 국어 단계에서 올바른 규범적 형태로 자리 잡은 '임'과 어떠한 음운론적 관련을 맺고 있는 것일까? 이번에는 이 문제에 초점을 맞추려고 한다.

'님'은 '임'으로

앞글에서 필자는 단어 첫머리에 등장하는 /ㄴ/는 모음 /이/나 이중모음 /야, 여, 요, 유/ 앞에서는 제대로 발음하기 어려우므로, /ㄴ/를 탈락시켜 발음하는 것이 국어 두음법칙의 유형 가운데 하나라는 사실을 지적하였다. 어두 위치에서 발견되는 이러한 현상은 18세기 이후에 진행된 국어의 언어 변화에 의한 것이다. 따라서 '임금', '여름', '옅다', '이르다(謂)’ 등 국어의 많은 어휘들이 역사적으로는 ‘님금’, ‘녀름’, ‘녈다’, ‘니르다’ 등과 같이 본래는 어두 위치에 /ㄴ/를 가지고 있었다.

이와 같은 사실은 ‘님’과 ‘임’의 관계를 분명히 암시하여 준다. 즉, ‘님’은 두음법칙이 실현되기 이전의 옛말이므로, 어두 위치에 쓰이는 ‘님’은 ‘임’으로 표기하는 것이 올바른 언어 규범인 것이다. 다음 시에 등장하는 ‘임’이 바로 그것이다.

> (1) <u>임</u>의 말씀 절반은
> 맑으신 웃음
> 그 웃음의 절반은
> 하느님 거 같으셨네
> <u>임</u>을 모르고 내가 살았더면
> 아무 하늘도 안 보였으리
>
> ― 김남조, <임>에서

사실, 대다수의 국어 사용자들이 아직도 ‘임’의 옛말인 ‘님’을 국어의 표기 규범에 알맞은 형태라고 보는 경향이 강하다. <선운사에서>에서 등장하는 ‘님’은 물론, 다음 문장들에서 발견되는 ‘님’ 역시 그러한 예에 속한다.

> (2) ㄱ. 저자는 이처럼 한시를 통해 *<u>님을</u> 그리는 여인의 마음으로 봄꽃을 보게 한다.
> ㄴ. 가을을 감싸는 정서는 낙엽과 *<u>님이며</u> 벗 생각이다.

이와 같이, 우리의 국어 생활에서 흔히 발견되는 ‘님’은 모두 현행 『한글 맞춤법』에 어긋나므로, ‘임’으로 바로잡아야 한다. 다만, 시는 일상 언어의 규범과는 다른 시적 허용(poetic licence)이 가능하다는 점에서

<선운사에서>의 '님'을 규범이라는 잣대만 가지고 판단하기는 어려운 점이 없지 않다. 그렇긴 하더라도 국어의 발달 혹은 변화와 관련하여 '님'과 '임'이 두음법칙의 적용 여부와 관련하여 나타난 고형(古形)과 신형(新形)의 관계에 있다는 사실만큼은 외면해서는 안 될 것이다.

난

박 목 월

이쯤에서 그만 하직하고 싶다.
좀 여유가 있는 지금, **양손**을 들고
나머지 허락받은 것을 돌려 보냈으면.
여유있는 하직은
얼마나 아름다우랴.
한포기 **난**을 기르듯
애석하게 버린 것에서
조용하게 살아가고,
가지를 뻗고,
그리고 그 섭섭한 뜻이
스스로 꽃망울을 이루어
아아
먼곳에서 그윽히 향기를
머금고 싶다.

미런이 아직 남아 있을 때 떠날 줄 아는 것은 멋있는 일이다. 그러므로 어떤 이는 "가야 할 때가 언제인가를 / 분명히 알고 가는 이의 / 뒷모습은 얼마나 아름다운가"라고 노래하기도 하였다. 지금 앉아 있는 이 자리, 지금 손에 쥐고 있는 가장 귀한 무엇을 놓아버림으로써 뒷모습이 아름다울 수만 있다면, 우리는 마땅히 양손을 들어 여유 있는 마지막을 고해야 한다. 애틋하게 아끼던 것을 미런 없이 버리는 순간, 그것은 다시 누군가의 가슴에 맑고 그윽한 향기를 머금은 한 포기 난으로 피어날 수 있는 일이므로…….

진공묘유(眞空妙有)의 철학, 진정으로 비어 있을 때에만 오히려 무엇인가로 채울 수 있음을 새기는 자리에서 두음법칙 운운하는 것은 무언가 격에 맞지 않는 일이다. 그러나 일정한 현상에 대한 정밀한 이해 역시 우리의 삶을 아름답게 만드는 일 가운데 하나일 터, 이번에는 어두음 /ㄹ/와 관련된 두음법칙에 대해 언급하고자 한다.

시로 읽는 『한글 맞춤법』 15 —두음법칙과 표기 원칙(3)
'란→난'의 변화

앞에서 이루어진 두음법칙에 관한 두 번의 기술이 어두음 /ㄴ/에 관한 것이었다고 한다면, 이제 우리는 /ㄹ/가 어두 위치에서의 제약에 의해 제 음가대로 실현되지 못하고, /ㄹ/를 탈락시키거나 [ㄴ]로 실현되는 현상을 고찰하게 될 것인데, 이것이 국어 두음법칙의 두 번째 유형이다.

박목월의 시 <난>에 등장하는 시어들 가운데 '양손'의 '양'이나 '난'의 원음은 각각 /량/(兩)과 /란/(蘭)이다. 그러나 /량/과 /란/은 단어의 첫

머리에 쓰이는 경우, [양]과 [난]으로 발음되는데, 이를 일컬어 /ㄹ/ 두음법칙이라고 한다.

이러한 사실을 통해 짐작할 수 있듯이, /ㄹ/ 두음법칙은 두 가지 상이한 과정을 거쳐 이루어진다. 즉, /랴, 려, 례, 료, 류, 리/로 시작하는 한자는 /ㄹ/를 탈락시켜 [야, 여, 예, 요, 유, 이]로 발음하는 것과는 달리, /라, 래, 로, 뢰, 루, 르/로 시작하는 한자는 /ㄹ/를 [ㄴ]로 바꾸어 [나, 내, 노, 뇌, 누, 느]로 발음하는 것이다. 구체적인 예를 들어 설명하면 다음과 같다.

(1) ㄱ. 개량(改良), 사례(謝禮), 치료(治療), 하류(下流), 진리(眞理)
    ㄴ. 양심(良心), 예의(禮儀), 요법(療法), 유행(流行), 이발(理髮)
(2) ㄱ. 쾌락(快樂), 거래(去來), 연로(年老), 지뢰(地雷), 연루(連累), 왕릉(王陵)
    ㄴ. 낙원(樂園), 내일(來日), 노인(老人), 뇌성(雷聲), 누계(累計), 능(陵)

위의 예에서 (1)은 /랴, 려, 례, 료, 류, 리/로 시작되는 한자가 단어 첫머리에 오는 경우, /ㄹ/를 탈락시킴으로써 [야, 여, 예, 요, 유, 이]로 실현됨을 보여준다. 이와는 달리, (2)는 /라, 래, 로, 뢰, 루, 르/가 어두 위치에 나타날 때, /ㄹ/를 [ㄴ]로 바꾸어 [나, 내, 노, 뇌, 누, 느]로 발음해야 함을 보여준다.

/ㄹ/ 두음법칙이 이와 같은 두 가지 방향으로 나타나게 된 이유는 무엇일까? 이는 앞서 논의한 /ㄴ/의 두음법칙과 관련하여 이해해야 한다. 즉, /랴, 려, 례, 료, 류, 리/는 먼저 '냐, 녀, 녜, 뇨, 뉴, 니'로 바뀌는 중간 단계를 거친 후, 그 다음 단계에 이르러 /ㄴ/ 두음법칙을 적용한 결과, [야, 여, 예, 요, 유, 이]로 변화한 것이다. /ㄹ/ 두음법칙은 근대 국어

시기에 이르러 일반화된 /ㄴ/ 두음법칙보다 훨씬 이전 시기인 중세국어 단계에서부터 보편화되었다는 사실이 이를 뒷받침해 준다. 따라서 가령 현대국어 단계의 '양심(良心)'은 역사적으로 '량심 > 냥심 > 양심'의 단계를 밟았다고 할 수 있다. 물론, [나, 내, 노, 뇌, 누, 늬]는 /ㄴ/ 두음법칙이 적용되는 환경이 아니므로 오늘날까지도 [ㄴ]를 그대로 유지하고 있다.

그러나 /ㄹ/ 두음법칙은 영어와 같은 외래어의 차용에 의해 점차 규칙으로서의 효력이 약화되고 있는데, 다음이 그 예이다.

> (3) 류머티즘, 리사이틀, 린스, 립스틱, 라일락, 로미오, 로데오, 뢴트겐, 루프, 르포 등.

주로 영어에서 차용된 이러한 단어들은 어두 위치에서 /ㄹ/을 실현할 수 없다는 국어의 일반적인 제약을 어기고 있는데, 이는 외래어가 지닐 수 있는 전형적인 특징 가운데 하나이다.

질투

김 상 미

옆집 작은 꽃밭의 채송화를 보세요
저리도 쬐그만 웃음들로 가득 찬
저리도 자유로운 흔들림
맑은 **전율**들을

내 속에 있는 기쁨도
내 속에 있는 슬픔도

태양 아래 그냥 내버려두면

저렇듯 소박한 한 덩어리 작품이 될까요?
저렇듯 싱그러운 생 자체가 될까요?

여름 한낮, 뜨거운 태양의 열기에도 아랑곳하지 않고 그들은 마당한 귀퉁이의 작은 꽃밭에 떼로 모여 까르르 까르르 맑은 웃음을 터트리곤 했었다. 혹은 장독대 옆이었을지도 모른다. 한 뼘도 채 안 되는 작은 키의 그것들이 제 몸보다 큰 꽃송이를 축포처럼 터트리던 곳은…….

한없이 소박하면서도 또 한없이 싱그러운 것. 그리하여 우리로 하여금 질투심마저 불러일으키던 그것은 바로 채송화였다. 손바닥만한 크기의 작은 꽃밭에서도 얼마든지 뿌리를 뻗어 내릴 공간을 얻어 고운 자줏빛 꽃송이를 잘도 피우던 꽃.

유년 시절, 채송화처럼 키를 줄여 그 앞에 쭈그리고 앉아 본 사람들은 알고 있으리라. 한 줄기 바람조차 그냥 지나보내지 못하고 흔들릴 때마다 채송화는 아주 조금씩 떨고 있었다는 것을. 그 작은 존재의 떨림, 그 여름의 햇살처럼 맑은 전율(戰慄)이 온몸으로 전해져 오던 유년의 한때가 몹시도 그립다.

'전률(戰慄)'은 '전율'로

흥미로운 것은 바로 '전율'이란 단어의 표기이다. 두 번째 음절의 '율'의 원음은 분명히 [률]임에도 불구하고, 두음법칙을 적용하여 [율]로 적고 있는데, 이는 앞글에서 언급한 /ㄹ/ 두음법칙을 확대 적용한 것이란 점에서 주의를 요한다. 우선 다음 예를 검토하기로 하자.

(1) ㄱ. 2005년 건강 보험료가 인상되었습니다. <u>인상률</u>은 8.5%입니다.

ㄴ. 이는 다른 시험과 비교해도 월등히 낮은 **합격률**로 기술사 시험을 이공계의 사법시험으로 부르는 이유가 여기 있다.

(2) ㄱ. 서울 강남권에 공급된 아파트 가운데 중대형 **비율**은 34.6%로 지난해 24.5%보다 10.1% 포인트 높아졌다.

ㄴ. 17대 총선, 부자일수록 **당선율**이 높았다.

위의 예에서 우리는 중요한 국어학적 사실을 발견할 필요가 있다. 그 것은 한자어 '률(率)'이 (1), (2)의 예에서 똑같이 비어두 위치에 쓰였음에도 불구하고, (1)에서는 '률'로 적고 있는 것과는 달리, (2)에서는 '률 → 율'이라는 두음법칙을 적용하여 '율'로 적는다는 것이다.

이름 그대로 어두 위치에서만 적용되어야 하는 두음법칙이 이러한 환경에서도 적용되는 것은 일반적인 규칙에서 벗어난 것이라는 점에서, (2)에서 수행된 두음법칙은 /ㄹ/ 두음법칙의 확대 적용이라고 할 수 있다. 두음법칙이란 모름지기 어두 위치, 곧 단어의 첫머리에서만 적용되어야 함에도 불구하고 예외적으로 비어두 위치에서도 수행되었는바, 두음법칙이 확대된 것이라고 할 수 있는 것이다.

이와 같은 두음법칙의 확대는 어떠한 경우에 이루어지는 것일까? 이를 이해하기 위해서는 현행 『한글 맞춤법』 '제11항' [붙임 1]을 참조할 필요가 있다. 다음을 보자.

(3) 다만, 모음이나 'ㄴ' 받침 뒤에 이어지는 '렬', '률'은 '열', '율'로 적는다.

이러한 규정을 통해서 (2)의 '비율'과 '당선율'을 보게 되면, 여기에 적용된 /ㄹ/ 두음법칙 확대의 정체가 분명해진다. 곧 한자어 '률'은 (1)과 같은 환경에서는 원음 그대로 '률'로 적지만, (2)에서는 '율'로 적어

야 하는바, 이는 '률'이 모음이나('비율') 'ㄴ' 받침 뒤에('당선율') 이어
지는 경우에 해당하는 것이다.

　다음은 /ㄹ/ 두음법칙이 확대 적용될 수 있는 한자의 목록과 그 예이
다.

　　　(4) ㄱ. 렬 : 列, 烈, 劣, 裂 등.
　　　　　　📖 나열(羅列), 선열(先烈), 비열(卑劣), 분열(分裂)
　　　　ㄴ. 률 : 率, 栗, 律, 慄 등.
　　　　　　📖 비율(比率), 백분율(百分率), 선율(旋律), 전율(戰慄)

　요컨대, 작은 채송화 꽃밭에서 싱그러운 생의 '전율'을 느끼던 바로
그 순간, 두음법칙이라는 국어 발음상의 제약이 강력하게 작용하고 있
었다는 사실을 기억할 일이다.

어떤 개인 날

노 향 림

낡고 외진 첨탑 끝에 빨래가
위험하게 널려 있다.
그곳에도 누가 살고 있는지
깨끗한 햇빛 두어 벌이
집게에 걸려 펄럭인다.
슬픔이 한껏 숨어 있는지
하얀 옥양목 같은 하늘을
더욱 팽팽하게 늘인다.
주교단 회의가 없는 날이면
텅 빈 돌계단 위에 야윈 고무나무들이
무릎 꿇고 황공한 듯 두 손을 모은다.
바람이 간혹 불어오고
내 등 뒤로 비수처럼 들이댄
무섭도록 짙푸른 하늘.

중학교 1, 2학년 무렵이었으니 기껏해야 열서너 살의 어린 나이였음에도 불구하고, 우리는 곧잘 함지박에 가득 빨랫감을 담아 이고 마을의 공동 빨래터로 나가곤 했다. 물살이 푸지다는 뜻이었을까, '살푸쟁이'라는 이름의 그 빨래터는 여름이면 시원하고, 겨울이면 따뜻한 물이 철철 넘쳐흐르던 곳이어서 동네의 여인네들이 너도나도 다투어 모여들었다.

흰 거품이 일 때까지 힘껏 비누칠을 하고, 비눗기가 잘 가시도록 말끔히 헹구고 난 뒤, 빨래터의 담벼락에 빨래를 걸쳐놓고 물기가 빠지기를 기다리는 동안, 우리들의 가슴은 왠지 모를 자랑으로 가득 차곤 했다. 어른이 되어야만 참여할 수 있는 의식을 통과한 뒤의 뿌듯함이었는지도 모른다. 더구나 그것은 온갖 먼지를 다 뒤집어 쓴 옷가지들을 깨끗이 빨아 본래의 색깔로 회복하도록 만드는 세례의식과 같은 것이기도 하였다.

짐작건대, 교회당의 뾰족한 첨탑 끝에 빨래를 널었던 여인의 마음도 우리들의 마음처럼 한껏 자랑스러웠으리라. 높은 곳을 우러르며 빨래를 너는 순간, 여인들은 늘 그렇게 깨끗한 햇빛과 맑은 바람, 푸른 하늘까지를 끌어안음으로써 순결한 열망을 채우는 것인지도 모른다. 문제는 바로 그날이 '어떤 개인 날'이었다는 것인데, 우리에게 낯설지 않은 이 제목이 실은 국어의 표기 규범에 위배된다는 사실에 주목할 필요가 있다.

'개이다'는 '개다'로

'어떤 개인 날'이라는 제목을 대하는 순간, 많은 이들이 '아, 나비부인!' 하고 고개를 끄덕일는지도 모른다. 유명한 푸치니의 오페라 <나비부인>의 악곡들 가운데 가장 대표적이면서도 아름다운 아리아 '어떤 개인 날'은 음악을 사랑하는 이들의 귓가에 가장 자주 오르내리는 이름이기 때문이다.

그러나 '어떤 개인 날'은 '어떤 갠 날'로 적어야 정확한 표기이다. '흐렸던 날이 맑아지다'는 의미를 담고 있는 국어 단어는 '개다'이고, 이것의 활용형은 '개인'이 아니라 '갠'이 올바른 형태이기 때문이다.

흥미롭게도, 많은 국어 사용자들이 문법에 맞지 않는 '이'를 삽입하여 활용형을 만드는 오류를 범하곤 하는데, 다음이 그 전형적인 예들이다.

> (1) ㄱ. *<u>설레이는</u> 물살처럼 내 마음 *<u>설레이고</u> 또 *<u>설레입니다.</u>
> ㄴ. 언제나 짙은 안개에 휩싸여 *<u>헤매이다</u> 이제는 스스로 안개가 되어 서성거린다.
> ㄷ. 콜타르 *<u>배인</u> 송판 내음
> ㄹ. 새들은 '구름 속의 뻐꾸기 집'을 건설하자는 인간의 *<u>꾀임</u>에 빠지고 만다.
> ㅁ. 한 번 이렇게 감정에 골이 *<u>패이다</u> 보면, 다시 돌리기가 어려운 것이 사실이다.

위 문장들에서 사용된 '설레이-', '헤매이-', '배이-', '꾀이-', '패이-'는 모두 문법적으로 '-이-'가 잘못 삽입된 예들이다. 이를 분명히 인식하도록 하기 위해 기본형과 함께 몇몇 대표적인 활용형을 제시하면 다음과 같다.

(2) ㄱ. 설레다   설레는   설레고   설렘
    ㄴ. 헤매다   헤매는   헤매고   헤맴
    ㄷ. 배다   배는   배고   뱀
    ㄹ. 꾀다(꼬이다)   꾀는(꼬이는)   꾀고(꼬이고)   꾐(꼬임)
    ㅁ. 패다(파이다)   팬(파인)   패고(파이고)   팸(파임)

이러한 예들을 통해서 확인할 수 있듯이, '설레다', '헤매다', '배다', '꾀다', '패다'를 기본형으로 하는 용언의 활용형들은 '이'의 삽입을 필요로 하지 않는다. 그럼에도 불구하고 국어 화자들이 '이'를 삽입하는 것은 이러한 형태들이 '피동(被動)'의 의미를 갖기 위해서는 국어의 대표적인 피동 접미사인 '이'를 필요로 한다고 보기 때문인 것으로 보인다. 그러나 '개다'를 비롯하여 '설레다', '헤매다', '배다'는 '이' 삽입에 의한 피동형이 성립하지 않는다. 또한, '꾀다'는 '꼬이다'('달콤한 말이나 그럴듯한 짓으로 남을 속이다'의 뜻)의 준말로, 명사형은 '꾀임'이 아니라, '꾐'으로 써야 올바른 형태이다. 마지막으로, '패다'는 '파다'의 피동형인 '파이다'의 준말로서 그 자체가 피동형이므로 '패다' 다음에 '이'를 또다시 삽입해서는 안 된다. 따라서 (1ㄹ)의 '패이다'는 '파이다' 혹은 이의 준말 형태인 '패다'로 표기해야 하는 것이다.

쉽게 씌어진 시

윤 동 주

창 밖에 밤비가 속살거려
육첩방(六疊房)은 남의 나라,

시인이란 슬픈 천명(天命)인 줄 알면서도
한 줄 시를 적어 볼까,

땀내와 사랑내 포근히 품긴
보내 주신 학비 봉투를 받아

대학 노트를 끼고
늙은 교수의 강의 들으러 간다.

생각해 보면 어린 때 동무를
하나, 둘, 죄다 잃어버리고

나는 무얼 바라
나는 다만, 홀로 침전(沈澱)하는 것일까?

인생은 살기 어렵다는데
시가 이렇게 쉽게 씌어지는 것은
부끄러운 일이다.

육첩방은 남의 나라
창 밖에 밤비가 속살거리는데,

등불을 밝혀 어둠을 조곰 내몰고,
시대처럼 올 아침을 기다리는 최후의 나,
나는 나에게 작은 손을 내밀어
눈물과 위안으로 잡는 최초의 악수.

열병식이라도 보여 주려는 듯 가지런히 줄을 맞춰 선 백양나무 숲과 너른 들녘을 빼곡히 채운 옥수수 밭 사이로 그의 집이 있었다. 북간도 땅, 연변의 길림성 용정시 지신진의 명동촌이 바로 그곳. 시인 윤동주가 나서 자란 곳이었다.

고작 스물아홉의 나이에 나라 잃은 백성이라는 죄목으로 차가운 후쿠오카 감옥에서 안타까운 최후를 맞이하였던 윤동주의 흔적을 보여주는 기념관과 생가를 둘러보는 자리. 일본의 역사 왜곡과 중국의 동북공정 프로젝트에 휘둘리고 있는 우리의 현재가 아직도 그로 하여금 '시대처럼 올 아침'을 간절히 기다리게 만들고 있는 것은 아닐까 하여 마음이 무거웠다.

잘 알려져 있는 대로, 윤동주를 흔히 <서시>의 시인이라고 일컫는다. "죽는 날까지 하늘을 우러러 한 점 부끄럼이 없기를" 바랐던 그의 희구(希求)가 눈부셔서일 것이다. 우리의 삶이 다하는 날, 그토록 당당한 선언을 할 수 있도록 하기 위해 삶은 얼마나 무거워져야 하는 것일까? 그러므로 우리는 쉽게 짐작할 수 있다. <쉽게 씌어진 시>는 결코 '쉽게 쓰여진' 것이 아님을……

그런데 여기에 제시한 '씌어진'과 '쓰여진'의 '씌어'와 '쓰여'는 하나의 본말 '쓰이어'에서 유래한 두 가지 유형의 준말 형태라고 할 수 있는바, 이번에는 국어의 준말 형성과 관련된 표기의 원칙에 대해 살펴보고자 한다.

'씌어'와 '쓰여'의 공존

희미해진 기억의 창고를 더듬어 보면, 초등학교 시절, 모든 숙제의 해결사였던 『표준 전과』 한 권이 떠오르는 사람들이 많을 것이다. 두꺼운 전과를 펼쳐 놓고서 '비슷한 말', '반대말', '본말'과 '준말' 등등을 발견하는 일은 결코 유쾌한 일이 될 수 없었던 국어 숙제의 무게로부터 쉽게 벗어날 수 있는 방법이었다. 사람들 사이에 일정한 관계가 형성되어 있듯이, 단어라는 것들도 섬처럼 홀로 떨어져 존재하는 것이 아니라, 어떤 식으로든 서로 관계를 맺고 있음을 알아차리는 것은 분명 즐거운 일이었다.

위에서 암시했듯이, '씌어'와 '쓰여'는 '쓰이어'를 본말로 하여 형성된 준말들이라는 사실을 염두에 두고, 이러한 유형의 준말 형성 과정을 제시하면 다음과 같다.

(1) 본말　　　　　준말 A　　　준말 B
　　쓰+이+어　　　씌+어　　　쓰+여

본말인 '쓰이어'는 '쓰-(어간)+-이-(피동접사)+-어(연결어미)'라는 세 개의 형태소로 이루어졌는데, 어간 '쓰-'와 접사 '-이-'가 먼저 축약되는 경우에는 '씌어'가 되고, 어간 대신 접사 '-이-'와 어미 '-어'가 먼저 축약되는 경우에는 '쓰여'가 되어, 두 가지 유형의 준말이 형성된다. 이러한 준말 형성의 결과는 '씌어'와 '쓰여'로 하여금 복수 표준어가 되도록 하는바, 다음은 이와 동일한 방식에 의해 준말을 만들고 있는 단어의 목록이다.

(2) ㄱ. 싸이어 → 쌔어, 싸여
    ㄴ. 보이어 → 뵈어, 보여
    ㄷ. 쏘이어 → 쐬어, 쏘여
    ㄹ. 누이어 → 뉘어, 누여
    ㅁ. 트이어 → 틔어, 트여

이러한 사실이 의미하는 것이 무엇인지를 '씌어', '쓰여'의 쓰임을 통해 제시하면 다음과 같다.

(3) ㄱ. 이렇다 할 참고가 될 만한 것은 하나도 **씌어** 있지 않습니다.
    ㄴ. 네 얼굴에 '난 사랑에 빠졌어요.'라고 다 <u>쓰여</u> 있어.

요컨대, '씌어'와 '쓰여'는 동일한 의미를 지니는 복수 표준어로 존재하며, (2)에 제시한 다른 형태들 역시 마찬가지로 복수 표준어들임을 알아둘 필요가 있다. 아울러, (2)의 준말 형태를 제외한 '씌여', '틔여' 등의 형태는 규범적인 방식에 의해 형성된 준말이 아닌 표기상의 오류라는 사실 또한 기억해 두어야 한다. 다음이 그 예이다.

(4) ㄱ. 이곳에는 2천년 동안에 걸쳐 *<u>**씌여진**</u> 200여 개의 문자가 새겨져 있다.
    ㄴ. 그의 집무실은 화려하지 않았지만 사방이 유리로 탁 *<u>**틔여**</u> 시원하게 보였다.

단단한 고요

김 선 우

마른 잎사귀에 도토리알 얼굴 부비는 소리 후두둑 뛰어내려 저마다 멍드는 소리 멍석 위에 나란히 잠든 반들거리는 몸 위로 살짝살짝 늦가을 햇볕 발 **디디는** 소리 먼길 날아온 늙은 잠자리 채머리 떠는 소리 맷돌 속에서 껍질 타지며 가슴 동당거리는 소리 사그락사그락 고운 뼛가루 저희끼리 소근대며 어루만져주는 소리 보드랍고 찰진 것들 물 속에 가라앉으며 안녕 안녕 가벼운 것들에게 이별인사 하는 소리 아궁이 불 위에서 가슴이 확 열리며 저희끼리 다시 엉기는 소리 식어가며 단단해지며 서로 핥아주는 소리

도마 위에 다갈빛 도토리묵 한모

모든 소리들이 흘러 들어간 뒤에 비로소 생겨난 저 고요

저토록 시끄러운, 저토록 단단한,

도마 위에 놓인 다갈색 도토리묵 한 모를 두고, 이리도 다양한 소리들을 감지해 낼 수 있다니, 역시 시인의 감각기관이란 보통사람들의 그것과는 비교하기 어려울 정도로 날카로운 모양이다.

장차 먹음직스러운 한 모의 도토리묵으로 환생하게 될 도토리들은 어느 늦가을, 후두두둑 소리를 내며 마른 잎사귀들 위에 몸을 눕혔으리라. 그리고 그것들은 두꺼운 모자를 벗어 던진 채, 멍석 위에 쏟아지는 가을 햇빛을 즐기며 몸 안의 습기를 말리었으리라. 이윽고는 맷돌 속에서, 물 속에서, 그리고 아궁이의 불 위에서 자신의 몸을 쪼개고 녹임으로써 열매로서의 흔적을 깡그리 없애었을 터, 이것이 바로 도토리묵의 내력이다.

무릇 시인이란 누구보다도 예민하고 섬세한 감각과 풍부한 상상력의 소유자라고 할 수 있는바, 그들의 소산물을 통해 우리의 무딘 감각기관을 일깨우는 일은 역시 즐거운 일이다. 그리하여 가만히 귀를 기울여 보면, 반들거리는 도토리의 몸 위로 늦가을 햇볕이 가만가만 발을 '디디는 소리'가 들린다. 이러한 소리의 향연의 참가자로서, 이번에는 '디디는'의 준말과 관련된 표기 문제에 대해 언급하고자 한다.

'디디는'은 '딛는', '디디어라'는 '디뎌라'로

사전적 정의를 빌릴 것 같으면, "…에 발을 올려놓고 서거나 발로 내리 누르다."라는 의미를 지닌 단어를 두고, 우리의 머릿속에서 가장 먼저 튀어 나올 말은 어쩌면 '딛다'일지도 모른다. 그러나 '딛다'는 '디디다'를 본말로 하는 준말에 불과하다. 우선 다음 문장들을 보기로 하자.

> (1) ㄱ. 허공에 발을 <u>딛는</u> 순간 몸이 기우뚱거렸다.
>   ㄴ. 장애를 <u>딛고</u> 선 천재 화가 김기창
>   ㄷ. 땅에 발을 <u>딛지</u> 말고 계속 걸어다녀 보세요.
> (2) ㄱ. 한발 더 <u>디디면</u> 너는 내게 닿는다.
>   ㄴ. 꿈은 꾸되 발은 땅을 <u>디뎌라.</u>
>   ㄷ. 그녀는 슬며시 발판에 발을 <u>디뎠다.</u>

위의 문장들 가운데 (1)의 예들은 '디디는→ 딛는', '디디고→ 딛고', '디디지→ 딛지'와 같은 방식, 곧 어간 '디디-'가 '딛-'으로 축약되는 과정을 통해 형성된 준말의 예들이다. 여기에서 발견되는 축약은 물론 어간말 모음 /이/가 탈락한 결과이다.

문제는 (2)의 예들에서는 (1)에서와 같은 축약이 이루어지지 않고 본래의 어간 '디디-'가 그대로 실현된다는 것이다. 이와 같은 현상은 '디디고→ 딛고'와 같은 준말의 형성이 모든 환경에서 가능한 것이 아니라, (1)과 같은 자음 어미 앞에서만 가능한 데서 비롯된 것이다. 따라서 다음 문장들에서 쓰인 모음 어미 앞에서의 '딛-'은 모두 잘못된 준말 형태에 속한다.

> (3) ㄱ. 걷다가 잘못 *<u>딛으면</u> 눈물이 날 만큼 아파서요.
>   ㄴ. 성공을 위해 한 발 한 발 *<u>내딛어라.</u>
>   ㄷ. 그녀는 생각할수록 기가 막혀 주체할 수 없는 눈물을 흘리며
>   자꾸만 발을 *<u>헛딛었던</u> 것이다.

요컨대, 위의 문장들에서 쓰인 *'딛으면', *'내딛어라', *'헛딛었던' 등은 각각 '디디면', '내디뎌라', '헛디뎠던'으로 적어야 올바른 표기이다.

이와 같이, 준말의 형성이 자음 어미 앞이라는 제한된 환경에서만 가능한 경우로는 '디디다' 외에도 '가지다', '머무르다', '서두르다', '서투르다'와 같은 단어의 경우를 그 예로 들 수 있다.

(4) ㄱ. 소년이여 야망을 *<u>갖어라.</u>
ㄴ. 앞으로 몇 달 동안 여기에 *<u>머물어라.</u>
ㄷ. 신라와 당은 곧바로 고구려에 대한 공격을 *<u>서둘었다.</u>
ㄹ. 다만 사랑을 표현하는 데 *<u>서툴었을</u> 뿐입니다.

여기에 등장하는 '*갖어라', '*머물어라', '*서둘었다', '*서툴었을' 등은 각각 '가져라', '머물러라', '서둘렀다', '서툴렀을'로 적어야 올바른 형태라고 할 수 있는데, 이는 (3)과 마찬가지로 모음 어미 앞에서의 준말 어간을 인정하지 않기 때문이다.

사실, 언어 현상에 대한 직관 역시 시인의 문학적 감수성과 마찬가지로 예민한 감각을 필요로 한다. 그러므로 시인의 귀가 늦가을의 햇볕에 열려 있듯이, 우리의 직관 또한 그렇게 열려 있어야만 무엇인가가 보이고 들릴 수 있을 것이다.

제부도

이 재 무

사랑하는 사람과의 거리 말인가
대부도와 제부도 사이
그 거리만큼이면 되지 않겠나

손 뻗으면 닿을 듯, 그러나
닿지는 않고, 눈에 삼삼한,

사랑하는 사람과의 깊이 말인가
제부도와 대부도 사이
가득 채운 바다의 깊이만큼이면 되지 않겠나

그리움 만조로 가득 출렁거리는,
간조 뒤에 오는 상봉의 길 개화처럼 열리는,

사랑하는 사람과의 만남 말인가 이별 말인가
하루에 두 번이면 되지 않겠나
아주 **섭섭지는** 않게 아주 물리지는 않게
자주 서럽고 자주 기쁜 것
그것은 사랑하는 이의 자랑스런 변덕이라네

경기도 화성군 서신면 제부리에는 물길이 열려야만 닿을 수 있는 섬이 하나 있다. 제부도가 바로 그곳. 현대판 모세의 기적이라 불리는 이 작은 섬은 하루에 두 번씩 섬이 되었다가 다시 뭍이 되기를 반복한다. 밀물 때면 흔적도 없이 사라졌다가 썰물이 되면 비로소 열리는 길 위에서 사람들은 무슨 생각을 하게 될까? 그렇게 섬과 섬을 가로막는 밀물이 있어 열렬히 썰물을 그리게 되듯이, 사랑이라는 이름으로도 두 사람 사이에는 적당한 간격이 필요하다는 결론과 마주하게 되는지도 모른다. 적게 만남으로써 필연처럼 그리움이 따르는 거리(距離)의 미학…….

"아주 섭섭지는 않게, 아주 물리지는 않게" 유지될 수 있는 거리의 미학을 두고, 여기에서는 국어의 준말 형성과 관련되는 표기 양상에 대해 다시 한번 언급하고자 한다.

위 시에 등장하는 '섭섭지는'은 '섭섭하지는'을 본말로 하여 형성된 준말로, 이와 같은 준말 형성은 매우 보편적인 국어 현상 가운데 하나이다. 우선, 본말인 '섭섭하지는'의 경우처럼, 파생접미사 '-하다'의 결합에 의해 형성된 단어의 목록을 보면 다음과 같다.

> (1) ㄱ. 공부하다, 밥하다, 일하다, 빨래하다, 생각하다, 사랑하다, 운동하다, 절하다 등.

ㄴ. 건강하다, 넉넉하다, 떳떳하다, 반짝반짝하다, 순수하다, 청결
하다, 행복하다 등.

위의 예에서 (1ㄱ)은 '-하다'에 의해 파생된 동사의 예이고, (1ㄴ)은
역시 '-하다'에 의해 파생된 형용사의 예이다. 이러한 유형의 동사나 형
용사가 실제 문장 안에서 사용되는 경우, 원래의 본말 대신 준말이 쓰
이는 상황이 자주 있게 되는데, 다음이 그 예이다.

(2) ㄱ. 이것이 그의 최후의 모임이 되리라고는 아무도 <u>생각지</u> 못했다.
ㄴ. 운동 부족은 결국 <u>건강치</u> 못한 신진대사 과정을 촉진시킨다.

여기에서 (2ㄱ)은 '생각하지 → 생각지'의 과정을 통해, (2ㄴ)은 '건강
하지 → 건강치'의 과정을 통해 형성된 것으로, '생각하지'에서는 '하'가
통째로 탈락한 것과는 달리, '건강하지'에서는 '하'의 모음 'ㅏ'만 탈락
하고, 'ㅎ'이 뒤에 오는 '지'와 결합하여 [치]로 실현된 것이라는 사실에
유의할 필요가 있다. 이를 알기 쉽게 제시하면 다음과 같다.

(3) <u>본말</u>   생각[하]지   건강[하]지
    과정1   '하' 탈락   '하'의 'ㅏ' 탈락
    과정2   ______   'ㅎ+지' → 치
    <u>준말</u>   생각지   건강치

그렇다면 '생각하지'와 '건강하지'의 준말 형성 과정이 이처럼 차이
가 나게 된 원인은 무엇일까? 다음을 보기로 하자.

(4) ㄱ. 생각하건대 → 생각건대
       깨끗하지 → 깨끗지

넉넉하지 → 넉넉지
답답하지 → 답답지
ㄴ. 가(可)하다 부(否)하다 → 가타부타
감탄하게 → 감탄케
분발하도록 → 분발토록
요청하건대 → 요청컨대

위의 예에서 확인되듯이, '-하다'와의 결합에 의해 형성된 파생어의 준말은 크게 두 가지 유형으로 나뉜다. (4ㄱ)의 '생각', '깨끗', '넉넉', '답답'처럼 어기(base)의 말음이 /ㄱ, ㅅ, ㅂ/와 같은 장애음(obstruents)인 경우에는 '하'가 통째로 탈락하지만, (4ㄴ)의 '가부(可否)', '감탄', '분발', '요청'처럼 '모음' 또는 /ㄴ, ㄹ, ㅇ/ 등의 공명음(sonorants)의 경우에는 '하'의 모음 'ㅏ'만 탈락하는 것이다. 요컨대, 어기의 말음이라는 음성적 조건이 '-하다' 구성의 준말 형성에 관여하고 있다.

〈사랑〉을 사랑하여요

한 용 운

당신의 얼굴은 봄 하늘의 고요한 별이어요.
그러나 찢어진 구름 사이로 돋아오는, 반달 같은 얼굴이 없는
것이 아닙니다.
만일 어여쁜 얼굴만을 사랑한다면, 왜 나의 베갯모에 달을 수
놓지 않고 별을 수놓아요.

당신의 마음은 티없는 숫옥(玉)이어요. 그러나 곱기도 밝기도
굳기도, 보석 같은 마음이 없는 것이 아닙니다.
만일 아름다운 마음만을 사랑한다면, 왜 나의 반지를 보석으로
아니하고, 옥으로 만들어요.

당신의 시(詩)는 봄비에 새로 눈트는 금(金)결 같은 버들이어요.
그러나 기름 같은 바다에 피어오르는, 백합꽃 같은 시가 없는
것이 아닙니다.
만일 좋은 문장만을 사랑한다면, 왜 내가 꽃을 노래하지 않고,
버들을 찬미하여요.

온 세상 사람이 나를 사랑하지 아니할 때에, 당신만이 나를 사
랑하였습니다.
나는 당신의 〈사랑〉을 사랑하여요.

사랑이 아름다운 것은 그 우연한 만남과 선택이 결국엔 움직일 수 없는 필연적 운명이 되는 데 있다. 반달처럼 어여쁜 얼굴이 아니더라도, 아름다운 보석 같은 마음이 아니더라도 바로 그 자리에 그가 있음으로써 맺어진 인연의 고리, 그것이 사랑을 선택하도록 만드는 최상의 조건이 될 수 있음은 아름다운 일이다. 그때에 우리는 봄비에 새로 움트는 버들잎의 아름다움을 볼 수 있는 눈을 얻게 된다. 그것은 분명 '제 눈에 안경' 식의 혼돈은 아니리라. 당신과 나, 오직 두 사람 안에서 영혼의 교감이 이루어지는 순간, 거기에는 사랑이라는 신성한 이름만 남게 될 터.

인간의 보편적 정서를 놓치지 않고 있는 만해의 시 한 편에 부쳐, 이번에는 '별이어요', '옥이어요', '버들이어요'와 같은 시어에서 공통으로 쓰인 '이어요'와 관련되는 국어의 준말 형태에 대해 언급하고자 한다.

'이어요 → 여요', '이에요 → 예요'

서술격 조사 '이다'의 활용형으로는 상당히 다양한 형태들이 나타나는데, 그 가운데 하나가 바로 '이어요'이다. 이 '이어요'는 동일한 문법적 기능을 하는 이형태 '이에요'와 함께 그와 관련되는 준말 형태를 또한 보유하고 있다. 다음이 그 예이다.

(1) ㄱ. 금요일 오후엔 시간이 비교적 한가로우니 <u>말이어요</u>.
　　　금요일 오후엔 시간이 비교적 한가로우니 <u>말이에요</u>.

　　　ㄴ. 이곳이 바로 우리 팬클럽 <u>홈페이지이어요.</u>
　　　　　이곳이 바로 우리 팬클럽 <u>홈페이지이에요.</u>
　(2) ㄱ. 이곳이 바로 우리 팬클럽 <u>홈페이지여요.</u>
　　　ㄴ. 이곳이 바로 우리 팬클럽 <u>홈페이지예요.</u>

(1)의 예에서는 서술격 조사 '이다'의 활용형으로 '이어요'(ㄱ)와 함께 '이에요'(ㄴ)가 쓰이고 있음을 발견하게 되는데, 이는 둘 다 표준어라는 사실을 알아 둘 필요가 있다. 현행『표준어 규정』제26항에서 '이어요'와 '이에요'를 둘 다 표준어로 인정하고 있기 때문이다. 이와 같이, 복수 표준어 형태로 공존하고 있는 '이어요'와 '이에요'는 각각 '여요'와 '예요'의 형태로 축약됨으로써 준말 형태가 만들어지는데, (2ㄱ)의 '여요'와 (2ㄴ)의 '예요'가 바로 그것이다.

그런데 본말인 '이어요~이에요'와 준말인 '여요~예요'는 사용되는 음성적 환경이 엄밀하게 구분되어 있다. 즉, (1)의 '이어요~이에요'는 선행명사가 자음으로 끝난 '말'이나 모음으로 끝난 '홈페이지' 두 경우에 다 쓰인 데 반하여 (2)의 '여요~예요'는 선행명사가 모음으로 끝난 '홈페이지'의 경우에만 쓰이고 있는 것이다. 따라서 '이어요~이에요', '여요~예요'의 용법은 다음과 같이 구분할 수 있다.

　(3) ㄱ. 선행 명사의 말음이 자음인 경우 : 이어요~이에요
　　　ㄴ. 선행 명사의 말음이 모음인 경우 : 이어요~여요, 이에요~예요

이러한 사실을 분명히 하기 위해, 실제 국어 문장을 좀 더 제시하면 다음과 같다.

　(4) ㄱ. 훔친 것이 아닙니다. 이 물건은 제 <u>것이어요.</u>

ㄴ. 이것은 제가 백화점에서 산 **것이에요.**

(5) ㄱ. 여기 사진에 있는 여자아이가 **누구이어요?**

여기 사진에 있는 여자아이가 **누구여요?**

ㄴ. 그 아이가 바로 제 동생 **경희이에요.**

그 아이가 바로 제 동생 **경희예요.**

이와 같은 예들을 통해 다시 한번 확인해야 할 언어적 사실은 본말 '이어요~이에요'와 준말 '여요~예요'의 쓰임은 선행어의 음성적 조건에 따라 달라진다는 것이다. 그러므로 다음 (6)에서 제시하는 것처럼, 음성적 조건이 바뀌었거나(ㄱ), 위에서 제시한 네 가지를 제외한 다른 형태가 쓰인 경우(ㄴ)는 분명한 표기의 오류이므로 바로잡아야 한다.

(6) ㄱ. 금요일 오후엔 시간이 비교적 한가로우니 *말예요.

금요일 오후엔 시간이 비교적 한가로우니 *말여요.

ㄴ. 금요일 오후엔 시간이 비교적 한가로우니 *말이예요.

이곳이 바로 우리 팬클럽 **홈페이지에요.**

부석사 무량수

정 일 근

어디 한량없는 목숨 있나요
저는 그런 것 바라지 않아요
이승에서의 잠시 잠깐도 좋은 **거예요**
사라지니 아름다운 **거예요**
꽃도 피었다 지니 아름다운 것이지요
사시사철 피어 있는 꽃이라면
누가 눈길 한번 주겠어요
사람도 사라지니 아름다운 **게지요**
무량수(無量壽)를 산다면
이 사랑도 지겨운 일이어요
무량수전의 눈으로 본다면
사람의 평생이란 눈 깜짝할 사이에 피었다 지는
꽃이어요, 우리도 무량수전 앞에 피었다 지는
꽃이어요, 반짝하다 지는 초저녁별이어요
그래서 사람이 아름다운 **게지요**
사라지는 것들의 사랑이니
사람의 사랑 더욱 아름다운 **게지요**

무량수(無量壽), 곧 영겁(永劫)의 세월이 어느 정도의 시간인가를 헤아려 보면, 우리에게 주어진 삶이란 참으로 찰나적 순간에 지나지 않음을 절감하게 된다. 100년에 한 번씩 내려오는 선녀의 옷자락이 사방 40리의 바위를 닳아 없애는 시간, 혹은 사방 40리의 철성(鐵城) 안에 겨자씨를 가득 채우고 100년에 한 알씩 꺼내어 다 비워질 때까지를 일컬어 겁이라고 하는 데 반해, 1찰나는 75분의 1초, 곧 약 0.013초에 지나지 않는다.

그러나 다만 끝이 있다는 사실 하나만으로도 우리의 찰나적 삶은 유의미해질 수 있다. 그것은 우리가 한 순간이나마 아름답게 피었던 꽃이었으며, 서쪽 하늘에 그토록 푸르게 빛나던 별이었기 때문이리라.

그러므로 짧은 것은 아름다운 법. 부석사의 무량수전에 새긴 '거예요', '게지요' 같은 시어 역시 긴 것을 짧게 줄인 준말이라는 데서 아름다움의 범주에 포함시킬 수 있을 것이다. 이를 단서로, 이번에는 '체언＋조사'의 결합, 즉 곡용형(曲用形)의 준말과 관련된 표기 문제에 대해 언급하고자 한다.

'것이지요 → 게지요', '것이에요 → 거예요'

우선, '게지요'와 '거예요'의 단어 형성 과정을 제시하면 다음과 같다.

```
(1) 본말          '것＋이지요'        '것＋이에요'
    'ㅅ' 탈락       거이지요           거이에요
```

축약	(거이)지요 → (게)지요	거(이에)요 → 거(예)요
준말	**게지요**	**거예요**

이러한 분석을 통해 알 수 있는 것처럼 체언 '것'과 '이지요', '이에요'와 같은 조사의 연결 구조로 이루어진 본말 '것이지요'와 '것이에요'는 어간 말음 /ㅅ/ 탈락과 '축약'이라는 음운 과정을 통해 각각 '게지요', '거예요' 같은 준말로 실현되는데, 이들은 우리의 일상적인 언어생활에서 매우 자연스럽게 쓰이는 형태들이다.

체언과 조사의 연결 구조에서 나타나는 준말로는 (1)의 예들 외에도 상당히 여러 가지 유형이 있다. 다음을 보자.

(2) ㄱ. 당신은 **무엇이** 이 그림들의 가격을 결정한다고 생각하는가?
　　ㄴ. 떡을 만들려면 **뭣이** 들어가야 맛있나요?
　　ㄷ. 부모한테 못하는 자식이 **무에** 예쁘다고 돈을 줘?
(3) ㄱ. **무엇을** 가치라 부르는가?
　　ㄴ. 오늘날, 한국 정치의 레토릭의 부재는 **뭣을** 말하는 걸까?
　　ㄷ. 여보게, 저승 갈 때 **무얼** 가지고 가나?
　　ㄹ. 한국 물건이면 뭘 내다 팔아도 잘 팔린다.

(2)에서는 '무엇이'의 준말로 '뭣이', '무에'가, (3)에서는 '무엇을'의 준말로 '뭣을', '무얼', '뭘' 등이 쓰일 수 있음을 보여 준다. 이와 같이, 준말의 형성 과정과 유형이 단순하지 않은바, 언어사용의 맥락에 따라 여러 가지 언어적 선택이 가능함을 알 수 있다.

(2), (3)과 같은 유형 외에도 또 다른 곡용형의 준말 유형으로는 다음과 같은 것들이 있다.

(4) ㄱ. 그 날을 기다리며 **난** 점점 스스로를 강하게 만들어왔어.

ㄴ. 그냥 시간에게 **널** 맡겨 봐.
(5) ㄱ. 거기다가 **갠** 세상 물정을 아무 것도 모르는 숙맥이야.
ㄴ. **쟨** 내 짝꿍이야.

위의 예들 가운데 (4)는 대명사 '나', '너'에 조사 '는', '를'이 연결된 곡용형이 각각 '난', '널'로 축약됨으로써, (5)는 '그 아이는→ 갠', '저 아이는→ 쟨'으로 줄어듦으로써 준말이 형성되는 모습을 보인다. 이들 은 특히 여러 음절로 이루어진 구성체가 단 하나의 음절로 축약될 수 있다는 점에서 흥미로운 예이다.

요컨대, 본말을 기저형(underlying form)으로 하여 형성되는 준말은 그 과정과 용법이 단순하지 않다는 점에서 우리의 관심을 필요로 한다. 또 한, 준말은 대부분 일상적인 구어나 그러한 구어를 반영하는 문학적 글 쓰기에서 주로 나타나는 반면, 격식적이거나 논리적인 성격을 띠는 글 쓰기에서는 사용이 억제된다는 점도 알아둘 필요가 있다.

밤(栗) 이야기

문 정 희

내 어머니는 분명 한쪽 눈이 먼 분이셨다
어릴 적 운동회 날, 실에 매단 밤 따먹기에 나가
알밤은 키 큰 아이들이 모두 따 가고
쭉정이 밤 한 톨 겨우 주워 온 나를
이것 봐라, 알밤 주워 왔다! 고 외치던 어머니는
분명 한쪽 눈이 <u>깊숙이</u> 먼 분이셨다
어머니의 노래는 그 이후에도
30년도 더 넘게 계속되었다
마지막 숨 거두시는 그 순간까지도
예나 지금이나 쭉정이 밤 한 톨
남의 발밑에서 겨우 주워오는
내 손목 치켜세우며
이것 봐라, 내 새끼 알밤 주워왔다! 고
사방에 대고 자랑하셨다.

기억의 창고 안을 깊숙이 들여다보면, 그날이 보인다. 가을 운동회. 이마에는 청군 혹은 백군의 띠를 두르고 '탕!' 하고 울리는 신호에 맞춰 앞을 향해 뛰다가 운동장 구석 어딘가에서 나를 보고 있을 어머니에 생각이 미치어 어물대고 있을라치면, 아이들은 모두들 총알처럼 내 앞을 스쳐 지나갔다. 늘 꼴찌를 면하지 못했던 딸을 두고 무엇이 그리 자랑스러우셨을까? 그저 암탉이 병아리를 품듯 따뜻한 웃음으로 맞아 주시던 어머니…….

내게도 세월은 꼭 그렇게 30년이 흘렀다. 불혹의 나이를 넘긴 지금에 와서도 어머니에겐 내가 아직 열서너 살짜리 여자아이다. 아무런 상관이 없는 사람을 붙들고 "이 애가 바로 제 딸이에요." 하고 자랑하고픈 욕망으로 늘 가슴이 설레는 분. 그러므로 모든 어머니는 영원한 고슴도치이다. 그것도 한쪽 눈이 먼.

가슴 깊은 곳에서 뜨거움이 무럭무럭 피어나는 순간에도 정서법 운운하는 것이 과연 온당한 일인지 의심스럽긴 하지만, '깊숙이'의 쓰임과 관련, 여기에서는 파생 접사 '-이', '-히'의 표기를 구별하는 데 관심을 두고자 한다.

'깊숙이'와 '솔직히'의 구별

이른바 부사 파생 접미사로서 주로 형용사의 어근이나 '-하다'가 붙어 형용사가 되는 어근 뒤에 붙어 부사를 만드는 국어의 접미사로는 '-이', '-히'가 있다. 우선 다음 예문들을 보기로 하자.

(1) ㄱ. 무리 지은 물양지꽃 <u>틈틈이</u> 노란 마타리와 짚신나물이 보인다.

　ㄴ. 이번 회담이 이 문제를 <u>깨끗이</u> 정리하는 계기가 되기를 바란다.

　ㄷ. 꽃잎은 지난밤 내린 비에 씻겨 새 옷을 갈아입은 듯 더욱 <u>산뜻
이</u> 빛나고 있다.

　ㄹ. 너무 맑아 그의 영혼마저 빨아들일 듯한 눈이 <u>촉촉이</u> 젖어 있
었다.

(2) ㄱ. 다이어트와 운동을 <u>엄격히</u> 하고 있는데도 체중이 줄지 않아요.

　ㄴ. 정부로서도 <u>딱히</u> 이 지역을 잠재울 대책을 추가적으로 내놓기
가 어려운 상황이다.

(3) ㄱ. 그저 <u>고요히</u> 앉아 있었습니다.

　ㄴ. 나는 <u>가만히</u> 무릎을 꿇고 앉았다.

　ㄷ. 장관의 업무방식이 밀어붙이는 스타일이어서 직원들로선 <u>솔직
히</u> 힘든 점이 많았다.

　ㄹ. 지원학과의 학생부 반영 방법 등을 <u>꼼꼼히</u> 검토해 자신에게 유
리한 대학에 지원을 해야 한다.

현행 『한글 맞춤법』 제51항에 따르면, 위의 예들에서 대조적으로 발견되는 부사 파생 접미사 '-이', '-히'의 표기는 발음이 어떻게 실현되는가 하는 음성적 요인에 의해 결정된다. 곧, (1)의 예들은 [이]로만 발음되는 반면, (2)의 예들은 분명히 [히]로, (3)의 예들은 [이], [히] 두 가지로 발음되는바, (1)의 경우에는 '-이'로, (2), (3)의 경우에는 '-히'로 적는다는 것이 원칙이다.

그러나 문제는 언뜻 보아 아무런 혼동의 여지가 없을 것처럼 보이는 51항의 규정만 가지고서는 다음과 같은 표기의 오류를 피하기 어렵다는 데 있다.

(4) ㄱ. 대중들의 가슴속에 너무나도 [*]<u>깊숙히</u> 뿌리 박혀 있는 영웅들
의 잔영을 지우기란 쉽지 않은 일이다.

　ㄴ. 고향을 다시 뒤로하기 싫은 실향민들의 심정을 아는지 개성

땅이 *축축히 젖어든다.
　ㄷ. 우리 주위의 환경을 *깨끗히 하자.
(5) ㄱ. 잘 모르시는 분은 *가만이 계시는 게 좋아요.
　ㄴ. *솔직이 이건 좀 심하다.
　ㄷ. 얼굴과 팔다리 등 노출되는 부분에는 자외선 차단제를 *꼼꼼
이 발라주세요.

위의 예문들을 통해 알 수 있듯이, '-이'를 '-히'로 적거나(4), '-히'를 '-이'로 적는(5) 사례가 매우 자주 발견된다. 이와 같은 사실은 국어 사용자들이 두 가지 유형의 접사를 발음에 근거하여 표기하는 일이 결코 쉬운 일이 아니라는 것을 반영한다.

그렇다면, 문제 해결의 열쇠는 무엇일까? 가장 우선적으로 할 수 있는 일은 접사 '-이', '-히'가 연결되는 어기(base)에 '-하다'가 붙을 수 있는지의 여부를 점검하는 일이다. (1ㄱ)의 '틈틈이'를 비롯하여 '일일이', '집집이', '곰곰이' 같은 단어의 어기는 '-하다'가 붙을 수 없는 말들이므로 당연히 '-이'가 연결된다.

그러나 이러한 원칙에는 예외가 있다. 즉, (1)의 예들 가운데 '깨끗이', '산뜻이', '촉촉이'의 경우는 모두 '-하다'가 붙을 수 있는 말임에도 불구하고, '-이'가 연결되는 것이다. 결론적으로, '-하다'가 붙을 수 있는 어기라고 하더라도, '깨끗', '산뜻'의 경우처럼, 어기의 말음이 /ㅅ/이거나, '촉촉이'의 경우처럼 접사 '이'의 발음이 분명히 [이]로 나는 경우에는 '히'가 아닌 '이'로 적어야 한다.

꽃씨를 거두며

도 종 환

언제나 먼저 지는 몇 개의 꽃들이 있습니다. 아주 작은 이슬과 바람에도 서슴없이 잎을 던지는 뒤를 따라 지는 꽃들은 그들을 알고 있습니다. 아이들과 함께 꽃씨를 거두며 사랑한다는 일은 책임지는 일임을 생각합니다. 사랑한다는 일은 기쁨과 고통, **아름다움과 시듦**, 화해로움과 쓸쓸함 그리고 삶과 죽음까지를 책임지는 일이어야 함을 압니다. 시드는 꽃밭 그늘에서 아이들과 함께 꽃씨를 거두어 주먹에 쥐며 이제 기나긴 싸움은 다시 시작되었다고 나는 믿고 있습니다. 아무 것도 끝나지 않았고 삶에서 죽음까지를 책임지는 것이 남아 있는 우리들의 사랑임을 압니다. 꽃에 대한 씨앗의 사랑임을 압니다.

꽃이 지고 난 자리, 어쩌면 그렇게 잊혀질 수도 있었을 자리에 맺힌 열매를 거두며 사랑한다는 일의 책임을 다지는 시심(詩心)이 가슴을 적신다. 어찌 삶에 기쁨만이, 아름다움 혹은 화해만이 있을 수 있으랴. 두 주먹을 불끈 쥔 채 태어나는 순간, 한 손에는 삶이, 다른 한 손에는 죽음이 배태되어 있었듯이, 삶은 자주 외롭고 쓸쓸한 것. 참사랑은 꽃이 지고 난 그늘에 깃들 고통과 쓸쓸함까지도 보듬을 수 있어야 한다.

결국, '아름다움과 시듦', 이 두 가지 가치는 피할 수 없는 운명의 수레바퀴와도 같은 것. 아름다움을 선택한 순간, 언젠가는 그 아름다움도 시들게 되리라는 것을, 그리고 여기에는 흥미로운 국어 현상도 끼어 있음을 알아차릴 필요가 있다.

'아름다움'과 '시듦'의 공존

우선, '아름다움'과 '시듦'이라는 형태가 어떠한 단어 형성 과정을 통해 만들어졌는지 보기로 하자.

(1) <u>기본형</u>　　　　　　　　　　<u>아름답다</u>　　　<u>시들다</u>
　　 어간+명사형어미 '-(으)ㅁ'　아름답-+-음　시들-+-ㅁ
　　 명사형　　　　　　　　　　아름다움　　　시듦

이와 같이, '아름답다', '시들다' 같은 용언은 '-(으)ㅁ'이라는 어미의 결합에 의해 명사처럼 쓰이기도 하는데, 이를 일컬어 '명사형'이라 한다. 이러한 명사형은 본래부터 명사에 속하는 단어와는 차이가 있다. 명사형이 명사로서의 기능을 갖는 것 외에도 문장의 서술어로 쓰일 수 있는 반면, 명사는 그렇지 못하다는 점이 바로 그것이다. 명사형 '아름다움'과 명사(파생명사) '울음'을 예로 들어 설명하면 다음과 같다.

> (2) ㄱ. 산의 **아름다움은** 산 자체의 모습만으로는 완성되지 않는다.(주어)
> ㄴ. **아름다움의** 근원을 찾아서(관형어)
> ㄷ. 햇볕과 연둣빛이 어울리어 들판이 눈부시게 **아름다움**.(서술어)
> (3) ㄱ. 잠시 후, 찢어질 듯한 **울음이** 다시 터져 나왔다.(주어)
> ㄴ. **울음의** 미학, 그 역동성(관형어)
> ㄷ. 남이 슬플 때 곁에서 서럽게 *울음.(서술어)

위의 예에서 확인할 수 있듯이, 명사형 '아름다움'은 여타의 명사와 마찬가지로 주어(2ㄱ) 혹은 관형어(2ㄴ)의 기능을 갖는 것 외에, 서술어(2ㄷ)로도 쓰일 수 있는 것과는 달리, 명사 '울음'은 서술어로는 쓰이지 못한다(3ㄷ).

이와 같은 문법적 기능의 차이와 함께, 명사형 어미 '-음'은 모음 뒤와 자음 'ㄹ' 뒤에서는 '-ㅁ'으로 실현된다는 사실 역시 매우 중요하다. 다음을 보자.

> (4) ㄱ. 일곱 살에 초등학교에 **들어감**.
> ㄴ. 나는 잠이 오면 잠을 **잠**.
> (5) ㄱ. 친숙함과 **낯섦**의 끝없는 이중주
> ㄴ. 지속적인 이윤 비결은 바로 **베풂**의 원칙
> (6) ㄱ. 산 높음을 싫어하지 않고, 바다 **깊음**을 싫어하지 않네.
> ㄴ. 위 내용은 사실과 **틀림없음**.

(4)의 '들어감'과 '잠', (5)의 '낯섦'과 '베풂'의 경우는 어간 다음에 '-ㅁ'이, (6)의 '높음과 깊음', '틀림없음'의 경우에는 '-음'이 연결됨으

로써 명사형이 형성되었음을 보여주는바, 이러한 차이는 다음의 조건에
의한 것이다.

    (7) ㄱ. 어간 말음이 모음이거나 ‘ㄹ’인 경우 : ‘-ㅁ’
        ㄴ. 어간 말음이 ‘ㄹ’을 제외한 그 밖의 자음인 경우 : ‘-음’

이러한 사실 때문에 어간 말음이 ‘ㄹ’인 경우, 명사형어미로는 ‘-음’
이 아니라, ‘-ㅁ’이 연결되며, 또 말음 ‘ㄹ’을 탈락시켜서도 안 된다.

    (8) ㄱ. 이는 동양 문명을 접했을 때 느꼈던 *<u>**낯설음**</u>에 대한 경배일
          수도 있다.
        ㄴ. 빵가루를 만들기 위해서는 카스텔라를 얼려 강판에 *<u>**갈음**</u>.
    (9) ㄱ. 시작부터 어색함보다는 반가움이, *<u>**낯섬**</u>보다는 편안함이 가
          득했다.
        ㄴ. 믹서에 고추를 *<u>**갊**</u>.

(8)은 ‘-ㅁ’이 아닌 ‘-음’을 잘못 연결함으로써, (9)는 말음 ‘ㄹ’를 탈
락시킴으로써 이루어진 표기의 오류이다. 따라서 ‘낯설-’, ‘갈-’의 명사
형은 각각 ‘낯섦’, ‘갊’으로 적어야 한다. ‘아름다움’과 공존하는 ‘시듦’
역시 마찬가지다.

신당동으로 떡볶이를 먹으러 간다

전 기 철

봄비가 갈지자로 내리는 날 신당동으로 **떡볶이**를 먹으러 간다. 충무로 대한극장을 지나자 이국종 개들이 유리창에 매달린 빗방울을 잡으려고 낯선 세상을 핥는다. 개들의 혓바닥에 붙지 않는 빗방울이 저 혼자서 굴러 떨어진다. 신당동은 여기에서 얼마나 멀리 있지. 동국대 앞을 지나 광희동으로 들어서는데 커피숍에서 나온 아가씨가 살이 부러진 우산을 쓰고 쫑쫑쫑 배달을 간다. 그녀는 하얀 알통 다리로 흙탕물이 튀긴 줄도 모른 채 쓰레기장을 거쳐 전파사를 지나 철물점 옆 복덕방으로 들어간다. 모든 집들의 운명이 저당 잡힌 복덕방 앞에서 그녀를 기다리며 서성이다가 네거리에서 신당동으로 가는 길을 찾는다. 어느 쪽이지. 중얼거리는 입 속으로 빗방울이 잠입한다. 막 나온 풀잎이 기지개 켜는 가로수 아래에서 빗살이 가리키는 곳을 향하여 신당동을 찾는다. 하지만 신당동 떡볶이집은 어디에도 보이지 않는다. 가슴속으로 원조 떡볶이를 암송하며 빗방울 사이를 뒤진다. 우산들이 부딪는 틈새로 숨어버린 원조 떡볶이집은 어디에서도 찾을 수 없다. 결국 밤이 깊도록 신당동을 맴돌았지만 신당동 떡볶이집은 보이지 않는다. 신당동에는 떡볶이집이 없을지도 모른다는 생각이 들 때 세차게 우산을 때리는 빗속에서 떡볶이집이 가물거렸다.

죽음이 서로를 갈라놓음으로써 다시는 만날 수 없는 이들을 추억하는 데 매개가 되는 것으로 음식을 빼놓을 수는 없을 것이다.

몇 년 전, 유명을 달리하신 친정아버지에 대한 기억의 편린들 역시 마찬가지다. 중학교를 마친 후로는 줄곧 고향을 떠나 있었던 터라, 한동안은 아버지의 부재를 실감하기 어려웠다. 그러나 그해 여름, 고향집 가까이 있던 복숭아 과수원을 지나면서였다. 싱싱한 백도를 즐기시던 아버지를 위해 자주 들르던 그 집 앞에서 나는 문득 아뜩해졌다. 아버지를 위해서라면 더 이상 그 일을 할 수 없다는 사실 때문이었다.

한 가지가 더 있다. 중학교 2학년 겨울, 가사 실습 시간에 배운 궁중떡볶이를 만들어 드리겠노라고 부산을 떨던 나는 거의 한나절을 부엌에서 못 나오고 있었다. 서툰 칼질로 고기를 썰어 볶고, 황백 지단을 부쳐 고명을 만드는 일은 생각보다 어려웠다. 이제나저제나 기다리시던 아버지께선 "우리 딸한테 떡볶이를 얻어먹으려다가 해가 지고 말겠네." 하며 너털웃음을 치셨다. 틀림없이 실패작이었을 그 떡볶이가 내가 아버지께 해드린 처음이자 거의 마지막 음식이다.

그러므로 세찬 빗줄기 속에서 오랫동안 헤매다가 간신히 조우하게 될 신당동 떡볶이집도 내게는 이제 별반 의미가 없을지도 모른다. 그러나 만일 '원조'라는 수식어를 달고 있는 그 집 벽에, 혹은 "며느리도 몰라요"하는 식의 비법을 간직한 그 할머니 집 벽에, '떡볶기'라는 이름이 등장한다면 문제는 달라진다. '떡볶이'와 '(떡)볶기'는 엄밀히 구별되어야 할 국어 단어요 표현이기 때문이다.

'떡볶이'와 '(떡)볶기'의 차이

가벼운 듯하면서도 결코 가볍지 않은 음식 '떡볶이'를 두고 '떡볶기'라는 표기의 오류가 자주 나타나게 되는 까닭은 무엇일까? 우선, 다음 단어들을 보기로 하자.

> (1) ㄱ. 떡볶이, 손톱깎이, 귀걸이, 목걸이, 짐받이, 물받이 등.
> ㄴ. (떡)볶기, (손톱)깎기, (전화)걸기, 전화(받기), 맑기, 희기 등.

위의 예들을 보면, (1ㄱ)의 단어들은 모두 '-이'로, (1ㄴ)의 단어들은 모두 '-기'로 끝나고 있음을 발견하게 된다. 이러한 구성 요소의 차이는 문법적으로 혹은 의미론적으로 어떤 차이를 야기하게 될까? 우선, (1ㄱ)의 '-이'는 이른바 명사 파생 접사(derivational suffix)로서, 결합되는 어간, 곧 동사나 형용사의 품사를 명사로 바꾸는 역할을 하는 문법 형태소이다. 이와는 달리 (1ㄴ)의 '-기'는 어간으로 하여금 명사처럼 쓰이도록 만들되, 품사 자체를 바꾸지는 못하는 명사형 어미이다. 결과적으로, (1ㄱ)의 예들은 품사가 명사인 반면, (1ㄴ)은 명사가 아닌 동사라는 점에서 차이가 있다.

'-이'와 '-기'는 의미상으로도 차이가 있다. 즉, '-이'는 '-하는 물건', '도구'의 의미를 갖는 반면, '-기'는 동사나 형용사가 원래 가지고 있는 '동작이나 상태 자체'를 가리키는 것이다. 따라서 '떡볶이'가 '떡을 볶아 만든 음식'을 의미한다고 한다면, '(떡)볶기'는 '떡을 볶는 행위'를 의미한다. 그러므로 '떡볶이 볶기'라든지, '손톱깎이로 손톱 깎기'와 같은 표현은 가능하지만, '떡볶기 2000원'과 같은 차림표나 '손톱깎기 단돈 천 원'과 같은 광고는 규범에 어긋나는 표현이다.

‘-기’가 명사형 어미로 쓰이면서, 동사나 형용사가 본래 의미하는 행위나 상태 자체를 가리킨다는 사실은 다음과 같은 문장들을 통해 쉽게 이해할 수 있다.

> (2) ㄱ. 밥을 **먹기** 싫다.
>   ㄴ. 제비는 겨울이 **오기** 전에 떠날 것이다.
> (3) ㄱ. 윗물이 흐린데 어찌 아랫물이 **맑기**를 바라겠느냐.
>   ㄴ. 배꽃은 **희기**가 눈과 같다.

(2)에서는 ‘-기’가 동사 어간 ‘먹-’과 ‘오-’ 다음에 결합하여 명사처럼 쓰였으되, 그 의미는 행위 그 자체이다. 이와는 달리, (3)에서는 ‘-기’가 형용사 어간 ‘맑-’과 ‘희-’에 연결되어 명사와 같은 기능을 하면서, 어휘 자체가 가지고 있는 고유한 상태를 의미한다.

이쯤에서 우리는 ‘-기’와 유사한 기능을 하는 국어의 또 다른 명사형 어미로 ‘-(으)ㅁ’이 있다는 사실을 떠올릴 수 있어야 한다. 다음을 보자.

> (4) ㄱ. 떡볶이가 너무 매워 먹을 때마다 **울음**을 **욺**.
>   ㄴ. 떡볶이 먹을 때마다 **울기**.

바로 앞글에서, 필자는 예컨대 ‘울음’이라는 파생명사와는 구별되는 명사형으로서 (4ㄱ)의 ‘욺’과 같은 형태가 존재하는바, 이는 어간 ‘울-’에 명사형 어미 ‘-(으)ㅁ’이 결합한 형식임을 밝혔다. 그 ‘-(으)ㅁ’과 유사한 기능을 지닌 명사형 어미로 ‘-기’가 있어 (4ㄴ) 같은 표현 역시 가능하다. 요컨대, ‘울음’은 명사로서, ‘욺’과 ‘울기’는 명사형으로서 존재하며, 그 기능 또한 서로 구별된다는 사실을 기억할 필요가 있다.

천은사운(泉隱寺韻)

고 은

그이들끼리
<u>살데.</u>

골짜구니 아래도 그 우에도
그이들의 얼얼이 떠서
바람으로 <u>들리데.</u>

이제 그이들은
밤 솔바람소리.

차라리 바위 보아
비인 산허리.

가을이 <u>오데.</u>

바위 보아
나앉아 우는 추녀 끝
뜰에 떨어지는 풍경소리에

그이들끼리
<u>살데.</u>

돌아가 한번 잊은 뒤
도로 가고 싶은
그이들의 얼바람진 산허리

그이들은
살데.

그이들은
살데.

가을이 되면 꼭 한번 가보고 싶은 곳이 있었다. 전남 구례군 광의면 방광리 70번지. 그곳 천은사(泉隱寺)라면, 지리산 높은 곳에서 흘러내리는 물소리와 푸른 솔숲 사이에서 태어난 바람이 밤새 쏴쏴 하며 창문을 두드릴 터, 그 소리에 귀 기울이며 하룻밤을 묵는 것은 어떨까 하는 것이 지난여름 무더위 속에서의 간절한 바람이었다.

그 골짜기의 바람이라면, 어느 가을날 밤일지라도 정녕 외롭지 않으리라. 대낮이라면 끼리끼리 모여 혹은 지리산 꼭대기를 향하여 솟구치기도 하고, 혹은 낮은 곳으로 내려가 사람 사는 세상을 배회하다가, 밤이면 천은사 골짜기로 돌아와 밤새 머무르게 될 것이므로…….

그러므로 <천은사운(泉隱寺韻)>의 주인공은 당연히 골짜기의 바람이다. 그이들의 손길에 살갗을 드러내어 본 적이 있는 사람이라면, "밤 솔바람소리, 그이들끼리 살데."라는 고백을 할 수 있을 터.

'–데', '–대'의 구별

밑줄 그은 시구들, 곧 "그이들끼리 살데"나 "가을이 오데"와 같은 구절에 공통적으로 쓰인 형태 '–데'는 '화자가 직접 경험한 사실을 나중에 보고하듯이 말할 때 쓰이는 말'이라는 사실에 주목할 필요가 있다. 이는 특히, 화자의 직접적 체험이 아닌 간접적 체험을 전달하는 데 사용되는 '–대'와 대조되는 것이라는 점에서 면밀한 관찰을 요한다. 우선, 다음 예들을 보기로 하자.

(1) ㄱ. 당신 눈동자 속엔 자그마한 하늘이 <u>살데</u>.
    ㄴ. 우리들 도시도 당신 눈동자 속에서 곤한 잠들곤 <u>하데</u>.
(2) ㄱ. 스타벅스 로고에도 요정이 숨어 <u>있대</u>.
    ㄴ. 모두들 다 고개를 젓는데 유독 형만 너무 <u>행복하대</u>.

위 문장들을 비교해 보면, (1)에서는 동사 어간 '살-'과 '하-' 뒤에 '-데'가, (2)에서는 '있-'과 '행복하-' 뒤에 '-대'가 연결되고 있다는 점에서 차이가 남을 알 수 있다. 그렇다면, '-데'와 '-대'의 문법적 혹은 의미론적 기능은 어떻게 다른 것일까?

국립국어연구원에서 간행한 『표준국어대사전』에 의하면, (1), (2)에 쓰인 '-데'와 '-대'는 다음과 같이 구별된다.

(3) ㄱ. 데 : 과거 어느 때에 직접 경험하여 알게 된 사실을 현재의 말
        하는 장면에 그대로 옮겨와서 말함을 나타내는 종결어미.
    ㄴ. 대 : '-다고 해.'가 줄어든 말로, 남이 말한 내용을 간접적으
        로 전달할 때 쓰이는 종결어미.

이와 같은 사전적 정의를 다시 한 번 정리하자면, '데'는 화자가 직접 경험한 사실을 나중에 보고하듯이 말할 때 쓰이는 말로 '-더라'와 같은 의미를 전달하는 데 비해, '대'는 자신이 직접 경험한 사실이 아니라, 남이 말한 내용을 간접적으로 전달할 때 쓰이는 것임을 알 수 있다. 화자는 '-데'와 '-대'의 구별을 통하여 경험의 직접성 여부를 또한 구별하고 있는 것이다.

그런데 (3ㄱ)의 '-데'와 관련되는 것으로, 의존명사 '데'와 연결어미 '-는데'를 구별할 필요가 있는데, 우선 의존명사 '데'의 쓰임을 제시하면 다음과 같다.

(4) ㄱ. 지금 가는 <u>데</u>가 어디인데?
　　ㄴ. 그 사람은 졸업장을 따는 <u>데</u>만 목적이 있는 듯 전공 공부에
　　　는 전혀 관심이 없다.
　　ㄷ. 이 그릇은 귀한 거라 손님 대접하는 <u>데</u>나 쓴다.

위 문장들에서 쓰인 '데'를 일컬어 의존명사라고 한다. 여기서 '데'는 '장소'(4ㄱ), '일'이나 '것'(4ㄴ), '경우'(4ㄷ) 등의 의미를 지닌다. 그리고 이 '데'는 "의존명사는 띄어 쓴다."라는 현행 『한글 맞춤법』의 '띄어쓰기' 규정에 의거, 반드시 띄어 써야 한다는 점이 특징이다.

한편, '-데'가 활용어미 '-는데'의 구성 요소로 쓰이는 경우가 있어, 의존명사 '데'와 구별할 필요가 있는데, 다음이 그 예이다.

(5) ㄱ. 정치제도를 만들어 놓으면 몇 백년이 <u>**가는데**</u>, 자고나면 새로
　　　운 일이 생긴다
　　ㄴ. 마당에 큰 보를 펼쳐놓고 모여서 목화를 <u>**따는데**</u>, 이를 '명 따
　　　기[摘木棉]'라 한다.

여기에 쓰인 '-는데'는 뒤에서 말하려는 사실과 관련되는 상황을 미리 말할 때에 쓰는 연결어미인바, (4)의 '-데'와는 분명히 차이가 있음을 알아 두어야 한다.

조개껍질 1

최 승 호

물렁물렁한 것이 떨어져나가고
딱딱한 것만 남아 있다
텅 비어 열린 곳에는 모래들이 흘러들었다

이 **조개껍질** 속에 한때
고독한 삶이
있었다

웅크리면서 펼치는
우주적인 우연성의 무늬들이 있었다

그 무늬를 빚은 질료들의 목록 ;
삼엽충(三葉蟲) 껍데기, 은하수놀래기의 뼈, 말미잘 똥 등등……
물론 거기에는 분청사기를 빚을 때의
손과 마음 같은 것이 필요했을 것이다

무릇 음식물에 대한 사람들의 관심은 껍질보다는 알맹이 쪽에 있을 법하지만, 조개의 경우라면 달랐음을 우리는 잘 기억하고 있다. 물렁물렁한 조개의 알맹이, 곧 조갯살이라고 하는 것은 대개의 경우 참 허망한 것에 지나지 않는다. 아주 약한 열기에도 깜짝 놀라 움츠러들고 말기 때문이다.

그러나 껍질이라면 어떠했을까? 그것은 우선 겉으로 보기에도 알맹이와는 비교도 안 될 만큼 크고 단단하다. 너무 단단해서 전혀 위축을 모르는 당당함과 더불어, 껍질은 또한 능숙한 반죽 솜씨와 하찮은 쇠붙이를 반짝이는 금으로 변화시키는 연금술의 작용에 의해 빚어진 '우주적인 우연성의 무늬'를 갖추었다. '삼엽충 껍데기'와 '은하수놀래기의 뼈', 그리고 '말미잘 똥'을 재료로 한 것. 바로 그 때문이었을 것이다. 바닷가의 여인들이 매번 조개껍질에 열광할 수밖에 없었던 것은.

문제는 한없이 아름답되, 단단한 조개의 껍질을 그냥 지나치지 못하고 손을 내밀어 집어 들었다면, 그것은 '조개껍질'이 아니라 '조개껍데기'여야 한다는 것이다.

'껍질'과 '껍데기'의 구별

'조개껍질'과 '조개껍데기', 이는 둘 다 허용되는 국어 단어이긴 하지만, 구체적인 의미에는 차이가 있다는 점에서 주의를 요한다. 이러한 언어적 사실을 이해하기 위해서는 먼저 '껍질'과 '껍데기'부터 구분하는 작업이 선행될 필요가 있다. 다음을 보자.

(1) ㄱ. 껍질 : 딱딱하지 아니한 무른 물체의 거죽을 싸고 있는 질긴
　　　　물질의 켜, 깍지
　　ㄴ. 껍데기 : 달걀이나 조개 따위의 겉을 싸고 있는 단단한 물질

이러한 정의에 따르면, '껍질'과 '껍데기'는 일단 '단단함'이라는 속성을 갖추었는가 여부에 의해 구별된다. 그러므로 사과, 귤, 양파 등의 겉을 싸는 물질은 '껍질'로, 달걀이나 조개, 굴 등의 그것은 '껍데기'로 불러야 한다. 손끝에 의해 감지되는 것, 곧 촉각에 의한 감각적 차이를 우리는 '껍질'과 '껍데기'로써 구분해 왔던 것이다.

(1)의 사전적 정의는 좀 더 정밀화될 필요가 있는데, '조개'를 비롯하여 '굴, 소라' 등은 '껍질'과 '껍데기'를 둘 다 쓸 수 있기 때문이다. 다음 문장들을 좀 더 검토해 보기로 하자.

(2) ㄱ. **조개껍질**을 자세히 보시면 밖에 나이테처럼 수많은 테가 있
　　　　는데요. 이것은 껍질이 자란 것을 나타냅니다.
　　ㄴ. 이와 같이 **소라껍질**은 계속해서 자라게 되며 몸을 껍질에 맞
　　　　추어서 옮겨가며 사는 것이 아니라 껍질도 몸처럼 계속해서
　　　　자라게 된다.
(3) ㄱ. 이 제품은 일반 음식물쓰레기뿐만 아니라 **조개껍데기**, 복숭아
　　　　씨, 생선과 닭의 뼈 등까지 처리할 수 있다.
　　ㄴ. 지금도 격포나 궁항, 모항 등지에서는 **소라껍데기**를 이용해
　　　　주꾸미를 잡는다.

위의 예문을 통하여 우리는 '껍질'과 '껍데기'의 속성을 어느 정도 파악할 수 있게 된다. 즉, (2)에서 쓰인 '조개껍질'과 '소라껍질'의 '껍질'은 살아 있는 전체의 일부를 가리키는 것이라고 한다면, (3)에서 쓰인 '조개껍데기'와 '소라껍데기'의 '껍데기'는 일단 '속' 혹은 '알맹이'와

분리되고 난 뒤 남은 것을 말하는 것으로 볼 수 있는 것이다. 따라서 여름날 해변에서 여인네들이 수집하느라 골몰하곤 하는 단단한 조개의 껍질은 마땅히 '조개껍데기'라고 불러야 옳은 일이다. 소라게가 집으로 삼고 사는 조개껍질 역시 '조개껍데기'라고 불러야 함은 물론이다. 따라서 엄밀한 의미에서 최승호의 <조개껍질 1>은 <조개껍데기 1>로 고쳐 써야 한다. 이 '조개껍데기'를 일컬어 '조가비'라고 함은 주지의 사실이다.

이와 같은 맥락에서 우리는 바닷가 공동묘지에 새로 쓴 무덤의 주인으로 '조개껍데기'를 그리고 있는 다음과 같은 시를 눈여겨볼 필요가 있다.

조개껍데기 조개껍데기, 빈 조개껍데기
썰물 지는 바닷가에 수북이 쌓여 있는
진주를 품지 못한 빈 조개껍데기
바닷가 공동묘지에 새로 쓴 무덤 하나
묘비 없는 무덤 하나

—김명수, <조개 무덤> 전문

바닷가 공동묘지에 새로 쓴 무덤이 하나 있다면, 그것은 진주를 품지 못한 빈 조개껍데기들의 무덤일 터, 때로 우리의 삶 또한 그처럼 허무하게 끝날 수도 있다. 기실 조개껍데기라면 진주는 아니더라도, 우주처럼 무한한 다양성을 지닌 무늬라도 품었을 것이다. 그러므로 아무런 알맹이도, 그리고 그 어떤 무늬조차도 갖추지 못한 삶을 두고 일찍이 신동엽은 "껍데기는 가라!"고 외쳤다.

그리하여, 다시
껍데기는 가라.
이곳에선, 두 가슴과 그곳까지 내논
아사달 아사녀가
중립의 초례청 앞에 서서
부끄럼 빛내며
맞절할지니

껍데기는 가라.
한라에서 백두까지
향그러운 흙가슴만 남고
그, 모오든 쇠붙이는 가라.

—신동엽, <껍데기는 가라>에서

알맹이를 빼내고 남은 것, 그것을 일컬어 또한 '껍데기'라고 한다. 그리고 시인의 날카로운 예지를 빌리자면, 껍데기는 모든 허위와 불의와 비리, 부당한 외세 문명을 뜻한다. 그러므로 우리는 또다시 외칠 수 있어야 한다. 모든 껍데기는 물러가라!

웃은 죄

김 동 환

지름길 **묻길래** 대답했지요.
물 한 모금 **달라기에** 샘물 떠 주고,
그러고는 인사하기에 웃고 받았지요.

평양성에 해 안 **뜬대두**
난 모르오,
웃은 죄밖에.

"저는 러시아에서 한국어를 배우러 왔어요"라고 말하는 그녀를 대하는 순간, '고려인의 후예인가 보다.' 하는 생각을 문득 했다. 그러나 율리야나라는 이름을 가진 그녀는 우리와 몽골리언이라는 점만 같을 뿐, 러시아 남부 산악지대의 사얀산맥 일대에 살고 있는 소수 민족인 투바족 여성이었다.

'투바어'를 모어로, '러시아어'를 공용어로, 그 다음으로는 '한국어'를 외국어로 배우고 익힌 그녀가 대학을 졸업한 후 택한 직업은 시베리아에 있는 한 대학의 한국어 강사였다. 5년 동안 한국어를 강의하다가 어학연수를 위해 한국행을 결심, 필자의 강의실에 나타난 것이었다.

투바어와 한국어는 알타이어라는 계통상의 공통점을 가지고 있다는 사실 외에도 외국인이라고 보기 어려울 만큼 우리와 비슷한 외모를 지닌 율리야나에게 저절로 친밀감이 솟아나, 그녀의 한국어 학습에 많은 관심을 가지고 지켜보았다. 그러면서, 그녀가 가장 힘겨워하는 문제는 구어(spoken language)와 문어(written language)라는 문체적 차이를 구별하는 것임을 알게 되었다. 구어, 곧 입말에서는 자연스러운 표현이 규범적인 성격의 문어에서는 비표준어가 되는 현상을 이해하기가 쉽지 않다는 것이었다.

일반적으로 문어는 보수적이면서 규범적인 성격을 많이 지니는 것과는 달리, 구어는 새로운 변화를 추구하는, 개신적이며(innovative) 탈규범적인 성격을 많이 갖는다는 점이 두 문체 간의 전형적인 차이라고 할 수 있다. 다만, 문학 작품의 경우에는 문어가 아닌 구어적 특성을 더 많이 반영하는 경향을 갖는데, 파인의 시 <웃은 죄>에서도 그러한 사실이 확인된다.

'묻길래'는 '묻기에', '뜬대두'는 '뜬다고 해도'로

우리에게 너무나 익숙한 구어적 표현이면서도 문어적 표현에서는 비표준어로 처리되고 있는 대표적인 형태가 바로 <웃은 죄>에 쓰인 '묻길래'의 어미 '-길래'와 '뜬대두'의 어미 '-ㄴ대두'이다.

먼저, 다음 예들을 보자.

    (1) ㄱ. 사랑이 <u>뭐길래</u>.
       ㄴ. <u>그러길래</u> 내가 뭐랬어.
    (2) ㄱ. 거기는 안 <u>간대두</u> 그래.
       ㄴ. 그러니까 아무도 신경 안 <u>쓴대두</u>?

우선, (1ㄱ)의 '사랑이 뭐길래'는 몇 해 전 안방극장을 점령했던 김수현 극본의 드라마 제목으로 쓰임으로써 우리에게 너무나 익숙한 구어적 표현이다. 그러나 '뭐길래'는 표준어의 신분을 갖고 있지 않다. (1ㄴ)의 '그러길래' 역시 일상적 구어에서 흔히 쓰이는 표현이긴 하지만, 규범적인 눈으로 보자면 비표준어에 속한다.

그렇다면 '-ㄹ래'의 규범적 표기는 무엇일까? 이 물음에 대한 답이 바로 '물 한 모금 달라기에'의 '달라기에'에 있다. 그러니까, '-길래'가 주로 구어에서만 쓰이는 비표준적 형태라고 한다면, 규범적 성격의 문어에서는 '-기에'가 표준형으로 쓰이는 것이다.

한편, <웃은 죄>의 '뜬대두'를 비롯하여 (2)에서 쓰인 '간대두'(2ㄱ), '쓴대두'(2ㄴ)에서 공통적으로 발견되는 '-ㄴ대두'는 '-ㄴ다고 해도'의 준말 '-ㄴ대도'가 '-도→-두'의 변화, 곧 후설의 위치에서 수행된 모음 상승(vowel raising)에 의해 '-ㄴ대두'로 변화한 것이다. 여기에서 말하는 모음 상승 현상이라 함은 후설의 위치에서 수행된 자연스러운 음성 변화인 '오→우' 변화의 결과이긴 하지만, '-ㄴ 대두'는 여전히 표준어가 아닌 비표준어이다.

다음 문장들에서 발견되는 '-고→-구' 형태들 역시 '-도→-두'와 동일한 성격을 지니는 것들이다.

> (3) ㄱ. 이 밤에 어떻게 <u>가시려구</u>.
> ㄴ. 그럼 다음에 <u>보자구</u>.
> ㄷ. 앞으로 일을 좀 더 할까 <u>하구요</u>.
> ㄹ. 넉넉한 맘으로 함께 <u>가자구요</u>.

위 문장들에서 공통으로 쓰인 '-구'는 종결어미 '-고'가 '오→우' 변화에 의해 '-구'로 실현된 것으로, 구어에서, 특히 서울을 비롯한 중부 지역 방언 화자들의 말에서 흔히 발견되는 형태이다. 그러나 보수적 성격의 문어에서는 '-구'를 인정하지 않으므로 '-고'로 적어야 한다.

이러한 사실과 관련, 참여정부의 출범과 더불어 유행했던 "맞습니다, <u>맞고요</u>."는 중부방언의 토박이가 아닌 화자의 말씨를 그대로 반영하는 것이었던바, 우리의 언어 정책은 그와 같은 언어적 표현에 등장하는 '-고'를 표준어로 채택하고 있음을 알 수 있다.

평양성 안의 어느 우물가에서 시작된, 그저 '웃은 죄'밖에는 없는 시골 처녀의 수줍은 로맨스와 더불어, 국어의 문체적 차이의 일면을 그대로 보여 준다는 점에서, <웃은 죄>는 80여 년의 세월이 흐른 오늘날까지도 우리의 관심을 끌고 있다. 어쩌면 아직도 시베리아 땅의 한국어 강사를 괴롭히는 일이긴 하겠지만……

●여름밤

이 준 관

여름밤은 아름답구나.
여름밤은 뜬눈으로 지새우자.
아들아, 내가 이야기를 하마.
무릎 사이에 얼굴을 꼭 끼고 가까이 <u>오라.</u>
하늘의 저 많은 별들이
우리들을 그냥 잠들도록 놓아주지 않는구나.
나뭇잎에 진 한낮의 태양이
회중전등을 켜고 우리들의 추억을
깜짝깜짝 깨워 놓는구나.
아들아, 세상에 대하여 궁금한 것이 많은
너는 밤새 물어라.
저 별들이 아름다운 대답이 되어줄 것이다.
아들아, 가까이 <u>오라.</u>
네 열 손가락에 달을 달아주마.
달이 시들면
손가락을 펴서 하늘가에 달을 뿌려라.
여름밤은 아름답구나.
짧은 여름밤이 다 가기 전에(그래, 아름다운 것은 짧은 법!)
뜬눈으로
눈이 빨개지도록 아름다움을 보자.

깊은 우물물에 채운 시원한 수박을 욕심껏 먹고 잔 여름밤, 자다가 깨어 화장실로 줄달음을 치던 길이었다. 솔직히 말하자면, 비몽사몽간에 멀리 떨어져 있는 측간까지 가는 것은 거의 불가능한 일이었다. 그 때 쉽게 눈에 띄는 곳이 마당 가까이 있는 텃밭이었다.

사위가 칠흑 같은 어둠으로 포위된 상태에서 볼일을 보는 동안, 두 눈은 자연스레 하늘을 우러를 수밖에 없었다. 사람들이 잠든 틈을 탄 것이었을까, 별들은 바로 머리 위까지 내려와 고양이의 눈처럼 푸른 광채를 발하고 있었다. 헤아릴 수조차 없을 만큼 많은 별들이 떼를 지어 반짝이는 모습에 언제까지나 넋을 잃고 앉아 있다 보면, '저러다간 정녕 와르르 소리를 내며 쏟아지고 말지!' 하는 생각에 슬며시 겁이 나곤 하였다. 바로 그런 밤이었으리라. 사랑하는 아들과 함께 밤하늘을 우러르며 뜬눈으로 지새우고 싶어 하던 여름밤은……

모든 아버지들이 "아들아, 가까이 오라."고 손짓하고 싶어 할 만큼 아름다운 여름밤과 관련하여, 이번에는 국어 명령법의 문체적 차이에 대해 살펴보기로 한다.

'오라'와 '와라', '오너라'의 거리

사실, 위의 시에서 "가까이 오라."는 아버지의 부름은 어딘가 어색한 감이 없지 않다. 아들의 손에 달이라도 따줄 수 있을 정도의 자애로운 아버지라면, 얼마든지 "가까이 오너라." 혹은 "가까이 와라." 하고 말할 수 있을 것으로 보이기 때문이다. 그렇다면, 이러한 형식의 명령법들 간에는 어떠한 차이가 있는 것일까? 다음 예들을 보기로 하자.

    (1) ㄱ. 공부가 안 될 때 이 방법을 <u>쓰라</u>.
        ㄴ. 강요가 아닌 자신의 선택으로 사표를 <u>써라</u>.
    (2) ㄱ. 피로할 땐 초콜릿이나 사탕을 <u>먹으라</u>.
        ㄴ. 소같이 벌어서 쥐같이 <u>먹어라</u>.

위의 예들을 통해 알 수 있듯이, 국어의 명령법에는 '으라'형(1ㄱ, 2ㄱ)과 '어라'형(1ㄴ, 2ㄴ) 두 가지가 있다. 전자는 주로 공개적 요구나 선언으로서의 발화인 반면, 후자는 특정한 청자를 대상으로 하는 개인적 발화라는 차이를 보인다. 따라서 '으라'형은 불특정 다수를 대상으로 하는 시험 문제나 신문 기사 또는 사설 등의 문어에서 자주 쓰이는 반면, '어라'형은 그 대상이 한정되어 있을 뿐만 아니라(적어도 말하는 이보다는 사회적 신분이 낮아야 함), 문어가 아닌 구어에서 주로 사용된다.

또한, '가다', '오다', '하다'의 경우는 (1), (2)의 일반적인 명령법과는 거리가 있는 예외적인 모습을 보이는데, 다음이 그 예이다.

    (3) ㄱ. 무소의 뿔처럼 혼자서 <u>가라</u>.
        ㄴ. <u>가거라</u>, 벗이여.
    (4) ㄱ. <u>오라</u>, 파도가 손짓하는 동해로!
        ㄴ. 비야, 제발 조금만 <u>오너라(와라)</u>.
    (5) ㄱ. 남자처럼 일하고, 여자처럼 <u>승리하라</u>.
        ㄴ. 젊을 때의 고생은 사서라도 <u>하여라</u>.

여기에서 알 수 있는 대로, 국어의 명령법은 '가라 : 가거라', '오라 : 오너라', '하라 : 하여라'의 대립을 토대로 이루어지기도 하는데, '가라',

‘오라’, ‘하라’는 ‘으라’형에, ‘가거라’, ‘오너라’, ‘하여라’는 ‘어라’형에 속한다. 그리고 (4ㄴ)의 ‘오너라’는 ‘와라’로 대체되어 가는 경향이 강한데, 이는 예외적인 형태를 줄임으로써 기억의 부담을 없애려는 국어 화자들의 심리 때문이라고 할 것이다.

이제 문제 해결의 열쇠는 마련된 셈이다. "가까이 오라."는 아버지의 부름은 사랑하는 아들을 객체로서 대상화하지 않는 한 자연스럽지 못하다고 할 수 있으므로, ‘오라’를 ‘오너라’ 혹은 ‘와라’로 대체해도 좋을 것이다.

저물녘의 노래

강 은 교

저물녘에 우리는 가장 다정해진다.
저물녘에 나뭇잎들은 가장 따뜻해지고
저물녘에 물위의 집들은 가장 따뜻한 불을 켜기 시작한다.
저물녘을 걷고 있는 이들이여
저물녘에는 그대의 어머니가 그대를 기다리리라.
저물녘에 그대는 가장 따뜻한 편지 한 장을 들고
저물녘에 그대는 그 편지를 물의 우체국에서 부치리라.
저물녘에는 그림자도 접고
가장 따뜻한 물의 이불을 펴리라.
모든 밤을 끌고
어머니 곁에서.

저녁 6시, 마지막 남은 햇살의 온기도 사라지고, 푸르스름한 기운의 저녁 이내가 대지를 점령하기 시작하는 시각이면, 우리는 문득 돌아가야 할 길을 생각하게 된다. 새들이 날갯짓을 멈추고 둥지를 찾아 깃들이듯, 떠나온 곳을 생각하도록 만드는 시각, 그러므로 저녁 6시는 서럽고도 따뜻하다.

혹은 고향을, 혹은 집을 떠나온 사람치고 저녁 6시의 고독을 견디기 쉬운 이는 별로 없으리라. 지금 당장은 돌아갈 수 없으므로 마냥 외로워진 가슴에는 어머니에 대한, 또는 사랑하는 사람들에 대한 애틋한 그리움이 봇물처럼 터지게 될 터, 저녁 6시는 우리를 가장 사람답게 만드는 시각이라고 할 것이다.

'저물녁'은 '저물녘'으로

저녁 6시를 일컬어 혹은 '저물녘'이라고 부를 수도 있는바, '녘'이라는 어딘가 친숙하면서도 낯선 데가 없지 않은 단어의 쓰임과 관련되는 표기 문제에 대해 관심을 두어 볼 필요가 있다.

먼저 다음 문장들을 보기로 하자.

(1) ㄱ. 아내는 대개 잊지 않고 그 **새벽녘**의 냉수 사발을 머리맡에
　　　놓아주고, 나는 그 냉수를 마신다.
　　ㄴ. 미네르바의 올빼미는 **황혼녘**에 날개를 편다.
　　ㄷ. 그는 밤새 말을 달려 날이 샐 **녘**에 그곳에 도착했다.
(2) ㄱ. 그믐달이 **동녘** 하늘에 비스듬히 걸려 있다.

　　ㄴ. 저 멀리 <u>서녘</u>을 향해 기울어가는 해넘이는 한해를 마감하는
　　　　 회한에 눈물짓게 한다.
　(3) 나는 가을 <u>들녘</u>에 서서 마음만 졸이고 있구나.

　위의 문장들에서는 '녘'의 어휘적 의미를 대략 세 가지로 구분할 수 있는 단서를 제공해 준다. (1)에서는 '녘'이 '어떤 때의 무렵'의 의미를, (2)에서는 '쪽' 혹은 '방향'의 의미를 갖고 있다. 그리고 (3)에서는 '녘'이 '장소'를 뜻한다고 볼 수 있다. 그러므로 '들녘'이란 대략 '들이 있는 곳'이라는 의미를 지닌다고 할 것이다.

　문제는 이와 같은 의미를 지니는 '녘'을 표기함에 있어 받침을 'ㅋ'이 아닌 'ㄱ'으로 잘못 적는 사례가 자주 발견된다는 것인데, 다음이 그 예이다.

　(4) ㄱ. 이른 *<u>새벽녁</u>의 신선함이여!
　　　ㄴ. 황량한 너른 들은 *<u>황혼녁</u>의 재색으로 침침하게 가라앉아 있
　　　　　 었다.
　　　ㄷ. 오늘은 쪽빛 *<u>서녁</u> 하늘을 한없이 바라본다.
　　　ㄹ. *<u>들녁</u>은 온통 가을 모습뿐입니다.

　그렇다면 이와 같은 오류가 발생하게 된 까닭은 무엇일까? 이는 두 가지 면으로 나누어 생각할 수 있다.

　첫째는 많은 국어 사용자들이 다음과 같이 'ㅋ'이 아닌 'ㄱ'을 받침으로 갖는 단어 부류의 표기와 혼동을 겪는 데서 기인하는 것으로 볼 수 있다.

　(5) ㄱ. 그러나 활은 <u>과녁</u>을 비껴 뒤에 서 있는 풀숲에 날아가 앉았다.
　　　ㄴ. <u>이녁</u> 나이 서른을 넘었고 나도 서른다섯이었지.

143

ㄷ. 오늘 **저녁**에 제인이 **저녁** 먹으러 오기로 했어요.

위 문장들에 등장하는 '과녁'과 '이녁', '저녁'은 더 이상 분석이 불가능한 하나의 형태소(morpheme)로 이루어진 단어들로서, (1)~(3)에서 쓰인 '녘'의 여러 가지 의미와는 아무런 관련이 없다. 그럼에도 불구하고, 많은 국어 사용자들이 '저녁'이나 '과녁'의 '녁'과 '녘'을 혼동한 결과, (4)에서와 같은 오류를 범하고 있다고 할 수 있다.

그러나 (4)와 같은 오류가 발생하게 된 원인은 아무래도 '녘'의 발음과 관련지어 보는 것이 더 타당한 것으로 보인다. 가령, (1)의 예들 가운데 '새벽녘의'의 '녘의', '황혼녘에'의 '녘에'는 국어의 전형적인 연음법칙(連音法則)에 의해 각각 [녀킈], [녀케]로 발음하는 것이 정확한 발음이다. 그러나 이와 같은 연음법칙은 대개의 경우 무시되기 쉽다. 왜냐하면, 우리는 '녘'이 모음 앞에서 쓰일 때보다는 단독으로 쓰여 [녁]으로 발음되는 경우를 더 잘 기억하는 경향이 있기 때문이다. 결론적으로 '녘'이 단독형으로 나타날 때에 실현되는 발음 [녁]은 표기에까지 영향을 미침으로써, *새벽녁, *서녁, *들녁과 같은 표기의 오류가 생겨나게 되었다고 할 수 있는 것이다.

필자가 아는 한 작가는 저녁 6시를 홀로 견디는 일은 거의 고문에 가깝다고 말한다. 그리하여 그는 저녁 6시에 상영하는 영화, 바로 그 시각에 사람들로 붐비는 선술집을 사랑한다. 보통 때라면 문을 걸어 잠그고 사람들의 틈입(闖入)을 용납하지 않겠다는 태도를 견지하는 그가 다시 사람들 속으로 돌아오는 때, 그러므로 '저물녘'은 가장 서러우면서도 가장 따뜻한 시각이다.

百草가 百病을 다스리듯

홍 해 리

백초가 백병을 다스리듯
백 편의 시를 항아리에 넣고
석 달 열흘 **달이고 달여** 조청을 고으면
시도 백병을 다스리는 신약이 될 순 없을까
오늘은 백년 묵은 소나무 아래 자리 잡고
푸른 하늘 흰 구름과 맑은 바람과
우이천 물소리를 한 곳에 모아
탕약을 달이노니
그대여, 삼십 년 술독을 풀게 하는
잡초가 영초이듯,
백초가 백병을 다스리듯,
그런 詩를 위하여
잡초만도 못한 시 한 편을 잡고
밤새도록 낑낑대는 나의 봄이여
풀꽃 같은 시 한 편 낳고 싶어라
풀꽃 같은 시 한 편 낳고 싶어라.

사람은 무엇으로 사는가? 이런 질문에 대해 '밥으로'라고만 답할 수 있는 사람은 아마 없을 것이다. 우리 몸에 쌀과 밥이라는 양식이 필요하듯이, 마음에도 양식이 필요한 법, 따라서 우리는 때로 다른 사람의 삶과 생각을 들여다 볼 수 있는 책을 읽고, 아름다운 선율이 가슴을 울리는 음악을 듣는 것으로써 마음의 양식을 삼는다.

그러한 양식들 가운데 시집 한 권 혹은 시 한 편이 우리에게 주는 안식과 위안 또한 적지 않다. 시 쓰는 일을 업으로 사는 사람들이 가장 큰 보람으로 여기는 일은 역시 백초(百草)가 백병(百病)을 다스리듯, 자신의 시어가 삶의 애환을 치유하는 신약이 될 수 있기를 바라는 일일 터, 이를 위해 시인들은 밤을 밝혀가며 가장 잘 '달여진' 단어 하나를 찾아내는 작업에 매달리게 될 것이다. 작지만 아름다운 향기를 발하는 풀꽃 같은 시 한 편을 세상에 내놓는 일이란 때로 꼬박 석 달 열흘을 필요로 하는 일이기 때문이다.

어떤 액체를 오래오래 끓여서 진하게 만드는 일, 혹은 약제 따위에 물을 부어 우러나도록 끓이는 일, 우리는 이러한 동작을 일컬어 '달이다'라고 한다. 간장을 달이고, 엿을 달이고, 한약을 달이는 일…….

생각해 보면 거기엔 언제나 긴 기다림이 있었다. 가마솥 앞에서, 아니면 화덕 옆, 혹은 약탕기 앞에서 쭈그리고 앉아 맹탕이던 액체가 적절한 농도의 진한 빛을 띠게 되는 순간을 기다리던 일. 일이 되도록 하려면 그렇게 오랜 시간을 기다릴 수밖에 없음을 깨닫는 한편으로, 그 기다림은 늘 무언가가 완성되어 간다는 사실에 대한 기대감을 안겨 주었으므로 무언가를 달이는 일은 참으로 가슴 설레는 일이었다.

'다리다'와 '달이다'의 구별

문제는 그 '달이는 일'이 종종 발음의 문제 때문에 '다리는 일'로 표현되는 경우가 많다는 것이다. 다음이 그 예이다.

> (1) ㄱ. 뜰에서 *다리는 구수한 한약 냄새만이 구미를 돋우어 줄 뿐이다.
> ㄴ. 한 시간 정도 지속적으로 *다리면 조청이 되는데 이것을 포장하면 조청 완제품이 된다.

이와 같은 문장의 예를 통해 볼 수 있듯이, 각각 '달이는', '달이면'으로 표기해야 하는 단어가 '다리는', '다리면'으로 잘못 표기되어 있는데, 이는 형태소의 원형에 대한 의식 없이 소리 나는 대로 적는 데서 비롯된 것이다. 이러한 현상은 결국 '달이다'로 하여금 "옷이나 천 따위의 주름이나 구김을 펴고 줄을 세우기 위하여 다리미나 인두로 문지르다."는 뜻의 '다리다'와 혼동이 일어나도록 만든다.

이와 같이, 국어 단어들 가운데 형태상으로 분명히 구별되는 단어의 쌍들이 표면 층위에서 동일하게 발음됨으로써 표기의 혼란을 야기하는 예로는 '달이다'와 '다리다' 외에도 비교적 그 수가 많은 편이다. 다음을 보자.

> (2) ㄱ. 조리다, 졸이다 → [조리다]
> ㄴ. 주리다, 줄이다 → [주리다]
> ㄷ. 저리다, 절이다 → [저리다]
> ㄹ. 드리다, 들이다 → [드리다]
> ㅁ. 부치다, 붙이다 → [부치다]

　　이러한 예들을 통해 알 수 있는 것처럼, 형태상으로는 엄연히 별개의 의미를 지니는 단어인데도, (2)에서 제시한 것처럼 발음이 같음으로써 두 단어의 쓰임이 제대로 구별되지 않는 경우가 상당히 많다.

　　이러한 문제를 해결하는 가장 좋은 방법은 역시 개별 단어의 의미를 정확히 파악하는 방법이다. 예컨대, (2ㄱ)의 ‘조리다’와 ‘졸이다’의 의미를 『표준국어대사전』의 정의를 따라 제시하면 다음과 같다.

(3) ㄱ. 조리다 : 어육이나 채소 따위를 양념하여 간이 충분히 스며들도록 국물이 적게 바짝 끓이다.
　　　　예 생선을 조리다.
　　　　　　멸치와 고추를 간장에 조렸다.
　　ㄴ. 졸이다
　　　　① 찌개, 국, 한약 따위의 물이 증발하여 분량이 적어지다.
　　　　예 간장이 햇볕에 졸다.
　　　　　　찌개가 바짝 졸았다.
　　　　② ‘마음’, ‘가슴’ 따위와 함께 쓰여 속을 태우다시피 초조해하다.
　　　　예 마음을 졸이다.
　　　　　　가슴을 졸이다.

니르바나 이야기

서 정 주

장님과
앉은뱅이가
우연히 만나
친구가 되어서

장님은
앉은뱅이를 업고 걷고,
앉은뱅이는 길을 가르쳐,
둘이 함께 돌아다니며
빌어먹고 살게 됐는데,

장님의 등에 업힌 앉은뱅이가
어느 날
어떤 곳에서
한 우물 속을 들여다보니
거기엔 아조 큰 금덩어리가 들어있어서,

혼자 마음속으로 생각하기를
'이걸 꺼내서 똑같이 노나 팔자를 고쳐볼 수도 있겠지마는
눈 먼 친구가 못 보아 의심일테니 에라 이대로 내버려 두고 가자'
고로코롬 작정하고 비껴가고 있었다.

그런데 이로부터 오래잖아서
어디서 총소리가 땅하고 나더니만,
총쟁이가 헐떡이며 뒤따라오면서
"아 그 빌어먹을 놈의 우물! 큰 구렁이가 또아리를 감고
누워 있어 물도 길어 마실 수도 없지 않어?!"
하고 뇌까려대는지라

앉은뱅이가 "가 보자"고 해
장님과 함께 그 우물에 또 가서 보니
그건 구렁이가 아니라 여전한 금덩인데,
총쟁이가 두 쪽으로 똑같이 갈라놓아서
둘이서 노나 가지기엔 **안성맞춤**일네라.

그렇지만 두 친구는 헤어지기가 싫어서
그 두 쪽 금덩이는 부처님 앞에 바치고
"눈 뜨고 걷게만 해줍소사"고
날이 날마다 빌고 또 빌었더니
죽은 뒤엔 둘이 다 성한 몸 되어
'열반'에 드셨다는 이야기로다.

‘니르바나’, 곧 ‘열반(涅槃)’이란 타오르는 번뇌의 불꽃을 지혜로 꺼버림으로써 일체의 번뇌 혹은 고뇌가 소멸된 상태를 가리킨다. 문제는 번뇌의 숲과 같은 삶의 조건에서 갖가지 이름표를 달고 있는 번뇌의 나무 한 그루를 불태우는 데에도 전 인생을 걸어야 한다는 것이다.

그러나 경우에 따라서는 완전한 마음의 평화를 얻는 일이 전혀 불가능한 것만은 아니다. 장님과 앉은뱅이가 서로의 눈이 되고 다리가 되어 영원한 동반자가 될 수 있었던 것처럼, 불구의 인생끼리 서로 기대어 살아갈 수만 있다면, 커다란 금덩이에 미혹되지 않은 채로 무언가를 온 맘을 다해 바랄 수만 있다면, 바람이 불어와 타고 있는 불을 꺼버리듯이, 마침내 일체의 번뇌로부터 벗어나 니르바나의 경지에 도달할 수 있는 것이다.

둘이서 나눠 가지기에 딱 알맞은 금덩어리를 두고도, 이신동체(二身同體)의 인연을 유지하려는 아름다운 서원(誓願)을 품을 줄 알았던 앉은뱅이와 장님의 이야기야말로, 니르바나의 경지에 이르도록 하는 데 가장 ‘안성맞춤’인 이야기라고 할 수 있다.

문제는 우리들의 기억 속에 ‘안성맞춤’이 아닌 ‘안성마춤’이 오랜 세월 동안 똬리를 틀고 있다는 것인데, 이와 같은 사실이 시사하는 것은 무엇인가를 인식할 필요가 있다 하겠다.

'안성마춤'은 '안성맞춤'으로

주지하는 대로, '안성맞춤'의 어원은 '안성마춤'이다. 경기도 '안성'은 예로부터 '유기(鍮器)', 즉 '놋그릇'을 잘 만들기로 널리 알려져 있어, 안성에서는 주문자의 마음에 꼭 드는 유기를 맞출 수 있었다. '안성마춤'이라는 말은 바로 여기에서 비롯되었다.

그런데 '어떤 물건을 만들어 달라고 미리 부탁을 하다'는 의미를 지니는 '마추다'와 발음이 유사한 국어 단어로 '맞추다'가 있어, 두 단어를 혼동하는 일이 자주 나타나게 되었다. 따라서 형태와 발음의 유사성으로 인해 그 구분이 쉽지 않다는 언어적 사실을 감안, 1988년에 이루어진 『한글 맞춤법』 개정에서는 '마추다'와 '맞추다'의 구별을 없애기로 하였다. 이에 따라, '안성마춤', '마춤옷', '마춤신발' 같은 형태를 '안성맞춤', '맞춤옷', '맞춤신발'로 각각 적도록 한 것이다.

이러한 표기의 원칙은 두 개의 단어를 별도로 기억하지 않으면 안 되는 부담감을 줄이려는 데서 비롯된 것으로, '마추다, 맞추다→ 맞추다' 외에 현행『한글 맞춤법』과『표준어 규정』에서 표기의 통합이 이루어진 단어의 목록을 제시하면 다음과 같다.

> (1) ㄱ. 뻐치다, 뻗치다 → 뻗치다
> ㄴ. 돌(週期), 돐(生日) → 돌
> ㄷ. 두째(세째, 네째), 둘째(셋째, 넷째) → 둘째(셋째, 넷째)
> ㄹ. 빌다(借), 빌리다(貸) → 빌리다

따라서 다음 문장에서 쓰인 단어들은 현행 표기의 원칙을 따르지 않은 이전 시기의 것이라는 점에서 시정을 필요로 한다.

(2) ㄱ. 장례 행렬은 멀리 오 리 밖까지 *뻗치고 있다.
　　ㄴ. 서울을 수도로 정한 지 올해로 *600돐이 되었다.
　　ㄷ. 한편, 부지런한 *셋째 돼지는 벽돌로 차곡차곡 집을 짓고 있
　　　 었답니다.
　　ㄹ. 이 자리를 *빌어 이 행사를 위하여 협조해 주신 분들께 감사
　　　 드리고 싶습니다.

이와 같은 표기의 오류 가운데 특히 눈에 띄는 것이 (2ㄹ)의 '빌어'와 비슷한 의미를 지니고 있는 활용형들이다. 다음 예를 좀더 보기로 하자.

(3) ㄱ. 다음으로 소개할 것은 한자의 음을 *빌어서 일본어를 표기하
　　　 는 방법이다.
　　ㄴ. 5분 발언 형식 등을 *빌어 반대 토론도 충분히 듣게 될 것으
　　　 로 보입니다.
　　ㄷ. 어부의 말을 *빌면 토종 어종은 거의 씨가 말랐다고 한다.
　　ㄹ. 본인의 표현을 그대로 *빌자면 미국 연수가 화근이 되어 이민
　　　 을 고려하게 되었다.

위 문장들에서 쓰인 '빌어서', '빌어', '빌면', '빌자면'은 각각 '빌려서', '빌려', '빌리면', '빌리자면'으로 적어야 올바른 표기이다. 신문기사나 전문적인 학술 서적에서도 여전히 이러한 오류가 자주 발견되는 바, (1)에 제시한 표기 규범을 분명히 인식할 필요가 있다.

약속의 별 Ⅰ

유 안 진

몹시 외롭고 쓸쓸해지는 때는
걸어온 옛길로나 돌아가게 되나봅니다
못내 초라하고 서글퍼지는 때에도
보물찾기하듯
그 길섶을 뒤적이게 되나봅니다

긴긴 겨울밤 얼어붙은 깜깜 하늘에는
왠지 낯익은 듯
눈물 머금은 별 하나
물끄러미 시선을 **맞추다가**
까맣게 잊고 살아왔습니다
약속 하나, 언약 하나, 맹세 하나를

우리가 걸어온 옛길, 그 길 한구석에는 오랫동안 치어다보지 못하여 녹슨 별 하나가 떨어져 있을는지도 모른다. 한때 그것은 이른 새벽과 초저녁 하늘을 밝히는 가장 빛나는 별이었다. 샛별, 계명성, 태백성, 개밥바라기, 금성, 비너스 등등 그에게 주어진 이름이 많고도 많듯이, 별을 바라보며 새겼던 우리들의 약속 또한 적지 않았다. 그러나 홀로 서서 가슴 깊은 곳에 새겼던, 혹은 친애하는 벗들과 손가락을 걸며 나누었던 갖가지 약속들은 흐르는 세월과 함께 희미해져 버리고, 이윽고는 별을 바라보는 일조차 까마득한 옛일이 되고 말았으리라.

그렇지만 어느 시인의 말처럼 모든 지나간 일은 아름다운 법. 때로는 지난 시간의 길섶에 시선을 맞추어 산산이 흩어져 버린 약속의 조각들을 맞추어 보아야 한다. 거기엔 오랜 시간을 함께하였던 사람들의 이름이 보석처럼 숨어 있을 것이다. 따스하고 정겨운 이름들…….

그러므로 살아가는 동안 지난 시간에 시선을 맞추는 일은 중요한 일이다. 그것은 삶의 순간순간, 문득 빙하처럼 솟아나게 될 외로움을 덜어주는 일이 될 것이므로.

시로 읽는 『한글 맞춤법』 33 — 의미의 정밀화와 단어의 구별
‘맞추다’와 ‘맞히다’의 차이

앞글에서 필자는 ‘안성맞춤’을 예로 들어 현행 『한글 맞춤법』에서 ‘마추다’와 ‘맞추다’의 구별이 사라졌다는 사실을 지적하였다. 이러한 사실에도 불구하고, ‘맞추다’는 또 다른 국어 단어 ‘맞히다’와 구별된다는 점에서 다시 한 번 언급을 필요로 한다. 먼저, 다음 문장을 보기

로 하자.

> (1) ㄱ. 시험이 끝나면 아이들은 서로 답을 **맞추어** 보느라고 정신이
>   없었다.
>   ㄴ. 그는 항상 자신의 의견을 아내의 의견과 **맞추려고** 노력한다.
>   ㄷ. 칸트가 산책하는 시간에 동네 사람들이 시계를 **맞추었다는**
>   얘기는 유명한 이야기입니다.
> (2) ㄱ. 나는 열 문제 중에서 겨우 세 개만 **맞혀서** 자존심이 무척 상
>   했었다.
>   ㄴ. 10월에 왕은 우명곡(牛鳴谷)에서 사냥하여 손수 사슴을 쏘아
>   **맞혔다.**
>   ㄷ. 채은이의 옷을 한쪽만 벗기고 왼팔에 주사를 **맞혔다.**

여기에서 쓰인 (1)의 '맞추다'와 (2)의 '맞히다'의 의미를 맨눈으로 구분하기란 상당히 어려운 일이다. 따라서 두 단어의 의미에 대한 사전적 정의를 확인하는 작업이 요구되는바, 각각의 구체적 의미를 제시하면 다음과 같다.

> (1)' ㄱ. 둘 이상의 일정한 대상들을 나란히 놓고 비교하여 살피다.
>   ㄴ. 서로 어긋남이 없이 조화를 이루다.
>   ㄷ. 어떤 기준에 틀리거나 어긋남이 없이 조정하다.
> (2)' ㄱ. 물음에 대하여 옳은 답을 하다.
>   ㄴ. 목표에 맞게 하다.
>   ㄷ. 눈, 비, 침, 주사 따위를 맞게 하다.

이와 같은 단어의 의미를 비교해 보면, 우선 '맞추다'는 둘 이상의 대상을 서로 비교해 보거나, 두 대상이 서로 차이가 있을 경우, 이를 조정하는 행위와 관련이 있다. 이와는 달리, '맞히다'는 '맞다'의 사동사(使動詞)로서, '적중하다' 또는 '맞게 하다'의 의미를 갖는다.

문제는 두 단어의 용법을 구별하기가 쉽지 않은 결과, 다음 문장에서 보는 것과 같은 오류가 자주 발생한다는 사실이다.

(3) ㄱ. 정답을 *맞히지 말고 다음 시험을 준비하라. 답을 *맞히다 보면 틀린 문제에 대해 아쉬움만 남는다.
ㄴ. 모두 다섯 발의 포탄이 힐라 호텔 단지에 떨어졌으나 그 가운데 한 발만이 3층 건물을 *맞춰 피해를 줬다.

위의 예에서 (3ㄱ)의 '맞히지', '맞히다'는 각각 '맞추지', '맞추다'로, (3ㄴ)의 '맞춰'는 '맞혀'로 써야 정확한 문장이 된다. '맞추-'는 '대상끼리 서로 비교한다'는 의미를, '맞히-'는 '적중하다'의 의미를 갖고 있기 때문이다.

한편, 다음 예에서 보듯이, '맞추다'를 대신하여 '맞치다'를 쓰는 경우도 발견되는데, 이는 표준어가 아닌 비표준어이다.

(4) ㄱ. 이 부족은 손님의 코에 자신의 코를 *맞치는 것이 고유의 인사법이다.
ㄴ. 그냥 짜 *맞치다 보니 이렇게 되었습니다.

미루나무

김 동 선

햇볕 좋은 날 미루나무는
불혹의 품 넓은 그늘을 만들며
심장을 찌르는 쑥부쟁이 곁에서
첫 키스, 그 달콤한 추억을 말리고 있다
연두색 이파리 같은, 햇살 같은
지나간 것들은 모두 아름다웠다고
불혹의 남은 열정을 말리고 있다

흔들릴수록 더 짙어지는 추억으로
품 넓은 그늘을 만들어 넣고
저녁놀 길게 길게 들쳐 업더니
달아나는 세월을 제 그림자로 <u>늘이어</u>
저만큼 불러 세우고 있다.

일정한 비유적 표현이 해당 언어사회에서 오랫동안 쓰이다 보면 애초에 지녔던 참신성을 잃어버리고 아무런 감흥도 일으키지 못하는 상투어(stereotype)가 되기 쉽다. '샛별 같은 눈동자', '앵두같이 붉은 입술' 같은 표현이 그러한 예이다.

그렇지만, '쏜살같은 세월'이라는 비유가 갖는 참신성은 여간해서 훼손되기 어렵다. 쏜 화살 같은 세월이라니, 일단 활시위를 벗어난 화살이 과녁에 이르기까지 얼마나 빠른 속도로 질주할 것인가에 생각이 미치면, '아, 세월은 바로 그렇게 가는 것이었구나.' 하는 실감을 하고도 남음이 있기 때문이다.

그와 같이 쏜살같은 세월을 경험하도록 만드는 가장 좋은 소재로는 아마도 12월 달력만한 게 없을 것이다. 더 이상 남겨둘 것이 없이 달랑 한 장 남은 달력 앞에서라면 누구나 망연함을 숨기지 못하게 될 것이므로…….

그러나 그 망연함을 흔적도 없이 지울 수 있는 무기가 있으니, 그것은 바로 '추억'과 '열정'이다. 삶을 더 이상 아쉽고 쓸쓸한 것으로 만들지 않기 위해서는 불혹(不惑)을, 혹은 이순(耳順)을 앞세우며 '나이 듦'을 헤아리려 하기보다는, 어제와는 전혀 다른 새로운 나를 꿈꾸면서 다만 열심히 사는 것이 최선의 비결이다. 그때에야 우리는 지나간 것들은 모두 아름다웠노라고, 달아나는 세월도 때로는 길디길게 늘일 수 있는 법이라고 말할 수 있을 것인즉.

그렇게 세월을 늘일 수는 없는 것일까 하는 염원과 관련, 여기에서는 '길이'와 '분량'을 구분하여 표현하는 경우에 사용하는 국어 단어 '늘이다'와 '늘리다'의 쓰임에 대해 언급하고자 한다.

'늘이다'와 '늘리다'의 구별

'길이'와 '분량'에 대한 우리의 인식은 언어에 어떻게 반영되어 왔을까? 우선 다음 문장들을 보기로 하자.

> (1) ㄱ. 찬조 연설자가 단상 앞으로 나와 엇비슷한 말들을 엿가락처럼 <u>늘여</u> 되풀이하는 바람에 식이 끝났을 때는 오후 한 시가 넘어 버렸다.
> ㄴ. 인터넷 연결하는 전화선을 10m 이상으로 <u>늘여서</u> 쓸 수 없을까요?
> ㄹ. 개성 지방은 가래떡을 가늘게 비벼 <u>늘여서</u> 나무칼로 누에고치 모양으로 잘라 끓이는 조랭이 떡국이 유명하다.
> (2) ㄱ. 강추위로 수요가 많을 것을 감안해 물량을 예년 세일 때보다 30% <u>늘렸다.</u>
> ㄴ. 단기 보유에 대한 세율은 여전히 높기 때문에 가급적 보유 기간을 <u>늘려서</u> 매각하는 것이 절세에 도움이 된다.
> ㄷ. 3개월 동안 열심히 해서 듣기와 문법, 독해 실력을 <u>늘리려고</u> 합니다.

위 문장들에서 확인되듯이, 우리는 그 동안 '늘이다'와 '늘리다'의 차이에 대한 인식을 바탕으로, 두 단어를 엄밀하게 구분하여 사용해 왔다. 사전적 정의를 토대로 그러한 차이를 명시적으로 제시하면 다음과 같다.

> (3) 늘이다 : …을 본디보다 더 길게 하다.
> (4) 늘리다
> ㄱ. 수나 분량을 본디보다 많아지게 하다.
> ㄴ. 시간이나 기간이 길어지게 만들다.
> ㄷ. 재주나 능력 따위가 더 나아지게 만들다.

이러한 정의를 따르자면, 결론적으로 '늘이다'는 사물의 길이를 원래보다 더 길게 만드는 것과 관련이 되는데, (1)의 예들이 그러한 사실을 잘 입증하고 있다. 이와는 달리, '늘리다'는 수나 분량, 또는 시간이나 기간 등의 양을 더 많거나 길게 만들거나, 재주나 능력 등을 낫게 만드는 일과 관련된다. (2)의 문장들이 그 예이다.

문제는 겉으로 보기에 비교적 단순해 보이는 두 단어의 쓰임을 제대로 구별하는 일이 그다지 수월하지 않다는 데 있다. 다음 문장들에서 발견되는 혼란은 그와 같은 사실을 잘 보여준다.

    (5) ㄱ. 고무줄의 안쪽 가장자리 바로 위를 직선 박기나 좁은 폭의 지그재그로 고무줄을 *<u>늘려서</u> 박는다.
        ㄴ. 조금 세다 싶을 정도로 힘을 줘 귓불을 *<u>늘려서</u> 아래로 잡아 당겨 주면 된다.
    (6) ㄱ. 공채시험에서 공고 인원보다 최종 합격 인원수를 *<u>늘여서</u> 뽑는 경우가 있습니까?
        ㄴ. 배색에서는 2색 중 한 색의 유사 색을 더하거나 같은 계통의 색을 *<u>늘여서</u> 사용하는 것이다.
        ㄷ. 무게를 *<u>늘여서</u> 들고 싶은데 어찌 해야 하나?
        ㄹ. 시간을 차츰 *<u>늘여서</u> 속으로 숫자를 세면서 숨을 아주 천천히 내쉰다.

위의 예문들에서 (5)의 '늘려서'는 '늘여서'로, (6)의 '늘여서'는 '늘려서'로 써야 올바른 문장이다. (5)의 문장에 등장하는 '고무줄'이나 '귓불'은 의미상으로 길이를 '늘여야 할' 대상으로밖에 볼 수 없다. 이와는 달리, (6)의 수와 색, 무게와 시간 등은 모두 그 양을 본디보다 더 '늘려야 할' 대상인 것이다.

꽃

김 춘 수

내가 그의 이름을 불러 주기 전에는
그는 다만
하나의 몸짓에 지나지 않았다.

내가 그의 이름을 불러주었을 때
그는 나에게로 와서
꽃이 되었다.

내가 그의 이름을 불러준 것처럼
나의 이 빛깔과 향기에 **알맞은**
누가 나의 이름을 불러다오.
그에게로 가서 나도
그의 꽃이 되고 싶다.

우리들은 모두
무엇이 되고 싶다.
너는 나에게 나는 너에게
잊혀지지 않는 하나의 눈짓이 되고 싶다.

독일의 철학자 하이데거는 "언어는 존재의 집이다."라고 하였다. 언어를 통하지 않고는 어떠한 사물도 존재할 수 없다는 말이다. 따라서 명명(命名)을 하는 일, 곧 일정한 대상에 이름을 붙이는 행위는 마치 성냥을 그어 불을 붙이듯 존재를 일깨우는 일이다. 꽃을 꽃이라 하고 나무를 나무라 이름 지었을 때, 그것은 꽃이 아닌 것 또는 나무가 아닌 것과 구별되어 비로소 아름다운 꽃 한 송이로, 키가 큰 아름드리 나무 한 그루로서 존재할 수 있기 때문이다.

사람들과의 관계 역시 마찬가지이다. 모든 관계는 익명성을 극복하는 것에서부터 시작되는 법. 상대의 이름을 알고 불러주었을 때, 그는 다른 모든 사람들과 구별되어 내게 특별한 의미를 지니는 단 한 사람으로 존재할 수 있게 된다. 그러므로 섬뜩하리만큼 쓸쓸한 우리들의 삶을 좀 따끈따끈한 온기가 돌도록 만들기 위해서는, 그 사람만이 지닌 개성과 가치에 대한 인식을 바탕으로 하여 그에게 가장 '알맞은' 또는 '걸맞은' 단 하나의 이름을 부여하는 일을 게을리 해서는 안 된다.

우리가 게을리 해서는 안 되는 또 다른 일 가운데 하나는 머릿속에 차곡차곡 저장되어 있는 어휘 목록에 대한 인식을 공고히 하는 일이라고 할 수 있는바, 여기에서는 '알맞은'과 '걸맞은'의 표기와 관련되는 언어적 사실에 대해 언급하고자 한다.

'알맞다→ 알맞은', '맞다→ 맞는'의 구별

주지하는 대로, 문장의 주체를 서술하는 기능을 가진 품사를 일컬어 용언(用言)이라고 한다. 국어의 용언으로는 동사와 형용사가 있는바, 이 두 가지 품사 간에는 일정한 문법적 차이가 나타나게 된다. 우선, 다음 문장들을 보기로 하자.

> (1) ㄱ. 다음 물음에 *<u>알맞는</u> 답을 쓰시오.
> ㄴ. 우리 자녀에게 *<u>알맞는</u> 좋은 학원 선택하기.
> (2) ㄱ. 훌륭한 사람에게는 그에 *<u>걸맞는</u> 훌륭한 생활방식과 습관이 있기 마련이다.
> ㄴ. '서쪽하늘'은 장윤정의 히트곡 '어머나'를 만든 윤명선이 작곡했지만, 트로트가 아니라 영화 분위기에 *<u>걸맞는</u> 애절한 발라드곡이다.

위 문장들에서 (1)의 '*알맞는'은 '알맞은'으로, (2)의 '*걸맞는'은 '걸맞은'으로 적어야 올바른 표기이다. 그렇다면 이러한 표기의 오류가 자주 나타나는 까닭은 무엇일까? 이는 '알맞다'와 '걸맞다'의 활용형을 '맞다'의 활용형 '맞는'과 관련시키는 경우가 많기 때문으로 보인다.

여기에서 우리는 '알맞다', '걸맞다'의 활용형 '알맞은', '걸맞은'과 '맞다'의 활용형 '맞는' 사이에 존재하는 문법적 차이가 무엇인가를 생각해 볼 필요가 있다. 다음 문장들을 좀 더 보기로 하자.

> (3) 멀티미디어 시대에 <u>맞는</u> 높은 화소의 영상, 동영상 처리를 위해서는 메모리가 증가해야 한다.
> (4) ㄱ. 소나무는 우리 겨레의 정서에 가장 <u>알맞은</u> 나무다.
> ㄴ. 마이클 베이 감독의 '아일랜드', 마이크 뉴월 감독의 '해리포

터와 불의 잔' 등 모두 명성에 **걸맞은** 성적을 거뒀다.

　요컨대, (3)의 '맞는'과 (4)의 '알맞은', '걸맞은' 사이에는 문법적인 차이가 있는데, '맞는'에는 '-는'이, '알맞은', '걸맞은'에는 '-은'이 어미로 쓰이고 있다는 점이 바로 그것이다. 이와 같은 차이가 발생하게 된 이유는 이들 단어의 품사가 각각 다르기 때문이다. 즉, '맞다'는 동사로서 '-는'이라는 어미를 취할 수 있는 데 반해, '알맞다', '걸맞다'는 형용사로서 '-는' 대신 '-은'을 어미로 취하는 것이다.

　사실, '-는'과 '-은'은 문법적으로 둘 다 '관형사형 어미'라는 공통점이 있다. 그러나 '-는'은 '현재 진행'이라는 시상(tense-aspect) 기능을 또한 지니는바, 이는 동사에만 연결된다는 특징이 있다. 따라서 형용사인 '알맞다', '걸맞다'에는 '-는'이 연결되지 못하고 '-은'이 연결되는 것이다.

　주지하다시피, 품사(品詞)란 단어를 일정한 기준에 따라 나눈 갈래를 의미한다. 국어는 그 갈래가 아홉 가지, 곧 9품사 체계로 이루어져 있다. 그 가운데 동사와 형용사는 문장의 필수 요소인 서술어로 쓰인다는 공통점이 있으면서도 구체적인 쓰임에 있어서는 차이가 있어, 형용사에는 '-는'이 연결되지 못한다는 제약이 있다. '*예쁘는', '*아름답는', '*그립는' 같은 제약 또한 바로 그러한 사실에서 연유한다.

바다

오 세 영

바다는
<u>평등하므로</u> 바다다.
큰 물결 잔물결이 한데 어울려
가득히 넘치는 바다.
바다는 그 어떤 것도
높지 않은 까닭에
아무도 밟을 수 없다.
그러나 지상의 길이여,
너희는 항상 밟히기를 바라지만
그리하여 바다에서 끝나지만
벼랑에 부서지는 저 격랑을
보아라.
파도는
제 갈 길이 따로 정해져 있지 않는 까닭에
스스로 부서질 줄을 안다.
자신을 <u>버림으로써</u> 세계를 안는다.
그러므로 아무 것이나
밟으려 하지 마라.
길은 아무 데나 있고 아무 데도 없는 것,
밟을 수 <u>없음으로</u>
가장 낮은 곳에 위치해 있으면서
가장 높은 곳에 있는
바다는
평등하므로 바다다.

때때로 바다는 온몸을 뒤척이며 불편한 감정을 숨기지 않지만, 여간해서는 그러한 감정의 포로가 되지 않는다. 큰 물결과 잔물결이 잘 어울려 조화를 이루는 데서 오는 평온함, 바다를 향한 우리들의 그리움은 바로 거기에 있다. 설혹 바다가 온 대지를 삼킬 듯 포효하는 날이 있을지라도, 그것은 자신을 버리기 위한 몸부림일 터, 세상사에 부대껴 마음을 다친 날이라면 바다로 갈 일이다. 높고 낮음이 없이 마침내 평등함만 존재하는 곳에서 우리는 낮은 곳으로 더 많이 내려와야 한다는 것을 배우게 될는지도 모른다.

바다에 서서 우리는 한 가지를 더 배우게 되리라. '평등하므로'에 쓰인 '-므로'와 '버림으로써'의 '-으로써', '없음으로'의 '-으로'의 쓰임이 바로 그것이다. 겉으로 보기에 하등의 문제될 것이 없어 보이는 이러한 문법 성분들은 때때로 우리를 상당히 혼란스럽게 만든다.

'하므로'는 '까닭', '함으로(써)'는 '수단'을 표시

우선, '평등하므로'에 쓰인 '-므로'에 주목해 보면, 이는 '~기 때문에'라는 의미를 지니는 연결어미이다. 다음 문장들에서의 '-므로' 또한 마찬가지다.

(1) ㄱ. 예산 배정 계획이 선결돼야 <u>하므로</u> 오는 28일까지는 새해 예산안이 통과돼야 한다.
　　ㄴ. 욕설이 발견될 시에 즉시 삭제 처리가 <u>되므로</u> 이 점을 기억해 주시기 바랍니다.

위의 예들에서 확인되듯이, '-므로'는 '하다'나 '되다'와 같은 용언의 어간에 직접 결합하여 '어떠한 일의 까닭'을 설명하는 역할을 한다. 따라서 (1)의 '하므로'와 '되므로'는 각각 '하니까', '되니까'로 바꿔 쓸 수 있다.

한편, '버림으로써'의 '-으로써', '없음으로'의 '-으로'는 용언의 명사형, 곧 어간 '버리-', '없-'과 명사형 어미 '-(으)ㅁ'이 결합하여 형성된 명사형 '버림', '없음' 다음에 조사 '-으로써' 또는 '-으로'가 결합한 형태이다.

이러한 조사의 기능을 이해하기 위해, 다음 문장들부터 살펴보기로 하자.

> (2) ㄱ. 역성혁명(易姓革命)<u>으로</u> 조선을 세운 이성계(李成桂)와 그 지지자들은 고려의 서울인 개경(開京)에서 한양성(漢陽城)으로 도읍을 옮겼다.
> ㄴ. 특히 이 싸움에서 강궁(强弓)<u>으로써</u> 적을 떨게 한 황진의 무용은 두고두고 회자(膾炙)되었다.

위 문장에서 '-으로', '-으로써'는 어떤 일의 수단이나 도구를 나타내는 조사로서, '역성혁명', '강궁'과 같은 체언 다음에 쓰이고 있다. 여기에서 '-으로써'는 '-으로'보다 좀 더 분명한 의미를 갖는다는 점에서 차이가 있다. 이러한 의미 기능을 갖는 '-으로(써)'가 용언의 명사형 다음에 결합한 것이 바로 '버림으로써'와 '없음으로'이다.

문제는 조사 '으로(써)'가 명사형 어미 '-(으)ㅁ'과 결합할 경우, '[므로(써)]'로 발음되는 결과, 어미 '-므로'와의 구별이 쉽지 않다는 데 있다. 혼란은 바로 여기에서 시작된다. 다음이 그 예이다.

(3) ㄱ. 강사 초청료의 4.4%를 원천 징수하여야 *함으로 차액을 제외
　　　한 잔액을 강사의 개인 계좌로 지급합니다.
　　ㄴ. 발이 교정이 *됨으로 각종 뼈가 제 위치를 찾아가고 그에 따
　　　라 근육 인대 신경들도 제자리를 찾아가는 경우도 있습니다.
(4) ㄱ. 빠른 시일 안에 기초조사 결과를 내놓겠다고 *발표하므로써
　　　논문 검증에 대한 시간 다툼까지 벌이는 양상입니다.
　　ㄴ. 그녀는 서라벌 예술대학에 입학하게 *되므로써 운명적인 길
　　　이 열렸다.

위 문장들에서 (3)의 '*함으로', '*됨으로'는 각각 '하므로', '되므로'로, (4)의 '*발표하므로써', '*되므로써'는 '발표함으로써', '됨으로써'로 써야 올바른 문장이 된다.

무언가를 분명히 구별한다는 일은 언제나 쉬운 일이 아니다. 그저 대상에 대한 오랜 응시를 통해서 구성요소 하나하나의 기능까지 속속들이 아는 것만이 최선의 방법이다.

목마른 꿈으로서

허 영 자

흐르는 물소리는
덧없는 생명을 일깨우고

지저귀는 새울음은
허망한 변절을 일깨운다

사랑이여

이 많은
덧없고 변하는 것들 속에서

한 어리석음으로서
목마른 꿈으로서

꿈꾸노니
그대는 오직 하염없고 온전하거라.

이른바 뉴 밀레니엄 시대로의 전환과 함께 우리를 사로잡았던 것 가운데 하나는 "사랑은 움직이는 거야!"라는 한 모바일 통신 회사의 광고 카피였다. 일편단심 민들레 식의 순애보를 최고의 가치로 꿈꾸었던 아날로그형 사랑에 종언을 고하며, 사랑은 얼마든지 변화할 수 있는 것이라고 선언하는 디지털형 사랑법에 한동안 귀가 솔깃했던 것이다.

그러나 그와 같은 당당한 자기 선언만으로는 무언가 아쉬운 것이 우리들의 솔직한 심정일 것이다. 어딘가 좀 시대착오적이고, 좀 모자라게 보일지라도 하염없는, 혹은 그 자체로 온전한 사랑에 대한 꿈을 아직은 포기할 수 없기 때문이다. 그러므로 우리는 모든 덧없는 것들, 끊임없이 변화하고 있는 것들 가운데서도 오직 사랑만큼은 한결같기를, 사랑만큼은 변함없는 모습으로 남아 있기를 염원한다. 흐르는 물과 같이 영원히, 지저귀는 새와 같이 한결같은 모습으로……

이러한 염원을 두고, 이번에는 앞글에서 언급한 조사 '-으로써'의 쓰임과 관련하여, "한 어리석음으로서, 목마른 꿈으로서"에 쓰인 또 다른 조사 '-으로서'의 문법적 기능과 표기 문제에 대해 언급하기로 하겠다.

시로 읽는 『한글 맞춤법』 37 — '수단'과 '자격'의 구별
'-으로서'와 '-으로써'의 차이

앞글에서 설명한 대로, '-으로써'는 어떤 일의 수단이나 방법 또는 도구를 나타내는 조사이다. 논의의 편의상 그 예를 다시 한번 제시하면 아래와 같다.

(1) ㄱ. 자신을 <u>**버림으로써**</u> 세계를 안는다.
    ㄴ. 특히 이 싸움에서 강궁(强弓)<u>으로써</u> 적을 떨게 한 황진의 무
       용은 두고두고 회자(膾炙)되었다.

여기에 쓰인 '-으로써'는 '~하는 방법을 통해', 또는 '~을 사용해
서'라는 의미를 갖는다. 그런데 이 '-으로써'는 국어의 또 다른 조사 '-
으로서'와 형태상으로는 물론 발음상으로 유사하다는 점에서 자주 혼동
을 야기한다. 우선 '-으로서'의 문법적 기능부터 살펴보기로 하자.

(2) ㄱ. 그녀는 발레리나 출신의 **CEO**<u>로서</u> 현재 '이젠'이란 회사를
       차려 일거에 500억대의 재산을 소유한 여성이다.
    ㄴ. 헌법은 국가의 기본법<u>으로서</u> 국민 교육제도의 구조와 운영에
       관한 기본 원칙을 많이 포함하고 있다.

이러한 문장들에서 '-<u>으로서</u>'는 '~라는 지위와 신분 또는 자격을 나
타내는 조사'로 쓰이고 있다. 즉, 'CEO', '기본법' 같은 체언 다음에 연
결되어 그러한 신분이나 자격을 표시하는 문법적 기능을 가지고 있는
것이다.

이상과 같이, '-으로써'와 '-으로서'는 똑같이 조사라는 문법 범주
에 속하긴 하지만, 기능상으로는 엄연히 차이가 있다. 그럼에도 불구
하고, 많은 사람들이 두 조사의 쓰임에 혼동을 겪고 있는데, 다음이
그 예이다.

(3) ㄱ. 로보컴 교실이란 전 세계적으로 교육 열기가 높은 <u>*교육과정
       으로써</u> 학생들이 직접 로봇을 제작하고 프로그램을 작성하여
       로봇을 움직이게 하는 새로운 개념의 교육 과정입니다.
    ㄴ. 면접 전 딱딱한 분위기를 큰절을 <u>*함으로서</u> 약간 풀고, 저 또

한 긴장을 간단하게 풀 수 있었습니다.

위 문장들에서 (3ㄱ)의 '–으로써'는 '–으로서'로, (3ㄴ)의 '–으로서'는 '–으로써'로 적어야 올바른 표기이다. 특히, (3ㄴ)처럼 용언의 명사형 다음에는 '–으로서'보다는 '–으로써'가 쓰이는 것이 일반적이다.

그런데 다음 (4)에서 보듯이, '–으로써'와 '–으로서'는 마지막 음절 '–서'와 '–써'가 나타나지 않는 형태, 곧 '–으로'로만 쓰이기도 한다. 이는 원래의 형태보다는 그 의미가 덜 분명하긴 하지만, 적어도 표기의 혼란을 야기하지는 않는 것으로 보인다.

(4) ㄱ. 그는 <u>과장으로</u> 입사해 상무보까지 6년이 걸렸다.
ㄴ. 그러자 장동건은 친구 <u>버전으로</u> 답하면서 유럽에서도 자동 로밍된다는 메시지를 명쾌하게 전달한다.

제 2 장

시로 읽는
'띄어쓰기'

시로 읽는 국어 정서법

길 가는 노래(2)

김 형 효

큰며느리가 많이 우네
아녀 큰며느리가 아니네
둘째네.

큰딸 작은딸 할 것 없이
딸들이 그래도 많이 우네
발인제가 열리는 텃밭가에서
주름 깊은 아낙들이 수군거리네.

상갓집만 가면 눈물을 흘리는 뺨위로
살짝 빗줄기가 빗겨 내리네
세련되지 않은 걸음으로 한발한발 옮겨가는
상여꾼들의 소리도 동네 아낙들의 볼에서부터
지나온 삶의 넋두리가 되어 흘러내리네.

가세 가세 어서 가세
어ㅡ허 어ㅡ허 어화넘자 어화
내 집 찾아 가세나 북망산천을 넘어가세

모두 죽고 사는 청솔 우거진 선산에
어른들과 누워 가시는 길이 어떠할지 모르오만

상어 행렬과 마주쳤을 때, 죽음보다 더 슬펐던 것은 언제나 그녀들의 눈물이었다. 죽음은 마치 여인들의 눈물을 위해 준비되어 있었던 것처럼, 회한으로 혹은 아쉬움으로 빚어진 눈물은 쉴 새 없이 새로운 눈물을 불러내었다. 그러므로 상여 뒤를 따르는 여인들의 통곡과 눈물이 아니었던들, 화려한 꽃상여 속에 감추어져 있던 죽음은 마치 신나는 축제처럼 여겨졌으리라.

그녀들의 울음은 말하자면 최루탄이었다. 펑 하는 폭음과 함께 사방에 흩어진 최루가스가 길 가는 사람들을 눈물의 바다로 밀어 넣듯이, 여인들의 울음 앞에 선 구경꾼들 역시 저마다의 슬픔에 눈물을 감추지 못했다. 굳이 며느리와 딸을 구분할 필요도 없었으리라. 그저 여인이라는 이름만으로 눈물은 그녀들의 것이었으므로…….

그녀들, 곧 '큰며느리'와 '작은며느리' 그리고 '큰딸'과 '작은딸'을 두고 이번 글에서부터 필자는 『한글 맞춤법』에서 규정하고 있는 띄어쓰기의 단위와 원칙에 대해 설명하기로 하겠다.

단어를 단위로 띄어 씀

많은 이들이 띄어쓰기처럼 복잡하고 어려운 것은 없다고들 한다. 그런 말끝에 으레 붙는 말 하나가 띄어 쓰면 어떻고, 붙여 쓰면 또 어떤가 하는 것이다. 그러나 결론부터 말하자면, 띄어쓰기를 잘 해야 하는 이유는 너무도 분명하다.

예컨대, 띄어쓰기 문제를 다루고자 하는 사람들에게 잘 알려져 있는 다음 문장은, 어떠한 방식으로 띄어 쓰느냐에 따라 무려 여덟 가지 의미를 지니게 된다.

> (1) 오늘밤나무사온다.

다음 표현 역시 띄어쓰기 방식에 따라 의미에 차이가 있다.

> (2) 표구하기전쟁

그렇다면, 현행 『한글 맞춤법』에서는 띄어쓰기의 원칙을 어떻게 규정하고 있을까? 이에 대해서는 <제1장 총칙>의 제2항과 <제5장 띄어쓰기>에서 다루어지고 있다. 이 가운데 다음과 같은 <총칙>의 규정은 띄어쓰기의 단위를 밝히고 있다는 점에서 아주 중요한 의미를 지닌다.

> (3) 문장의 각 단어는 띄어 씀을 원칙으로 한다.

위 규정에서 확인할 수 있는 언어적 사실은 요컨대 한글의 띄어쓰기는 '단어를 단위로' 이루어진다는 것이다. 이러한 원칙을 앞에서 제시한 (2)에 적용해 보면, (4)와 같은 두 가지 방식의 띄어쓰기가 가능하다.

> (4) ㄱ. 표구하기 전쟁 (단어 2)
> ㄴ. 표 구하기 전쟁 (단어 3)

이처럼 띄어쓰기가 단어를 단위로 이루어진다는 사실과 관련, 가장 먼저 할 일은 단어란 과연 무엇인가를 정의하는 것이다. 우선, 다음 문장을 보기로 하자.

(5) ㄱ. 그러던 어느 날 거인은 **큰딸**에게 고기를 주며 먹으라고 한
　　　뒤 외출을 했다. (<u>단어</u>)
　　ㄴ. 날 안 닮아 키가 큰 딸은, 같은 줄에 서 있는 다른 애들보다
　　　주먹 하나 정도는 더 커 보였다. (<u>구</u>)

　위 문장들에서 (5ㄱ)의 '큰딸'은 '맏이가 되는 딸', 곧 '맏딸'과 동일한 의미를 지니는 하나의 단어이므로 붙여 써야 하지만, (5ㄴ)의 '큰 딸'은 '키가 큰 딸'이라는 구(phrase)를 구성하는 요소로서 '큰 딸' 자체가 한 단어가 아닌 두 개의 단어이므로 띄어 써야 한다. 요컨대, 만일 그것이 한 단어이면 붙여 쓰지만, 그렇지 않을 때는 띄어 쓰는 것이 원칙이다.

낡은 기억 속으로

목 필 균

방학 때마다 놀러가던 외가엔 말씀 없으신 외할아버지의
헛기침 소리가 있었다.

시집가면 그 집 귀신이라 이르시던 말씀대로, 가슴 터질 일
참고 참다가, 심장병 앓고 있는 **큰딸.** 그 딸이 안쓰러워
방학만 되면 외손주들 놀러 오라 이르셨던 속 깊은 사랑을
이제야 알 것 같다.

긴 겨울밤, 쿨룩거리며 앓는 병약한 손녀 걱정에 머리맡에
밤새 앉아 계시던 할아버지. 지금도 환절기 때마다 찾아오는
감기로 기침이 잦아질 때면 그 먼 유년의 뜨락에 살고 있는
외할아버지의 헛기침 소리를 만난다.

사람들에게는 이른바 무드셀라 증후군이라는 것이 있어서, 힘들고 괴로웠던 일보다는 행복하고 즐거웠던 일을 더 잘 기억하려는 경향이 있다고 한다. 경우에 따라서는, 너무나도 힘들고 괴로웠던 순간마저도 아름다운 추억으로 회상되는 것을 보면, 우리는 누구나 그러한 증후군과 무관하기 어렵다고 할 것이다.

유년에 대한 기억 역시 마찬가지다. 필자의 경우만 하더라도, 가장 오래된, 그러면서도 가장 따스한 기억이 갑작스러운 발병으로 어머니의 등에 업혀 읍내에 있는 병원으로 가던 길에 관한 것이다. 추운 겨울, 열이 펄펄 끓는 '큰딸'을 업고 먼 길을 걸어야 했던 어머니의 근심 같은 것은 아랑곳없이, 뒤를 따르던 아버지께서 벗어서 덮어준 오버코트의 포근함만 기억 속에 오롯이 남아 그 날의 광경을 따스한 기억 속에 머물도록 만들 뿐이다.

병약한 손녀를 안타까이 바라보던 외할아버지의 헛기침 소리도 마찬가지리라. 삶의 신산함이야 아이들의 기억과는 거리가 먼 법. 걱정스러운 눈길로 밤새 잠 못 이루던 할아버지의 애틋한 정만이 그리움으로 남아 그 날을 오래오래 기억하게 하는 것이다.

그러나 때로는 기억하기 싫은 일도 기억하지 않으면 안 되는 것이 삶의 진실이라고 할 수 있는바, 여기에서는 『한글 맞춤법』에서 규정하고 있는 단어 단위의 띄어쓰기의 원칙을 다시 한번 음미하고자 한다.

단어란 '더 이상 분리가 불가능한 최소의 자립 형식'

앞글에서 필자는 '큰딸'을 예로 들어, 이는 한 개의 단어이므로 붙여 써야 한다는 사실을 전제로, 단어란 과연 무엇인가를 정의하는 일을 남겨 두었다. 우선, 논의의 편의를 위해 지난번에 다룬 문장을 다시 제시하기로 한다.

> (1) ㄱ. 그러던 어느 날 거인은 **큰딸**에게 고기를 주며 먹으라고 한 뒤 외출을 했다. **(단어)**
> ㄴ. 날 안 닮아 키가 **큰 딸**은, 같은 줄에 서 있는 다른 애들보다 주먹 하나 정도는 더 커 보였다. **(구)**

위 문장에서 (1ㄱ)의 '큰딸'과 (1ㄴ)의 '큰 딸'은 각각 '단어'와 '구'라는 차이가 있다. 이러한 사실과 관련하여, 단어란 과연 무엇인가를 정의하는 일은 그다지 쉬운 일이 아니다. 그렇지만, 일반적으로 단어는 '최소 자립 형식(minimal free form)'이라는 점을 그 첫 번째 특징으로 한다.

어떠한 언어 단위가 자립성을 지녔다는 것은 다른 언어 형식의 도움 없이 독자적으로 문장을 구성하는 요소로 쓰일 수 있음을 의미한다. 예컨대, '가다'라는 동사는 '가-'라는 어간(stem)과 '-다'라는 어미(ending)로 구분된다. 이들은 일정한 어휘적, 문법적 의미를 지닌 언어 단위이긴 하지만, 따로 떨어져서는 문장 안에서 쓰일 수 없다. '가-+-다'의 결합에 의해 이루어진 '가다'의 형식으로만 "아이가 학교에 가다."와 같은 문장의 서술어로 쓰이는 것이다. 따라서 '가다'를 비롯하여 (1ㄱ)의 '큰딸'과 같은 단어는 자립 형식이며, 이는 더 이상 나누면 단어가 아니라는 점에서 최소 자립 형식이다. 이와는 달리, (1ㄴ)의 '큰 딸'은 명사구

(noun phrase)로서 자립성을 지니긴 하지만, '큰'과 '딸'이라는 두 자립 형식의 연결이므로 최소 자립 형식이 아니며, 따라서 단어가 아니다.

그러나 이러한 설명에는 약간의 문제가 있다. 왜냐하면, (1ㄱ)의 '큰 딸' 역시 본래는 '큰'과 '딸'이라는 최소 자립 형식의 결합이기 때문이다. 이러한 문제를 해결하기 위해 제시할 수 있는 단어의 두 번째 특성은 바로 '분리 불가능성'이다. 다음을 보기로 하자.

  (2) ㄱ. 그러던 어느 날 거인은 <u>큰딸</u>에게~
      → 그러던 어느 날 거인은 *<u>큰 작은딸</u>에게~
    ㄴ. 날 안 닮아 키가 <u>큰 딸</u>은~
      → 날 안 닮아 키가 <u>큰 작은딸</u>은~

위의 예를 통해서 확인할 수 있듯이, (2ㄱ)에서는 '큰딸'을 분리하여 '작은'이라는 언어 형식을 삽입한 결과 문장의 의미가 성립하지 않지만, (2ㄴ)의 경우에는 '큰'과 '딸' 사이에 다른 요소를 삽입하더라도 큰 문제가 없다. 다음 (3)에서 보는 것처럼 (2ㄴ)의 '큰 딸'은 얼마든지 분리가 가능하다는 점에서 (2ㄱ)의 '큰딸'과 차이를 보인다.

  (3) 날 안 닮아 키가 <u>큰 (토론토에 사는 작은)딸</u>은~

결론적으로 우리는 단어란 '더 이상 분리가 불가능한 최소의 자립 형식'이라고 정의할 수 있게 된다. 따라서 다음에 제시한 어휘 항목들은 각각 하나의 단어라는 점에서 띄어 쓰지 않고 붙여 써야 한다.

(4) ㄱ. 개떡, 난생처음, 담배꽁초, 모깃소리, 배꼽참외, 삼각함수, 우
　　리나라, 우리말, 우리글……

　　ㄴ. 간곳없다, 남부끄럽다, 뒤집어쓰다, 못되다, 발그족족하다, 생
　　때같다, 앞장세우다……

멧새 앉았다 날아간 나뭇가지같이

장 석 남

내 작은 열예닐곱 고등학생 시절 처음으로 이제 겨우 막 첫 꽃 피는 오이넝쿨만한 여학생에게 마음의 닷 마지기 땅을 빼앗기어 허둥거리며 다닌 적이 있었다.

어쩌다 말도 없이 그 앨 만나면 내 안에 작대기로 버티어놓은 허공이 바르르르르 떨리곤 하였는데

서른 넘어 이곳 한적한, 한적한 곳에 와서 그래도는 차분해진 시선을 한 올씩 가다듬고 있는데 눈길 곁으로 포르르르르 멧새가 날았다.

이마 위로, 외따로 뻗은, 멧새가 앉았다 간 저, 흔들리는 나뭇가지가, 차마 아주 멈추기는 싫여 끝내는 자기 속으로 불러들여 속으로 흔들리는 저것이 그때의 내 마음은 아니었을까.

외따로 뻗어서 가늘디가늘은, 지금도 여전히 가늘게는 흔들리어 가끔 만나지는 가슴 밝은 여자들에게는 한없이 휘어지고 싶은 저 저 저 저 심사가 여전히 내 마음은 아닐까.

아주 꺾어지진 않을 만큼만 바람아,

이 위에 앉아라 앉아라.

어디까지 가는 바람이냐.

영혼은 저 멧새 앉았다 날아간 <u>나뭇가지같이</u>

가늘게 떨어서 바람아

어여 이 위에 앉아라.

앉아라.

우리의 삶을 생기롭게 만드는 것, 그것은 바로 떨림이었다. 때로는 닷 마지기나 되는 마음의 땅을 송두리째 앗아가거나, 가슴속에서만 맴도는 희미한 흥분으로 끝나거나 그 떨림이 아니었더라면 삶은 밝은 빛을 잃고 말았으리라. 그리하여 우리는 일찍이 열예닐곱 나이에서부터 서른을 지나 불혹의 나이를 훌쩍 넘긴 후에도 마음속 깊은 곳에 밝고 따스한 불을 켜 줄 수 있는 누군가와 마주치기를 희구(希求)하게 된다. 비록 그것이 산새 한 마리가 앉았다 날아간 나뭇가지의 떨림처럼 미미한 것일지라도…….

삶을 그처럼 생기 있게 만드는 떨림은 띄어쓰기를 결정해야 하는 순간에도 찾아오는 법이라고 하면 좀 억지일 수도 있지만, 우리는 당분간 띄어쓰기 문제와 마주치지 않으면 안 될 것 같다.

조사는 앞말에 붙여 씀

앞글에서 언급한 대로, 한글 띄어쓰기의 대원칙은 『한글 맞춤법』 총칙 제2항의 규정대로 "문장의 각 단어는 띄어 씀을 원칙으로 한다."는 것이다. 그러나 이러한 원칙은 몇 가지 예외를 가지고 있는데, 그 첫 번째가 "조사는 그 앞말에 붙여 쓴다."는 것이다.

이러한 규정이 의미하는 것이 무엇인가를 이해하기 위해 시 제목을 한번 보기로 하자. <멧새 앉았다 날아간 나뭇가지같이>라는 제목에서 '나뭇가지같이'의 '같이'는 "앞말이 보이는 전형적인 어떤 특징처럼"이라는 뜻을 지닌 부사격 조사이다. '얼음장같이 차가운', '눈같이 흰' 등 같은 표현에서의 '같이' 또한 마찬가지이다.

조사 '같이'는 또 다른 의미 기능을 지니고 있는데, 다음이 그 예이다.

> (1) ㄱ. 그의 젊은 아내는 **매일같이** 이 바위에 올라가 남편이 무사히 돌아오기를 신령님께 축수했으나 남편은 영영 돌아오지 않았다.
> ㄴ. 그는 **새벽같이** 일어나 출근했다가 보충수업까지 마치고 집에 돌아오면 밤 아홉 시가 되는, 숨 가쁘게 반복되는 일상생활에 불만을 가지고 있는 고등학교 교사이다.

위 문장에서 '매일같이', '새벽같이'의 '같이'는 앞말이 나타내는 때, 곧 '매일'과 '새벽'을 강조하는 부사격 조사이다. 이 경우를 비롯하여 '나뭇가지같이'의 '같이'는 조사로서 앞말에 붙여 쓴다는 공통점을 지니고 있다. 이러한 사실이 왜 문제가 되는가 하면, 만일 '같이'의 품사가 조사가 아니라면, 붙여 쓰지 않고 띄어 써야 하기 때문이다.

> (2) ㄱ. 슬플 때 **같이** 슬퍼하고 기쁠 때 같이 기뻐하였습니다
> ㄴ. 예상한 바와 **같이** 주가가 크게 떨어졌다.

(2ㄱ)의 '같이'는 '함께'의 의미를, (2ㄴ)의 '같이'는 '바로 그대로'의 의미를 지니는 부사로서, 앞말에 붙여 쓰지 않고 띄어 쓴다. 그렇다면, 부사의 경우와 달리, "조사는 그 앞말에 붙여 쓴다."는 규정은 어떠한 언어적 사실을 함의하는 것일까? 이는 조사는 단어가 갖춰야 할 일반적인 조건, 즉 '단어는 분리가 불가능한 최소 자립 형식'이어야 한다는 조건을 충족하지 못하고 있음을 암시한다. 다시 말해, (1)의 '같이'는

앞말의 도움 없이는 고유한 의미와 문법적 기능을 지니지 못하지만, (2)의 '같이'는 다른 말의 도움이 없이도 그러한 기능을 지니고 있는 것이다.

이러한 사실에도 불구하고, 우리의 학교 문법(school grammar)에서는 이른바 9품사의 체계 안에서 조사를 단어로 분류하고 있다. 이렇게 되면, "문장의 각 단어는 띄어 씀을 원칙으로 한다."는 총칙의 규정대로 조사 역시 띄어 써야 하는바, 이에 대한 예외로서 "조사는 그 앞말에 붙여 쓴다."는 별도의 규정이 필요하게 된 것이다.

따라서 만일 어떤 단어의 품사가 조사라고 한다면, 그 단어는 반드시 앞말에 붙여 써야 한다. (1)의 예가 바로 그러한 사실을 예증하고 있다. 또한, 경우에 따라서는 조사가 둘 이상 연속적으로 쓰이는 예도 얼마든지 있으므로, 모두 앞말에 붙여 써야 한다.

> (3) ㄱ. 아침에 헐레벌떡 나오느라고 대부분 밥**은커녕** 우유도 못 마시고 나온다.
> ㄴ. 서울**에서부터** 광주**까지는** 대략 3시간 30분이 걸린다.
> ㄷ. 이번**만큼은** 내 생을 다 걸어서 사랑하고 싶어요.
> ㄹ. 걸음발이 누구**보다도** 빠른 여삼은 아침 새때도 못 되어 남문 앞에 당도하였다.

위 문장들에서 밑줄 친 '은커녕(은＋커녕)', '에서부터(에서＋부터)', '까지는(까지＋는)', '만큼은(만큼＋은)', '보다도(보다＋도)'는 모두 조사의 연쇄이다. 결과적으로 이들은 모두 앞말인 체언에 붙여 써야 한다.

도화지 한 장

김 시 천

초등학교 시절
나는 도화지 한 장으로
한 학년을 넘겨야 했다
형이 먼저 연필로 살짝 그리다 말면
내가 지우고 다시 그리고
다시 형이 그리다 말면
내가 지우고 다시 그리고
먹구름 낀 하늘이 될 때까지
지웠다 그리고 다시 그리고
드디어는 눈물비 내리게 했던
그 도화지 한 장
아, 그렇구나
형은 **형대로** 그렸다 지우고
나는 **나대로** 그렸다 지우고
우리는 여전히 여기 이렇게
그렸다 지우며 살고 있구나
인생은 이렇게 그렸다 지워지는
한 장의 그림이었구나

가난에 대해서라면 도토리 키 재기만큼이나 차별이 없던 시절이 있었다. 켄트지라는 이름의 빳빳한 흰 종이는 구경조차 힘들었던 우리들이 차지할 수 있었던 것은 형편없이 질이 낮은 갱지(更紙) 도화지였다. 앞면은 구름 낀 하늘빛이요, 뒷면은 검은 석탄 빛깔에 가까운 그 도화지를 우리는 학교 앞 문방구에서 두 장에 1원씩의 셈을 치르고 샀다.

그렇게 1원씩의 셈을 치르고 도화지를 구해 올 수 있었던 아이는 그나마 행운아인 셈이었다. 없는 살림에 줄줄이 사탕처럼 형제들이 태어났던 집안의 아이들이라면 다달이 내야 하는 월사금부터 밀려 있기 일쑤여서 도화지 같은 것은 엄두도 못 내고, 매 맞을 각오만을 단단히 한 채 미술시간을 기다리곤 하였다. 그러므로 어쩌다 손에 들어온 도화지 한 장을 '형은 형대로, 동생은 동생대로' 그렸다 지우며 1년씩이나 버텨야 했던 형과 아우의 일화쯤 어디서든 쉽게 주울 수 있는 낙수(落穗)와도 같은 것이었다.

바로 거기에서 우리들은 언젠가 유행하였던 유행가의 가사처럼 "인생은 미완성, 그리다가 마는 그림"임을 배워야 했는지도 모른다. 무언가를 열심히 그리다가도 맨 마지막이 오면 순순히 손에 든 크레파스를 내려놓아야 하는 것이 바로 삶임을…….

그럼에도 불구하고, "형은 형대로, 나는 나대로" 그리고픈 무언가가 있었다는 사실만큼은 가난하지 않아서 좋다. 그러한 소년들의 꿈에 기댈 수 있을 때에야, 띄어쓰기 운운하는 지금 역시 의미 있는 순간이 될 수 있는 것이다.

조사는 붙이고, 의존명사는 띄어 씀

앞글에서 필자는 단어를 단위로 띄어쓰기를 해야 하는 원칙에 대한 예외 가운데 하나로서 "조사는 앞말에 붙여 쓴다."는 사실을 지적하였다. 가령, "형은 형대로 그렸다 지우고, 나는 **나대로** 그렸다 지우고"라는 시행들에서 '형대로' 혹은 '나대로'의 '대로'는 조사로서 앞말인 '형'이나 '나' 뒤에 붙여 써야 한다.

그런데 조사와 마찬가지로 자립 형식이 아니라는 점에서 단어라고 보기에 어려운 언어 형식이 또 한 가지 존재하는데, 이것이 바로 의존명사이다. 의존명사는 그 앞에 어떤 한정 성분, 곧 관형어가 나타나지 않으면 홀로 쓰이지 못한다. 이러한 성격을 지니는 의존명사의 띄어쓰기에 대해 "의존명사는 띄어 쓴다."는 별도의 규정이 또한 마련되어 있는데, 이는 앞말에 붙여 써야 하는 조사와는 달리, 띄어 써야 한다는 점을 명시하기 위한 것이다.

국어의 의존명사는 크게 '일반 의존명사'와 '수량 단위 의존명사' 두 가지로 나뉜다. 다음이 그 예이다.

(1) ㄱ. 그리워할 **수** 있을 때가 가장 좋은 때입니다.
    ㄴ. 발뒤꿈치 다 헤진 양말에다가 밤새 이불 다 못 덮고 외풍에 뒤척이셔도 우리 어머니는 그래도 되는 **줄** 알았습니다.
(2) ㄱ. 이 할아버지를 생각하면 떠오르는 것이 제사 때 언제나 조기 한 **손**, 즉 조기 두 **마리**를 들고 오시는 모습이다.
    ㄴ. 북어 한 **쾌**는 스무 마리다. 굴비 한 **두름**도 스무 마리, 큰 것은 열 마리다.

위 문장들에서 (1)의 '수', '줄'은 일반 의존명사이고 (2)의 '손', '마리’, ‘쾌’, ‘두름’ 등은 수량을 수치로 나타내는 데 일정한 기준이 될 수 있는 수량 단위 의존명사이다. 어떠한 유형에 속하든 “의존명사는 띄어 써야 한다.”는 규정에 따라 띄어쓰기가 이루어져야 한다.

그런데 동일한 형태소가 분포 환경에 따라 조사로 쓰이기도 하고 의존명사로 쓰인다는 점에 유의할 필요가 있다. 다음을 보자.

(3) ㄱ. 오늘은 뜻**대로** 되어서 좋다.
　　ㄴ. 때로는 없으면 없는 **대로** 부족하면 부족한 **대로** 또 불편하면 불편한 **대로** 사는 것이 참 좋을 때가 있습니다.
(4) ㄱ. 당신 소리의 공명**만큼** 나의 소리는 울림이 없습니다.
　　ㄴ. 마음이든 물건이든 남에게 주어 나를 비우면 그 비운 **만큼** 반드시 채워집니다.
(5) ㄱ. 흐르는 것이 어찌 물**뿐**이랴.
　　ㄴ. 우리의 이런 마음은 전혀 모르는 듯, 어머니는 해마다 다른 아이들의 곱고 고운 색동저고리만 지을 **뿐**이었다.
(6) ㄱ. 하루 종일 잠**만** 잤더니 머리가 띵했다.
　　ㄴ. 이금희 아나운서가 **CF**를 촬영한 것은 2001년 닥터 세닥 이후 4년 **만**이다.

위의 예들 가운데 ‘ㄱ’의 ‘대로’, ‘만큼’, ‘뿐’, ‘만’은 모두 조사로 쓰이고 있어 앞말에 붙여 쓰지만, ‘ㄴ’의 그것들은 모두 의존명사로 쓰인 것들이어서 띄어 쓰고 있다.

그렇다면 조사와 의존명사의 구별은 어떻게 하는 것이 좋을까? 이는 앞말의 성격이 어떤가를 살펴보면 대부분 해결된다. 즉, 조사의 경우에는 앞말이 명사나 대명사, 수사와 같은 체언이지만, 의존명사의 경우는 앞말이 용언의 관형사형, 즉 형용사나 동사의 어간에 ‘-ㄴ’, ‘-ㄹ’ 등의 관형사형 어미가 결합된 형태인 것이다.

다만, (6)의 '만'은 그와 같은 일반적인 경우와는 차이가 있는데, 둘 다 그 앞에 체언이 온다는 점에서 그러하다. 이 경우, 두 형태는 의미로써 구별된다. 조사로 쓰인 (6ㄱ)의 '만'은 '어느 것을 한정함'을 뜻하는 말이라고 한다면, 의존명사로 쓰인 (6ㄴ)의 '만'은 '일정한 시간의 경과'를 나타내는 말이다. 다음에 쓰인 '만' 역시 띄어쓰기가 필요한 의존명사들이다.

> (7) ㄱ. 연기 경력 24년 <u>만에</u> 스크린에 데뷔하는 이휘향은 도회적이고 세련된 이미지의 트레이드마크에서 탈피해 수더분하고 순박한 어머니의 모습으로 완벽하게 변신했다.
> ㄴ. 통계청 발표에 따르면, 2005년 대학 졸업생의 취업률은 65%로 3년 <u>만에</u> 큰 폭의 증가세를 기록했다.

요컨대, 조사는 앞말에 붙여 쓰고, 의존명사는 띄어 써야 한다는 것, 이 두 가지만으로도 띄어쓰기 문제는 상당 부분 해결될 수 있다.

촛불

김 귀 례

나의 눈물을 위로한다고
말하지 말라
나의 삶은 눈물 흘리는 데 있다
너희의 무릎을 꿇리는 데 있다
십자고상과 만다라 곁에
청순한 모습으로 서 있다고 좋아하지 말라
눈물 흘리는 삶과 무릎 꿇지 못하는 삶을
오래 사는 삶이라고 부러워하지 말라
작아지지 않는 삶을 박수치지 말라
나는 커갈수록 작아져야 하고
나는 아름다워질수록 눈물이 많아야 하고
나는 높아질수록 완전히 사라져야 한다

뭔가 구석진 사연이 있는 사람들에 대한 따스한 연민이나 하찮은 돌멩이 앞에서도 무릎을 꿇을 줄 아는 겸손함이 없이는 사람들의 가슴에 오래 남을 수가 없다. 세상을 모르는 순진무구를, 풀쐐기의 서슬과도 같은 도도한 긍지를 있는 그대로 보듬기엔 너무 크고 무겁기 때문이다. 그러므로 사물의 구석구석을 돌아보며 따뜻한 배려를 할 줄 아는 사람, 언제나 자신을 가장 낮은 데 세울 줄 아는 사람은 아름다운 사람이다.

앞글에서 필자는 조사와 의존명사를 구별하는 데 관여하는 띄어쓰기의 원칙에 대해 다루면서, '대로', '만큼', '뿐', '만' 등의 형태는 그 문법적 혹은 의미적 기능에 따라 띄어쓰기가 달라진다는 사실을 지적하였다. 이러한 현상은 의존명사와 활용어미 사이에도 나타나는바, 여기서는 이 문제에 대해 살펴보고자 한다.

의존명사는 띄어 쓰고, 활용어미는 붙여 씀

시 <촛불>에서 '나의 삶은 눈물 흘리는 데 있다'나 '너희의 무릎을 꿇리는 데 있다'와 같은 시행의 밑줄 친 '데'는 의존명사로서 띄어 써야 한다. 그런데 이 '데'는 주로 관형사형 어미 '-는' 뒤에 놓인다는 점에서, 활용어미 '-는데'와 혼동을 일으키는 경우가 종종 있다. 다음 예들을 보기로 하자.

(1) ㄱ. 전 한 군데밖에는 <u>아는</u> 데가 없는데 어떡하지요?
　　ㄴ. 상인들이 장사가 안 된다고 하면 다 거짓말인 줄 <u>아는데,</u> 올

해 설처럼 손님이 없던 적은 없었다.

(1ㄱ)의 '데'는 의존명사('장소', '일', '경우' 등의 의미를 지님)로서 띄어 쓰고 있는 반면, (1ㄴ)의 '데'는 활용어미 '-는데'(뒤에 오는 절[clause]에서 어떤 일을 설명하거나 묻거나 시키거나 제안하기 위하여, 그 대상과 상관되는 상황을 미리 말할 때에 쓰는 연결어미)의 구성 요소로서 띄어 쓰지 않고 붙여 쓰고 있다. 요컨대, 어떤 형태가 의존명사라면 띄어 쓰지만, 활용어미라면 어간에 결합하여 하나의 단어를 이룰 수 있도록 붙여 써야 하는 것이다.

'데'와 '-는데' 같은 방식의 구별을 필요로 하는 형태로는 또한 '바'와 '-는바', '지'와 '-는지' 등을 들 수 있다.

> (2) ㄱ. **주지하는 바와 같이,** 플라톤은 많은 저술을 남겼고, 그 대부분의 내용은 소크라테스가 그의 친구들 혹은 제자들과 나눈 대화들이다.
> ㄴ. 사소한 일로 원한을 사 분노를 이기지 못해 군사행동을 일으키는 것을 분병(忿兵)이라 **하는바,** 분병을 일으키는 자는 패한다.
> (3) ㄱ. 복음서는 예수가 **죽은 지** 30년의 세월이 흐른 후 기록되었고, 예수의 세력이 막강했을 때와 전혀 다르게 그리스도교인들이 박해를 받던 상황이었다.
> ㄴ. 네가 어디에 **있는지** 아는 것은 좋은 일이다. 그러나 네가 어디로 가고 **있는지** 아는 것도 그 만큼 아니 그 이상 중요한 것이다.

(2)에서는 의존명사 '바'와 활용어미 '-는바'가, (3)에서는 의존명사 '지'와 '-는지'가 구별되고 있다. 특히, (2ㄴ)의 어미 '-는바'와 (3ㄱ)의 의존명사 '지'의 용법에 대해서는 좀 더 분명히 알아둘 필요가 있다.

즉, '-는바'는 뒤 절에서 어떤 사실을 말하기 위하여 그 사실이 있게 된 것과 관련된 상황을 제시하는 데 쓰며, 의존명사 '지'는 어미 '-(으)ㄴ' 다음에 쓰여 어떤 일이 있었던 때로부터 지금까지의 동안을 나타내는 말이다.

한편, (3ㄴ)의 활용어미 '-는지'는 막연한 의문이 있는 채로 그것을 뒤 절의 사실이나 판단과 관련시키는 데 사용하는 연결어미인데, 그 밖에도 '-ㄴ지', '-(으)ㄹ지', '-ㄹ는지' 등의 형태가 쓰인다.

(4) ㄱ. 인재를 뽑는 것보다 어떻게 활용하는가가 얼마나 **중요한지** 보여주는 예이다.
ㄴ. 이번 논란이 어떤 방향으로 가닥을 **잡을지** 아직 속단하기는 어렵지만, 황 교수팀이 재검증을 수용하지 않을 수 없는 상황으로 몰리고 있는 것만은 분명한 것 같다.
ㄷ. 갈 데가 있다고 해야 **할는지,** 아니면 없다고 해야 **할는지** 망설여지고 있었다.

이와 같은 언어적 사실을 잘 알지 못하는 언중들로서는 연결어미를 잘못 띄어 쓰는 경우가 많다. 다음을 보자.

(5) ㄱ. "50세를 지천명(知天命 · 자기가 무엇을 *해야할 지 사명을 알게 됨)이라고 하는데, 손 국장이 결단을 내릴 수도 있을 것"이라고 했다.
ㄴ. 이것을 독해력 문제라고 보아야 *할 지, 어휘력 문제라고 보아야 *할 지 판단하기 어려운 상황이 발생한다.

요컨대, (5ㄱ)의 '*해야할 지'는 '해야할지'로, (5ㄴ)의 '*할 지'는 '할지'로 써야 한다. 이러한 오류는 사람들이 의존명사 '지'에 유추하여 모든 '지'를 띄어 써야 한다고 생각하는 데서 비롯된 것으로 보인다.

흰 광목빛

나 희 덕

먼 길 가는 모양이다
동네 어귀 느티나무 그늘 아래
어떤 부부가 버스를 기다리며 서 있다
조금은 떨어져 선 두 사람은
목도리가 같아서인지 한눈에 부부 같다
지아비가 한 손을 올린 채 앞으로 나와 있고
지어미는 조금 뒤에서 웃고 있다
시골버스의 유일한 승객인 나는
그 부부를 발견하고 내심 반가웠지만
운전기사는 조금의 망설임도 없이 지나치는 게 아닌가
두 사람이 늘 거기 서 있으면서도
한번도 버스를 탄 적이 없다는 듯이
아아, 버스로는 이를 수 없는 먼 길 가는 모양이다
그 부부는 이미 오랜 길을 걸어 저기 당도했을 것이고
잠시 나무 그늘에서 쉬고 있는지 모르겠다
그런데 정갈하게 풀을 먹인 광목 목도리는
누가 둘러주고 간 것일까
목도리에 땀을 닦고 있을 그들을 뒤돌아보니
미륵 한쌍이 석양 속으로 사라진다
두 개의 점, 흰 광목빛

버스에 탄 사람이라고는 운전기사와 자신뿐인 호젓한 여행길에서 시인은 날카로운 일별(一瞥)을 마을 어귀에 서 있는 한 쌍의 돌미륵에 던진다. 흰 광목 목도리를 정갈하게 두른 이들, 어딘가 닮은 데가 많은 그들과 함께라면 여행은 더 이상 쓸쓸하지 않으리라는 생각에, 순간 시인은 그들을 차에 태우고 싶다는 강렬한 충동을 느꼈으리라.

그 충동이란 기실 보통 사람들과는 구별되는 시인의 깊은 상상력에서 연유한 것임을 우리는 안다. 그러한 상상력이 아니었던들 어떻게 차가운 돌미륵으로 하여금 따뜻한 피가 돌게 하고, 마침내는 먼 길을 꿈꾸는 여행객이 되도록 만들 수 있었으랴.

놀라운 것은 그러한 상상력의 발휘가 단 한 번의 응시, 곧 '한눈'을 통해 이루어졌다는 것이다. 누군가에게 '한눈'에 반하는 것이 찰나적 순간에 이루어지는 것과 마찬가지로, 대상의 본질을 꿰뚫는 날카로운 일별 역시 그렇게 순간에 이루어졌을 터, 똑같은 '두 눈'을 가지고도 볼 수 있는 것이 그와 같이 다른 데 놀라지 않을 수가 없다.

'두 눈'을 통해 이루어지는 '한눈'의 응시, 여기에는 '명사구(noun phrase)'와 '합성명사(compound noun)'라는 문법 단위의 차이가 놓여 있다. 이와 같은 차이는 결국 띄어쓰기에도 영향을 미치는바, 이번에는 이러한 문제에 관심을 두기로 한다.

'한눈'과 '한 눈'의 차이

'한눈에 반하다'라는 말을 두고, 우리는 가끔 그 사람은 틀림없이 눈이 하나밖에 없는 애꾸였으리라는 언어유희를 즐기곤 한다. 이와 같은 언어유희는 적어도 '한눈'과 '한 눈'과의 구별을 전제로 하는 것이다.

결론부터 말하면, '한눈'은 합성명사로서 '한 번 봄' 또는 '잠깐 봄'의 의미를 지닌 단어인 반면, '한 눈'은 명사구(noun phrase)로서, '눈 하나'라는 의미를 갖고 있다. 다음 문장들을 보자.

(1) ㄱ. 목도리가 같아서인지 <u>한눈</u>에 부부 같다.
　　ㄴ. 각진 턱, 꼭 다문 입술이 <u>한눈</u>에도 고집스러워 보이는 사람이다.
(2) ㄱ. 아버지께서는 한 쪽 눈을 먼저 수술하시고 사흘 뒤 남은 <u>한 눈</u>을 다시 수술하셨다.
　　ㄴ. <u>한 눈</u>이 보이지 않는다는 사실은 어린 타레가에게 큰 상처였다.

위 문장들에서 (1)의 '한눈'은 '한 번 봄' 혹은 '잠깐 봄'의 의미를 지닌 합성명사이고, (2)의 '한 눈'은 '눈 하나'의 의미를 지닌 명사구이다. 이와 같은 문법 단위와 의미상의 차이는 띄어쓰기 방식에도 차이를 가져오는바, 합성명사인 '한눈'은 붙여 쓰는 것과는 달리, 명사구인 '한 눈'은 띄어 써야 한다. 다음 예들을 좀 더 보기로 하자.

(3) ㄱ. 새것, 새날, 새내기, 새달, 새댁, 새말, 새봄, 새사람, 새살림, 새색시……
　　ㄴ. 새 구두, 새 옷, 새 신, 새 학교, 새 학년, 새 의자, 새 책상, 새 교장, 새 사장……
(4) ㄱ. 첫걸음, 첫나들이, 첫날밤, 첫눈, 첫닭, 첫돌, 첫마디, 첫머리, 첫사랑, 첫인상……
　　ㄴ. 첫 거래, 첫 수업, 첫 방학, 첫 미소, 첫 회의, 첫 행사……
(5) ㄱ. 지난가을, 지난겨울, 지난날, 지난달, 지난봄, 지난번, 지난여름, 지난주, 지난해……
　　ㄴ. 지난 설날, 지난 시간, 지난 수업, 지난 모임, 지난 역사……

위의 예들 가운데 'ㄱ'에 해당하는 단어들은 모두 합성명사로서 붙여 쓰지만, 'ㄴ'의 예들은 명사구로서 띄어 써야 한다. 이와 같은 띄어쓰기의 차이는 '단어를 단위로'라고 하는 띄어쓰기의 대원칙과 관련되어 있음은 물론이다. 그러니까 합성명사는 한 단어이므로 붙여 쓰지만, 명사구에 해당하는 것들은 둘 이상의 단어로 이루어져 있으므로 띄어 써야 하는 것이다.

문제는 동일한 구성 성분으로 이루어져 있음에도 불구하고 어떤 것은 단어로 보고, 어떤 것은 구로 볼 것인가 하는 것인데, 이에 대해서는 '단어란 무엇인가'를 설명하는 자리에서 이미 설명한 바 있다. 다만, 여기에서 한 가지 더 언급해야 할 것은 'ㄱ'의 예들 역시 애초에는 구의 신분을 가지고 있었다는 점이다. 그랬던 것이 두 성분 간의 관계가 긴밀해져서 점차로 분리가 어려워지고 의미상으로도 융합(fusion)이 일어나는 등의 변화를 겪음에 따라 하나의 단어로 굳어진 것이다. 이와 같은 변화의 과정을 일컬어 전문적인 용어로 어휘화(lexicalization)라고 한다.

그렇기는 하지만, 보통사람의 눈을 가지고 (2)~(4)에 제시한 것처럼 일정한 언어적 성분을 합성명사와 명사구로 선명하게 구분하기란 매우 어려운 일이라고 할 수 있다. 이러한 문제를 해결하는 한 가지 방안으로는 당장은 사전밖에 없다. 사실, 사전이란 특별한 경우를 제외하고는, 단어를 표제어로 삼는 것을 기본으로 한다. 따라서 우리의 국어사전은 기본적으로 한 단어에 해당하는 'ㄱ'의 예들은 사전에 싣고 있지만, 구에 해당하는 'ㄴ'의 예들은 사전에 싣지 않게 되는 것이다. 따라서 만일 띄어쓰기에 자신이 없는 경우라면 사전에서 표제어로 등장하는가의 여부를 확인해 보면 된다.

그 겨울의 끝

김 용 화

겨울의 끝에서 눈이 옵니다
지난겨울은 참 행복했습니다
<u>연사흘째</u>
어지럽게 봄눈 날리고
더 이상 가까워질 수 없는 거리에서
사랑한다는 말 한 마디
못해보고
당신을 보냅니다
당신만큼 날
행복하게 해 준 사람 없습니다
당신만큼 날
슬프게 해 준 사람 없습니다
봄눈 내리는 길목에 서서
멀어져가는 당신 뒷모습
바라보다
한 움큼 눈을 뭉쳐 하늘에 던집니다

첫눈과 봄눈은 사뭇 대조적이다. 첫눈에 대해서라면 얼마든지 다음을 기약할 수 있지만, 봄눈에 대해서라면 더 이상 내일을 기대하기 어려우리라는 점이 우선 그러하다. 그러므로 첫눈은 누군가를 처음으로 사랑하기 시작하여 마냥 행복감으로 달뜨는 그 순간과 같은 것이라고 한다면, 봄눈이란 이제는 그 사람을 영영 보내지 않으면 안 되리라는 이별의 예감 때문에 가슴이 아려오는 순간 같은 것인지도 모른다.

길게는 연 사흘째 계속된다고 할지라도, 그저 한 나절의 햇볕만으로도 흔적조차 없이 스러져 버리게 되는 찰나적 존재, 바로 그것이 봄눈이다. 그 때 우리는 무슨 일을 할 수 있을까? 한 움큼 눈을 뭉쳐 하늘에 던짐으로써 연 나흘째, 혹은 연 닷새째 계속 되는 첫눈을 만나고픈 생각을 하게 될는지도 모른다.

일단 발을 들여놓고 보니, 띄어쓰기로부터 발을 빼기란 쉬운 일이 아니다. 그러나 모든 일에 끝이 있듯, 이 일에도 마지막은 찾아오게 될 것이다. 그러한 순간이라면 봄눈 내리는 길목에 서서 사랑하는 이의 뒷모습을 바라보아야 하는 일처럼 막막하지는 않을 터, 이번에는 '연 사흘째'의 '연(延)'과 관련되는 한자어의 띄어쓰기에 대해 언급하고자 한다.

문법 범주와 의미 기능에 따라 결정

기원전 108년, 멸망한 고조선 땅에 한의 군현, 곧 한사군(漢四郡)이 설치된 이래 국어에 유입되기 시작한 한자어는 국어 어휘의 70%를 차지할 만큼 높은 비중을 차지한다. 따라서 수많은 한자어를 '단어를 단위로'라는 띄어쓰기의 원칙에 따라 띄어 쓰는 일은 그다지 쉬운 일이 아니다. 우선 다음 문장을 보기로 하자.

(1) ㄱ. <u>고</u> 박정희 <u>전</u> 대통령의 26기 추도식이 오늘 오전 민족중흥회
　　　주관으로 서울 동작동 국립 현충원에서 열렸습니다.
　　ㄴ. 그 사람은 <u>현</u> 시점에서 일어나는 모든 문제에 대해서 책임을
　　　회피할 수가 없다.
(2) ㄱ. 화장 <u>시</u> 스킨은 왜 시원하게 발라야 효과가 더 큰가요?
　　ㄴ. 그는 오늘 내일 <u>중</u>으로 출국할 예정이다.
(3) ㄱ. 뜻하지 않은 곳에서 신소걸은 이 년<u>여</u> 전에 만났던 한 여인
　　　과 마주친 것이다.
　　ㄴ. 이들은 당내 의견을 수렴하지 않고 오 군수를 전략 공천하는
　　　것은 절차<u>상</u> 잘못된 것이라며 당규에 따라 경선을 통해 청주
　　　시장 후보를 선출해야 한다고 주장했다.

위 문장들에서 (1)의 '고(故)', '전(前)', '현(現)' 등의 한자어는 모두 관형사로 쓰이고 있어서 '단어를 단위로'라는 띄어쓰기의 원칙에 따라 띄어 써야 한다. 그리고 (2)의 '간(間)', '시(時)'는 자립성이 없는 형태이긴 하지만, '의존명사는 띄어 쓴다'는 또 다른 원칙에 따라 띄어 써야 하는 것들이다. 한편, (3)의 '여(餘), 상(上)'은 접미사로서 어기(base)와 결합하여 한 단어를 이루는 것이므로 반드시 붙여 써야 한다. 여기에서 우리는 관형사와 의존명사, 접미사 등 그 문법적 범주에 따라 한자어 띄어쓰기에 차이가 있음을 발견하게 되는데, 다음은 그러한 범주에 속하는 한자어의 목록이다.

(4) ㄱ. 관형사 : 각(各), 고(故), 당(當), 동(同), 만(滿), 매(每), 본(本),
　　　순(純), 양(兩), 연(延), 주(主), 전(前), 현(現) 등.

ㄴ. 의존명사 : 간(間), 내(內), 외(外), 시(時), 중(中), 차(次) 등.
ㄷ. 접두사 : 각(各), 매(每), 별(別), 본(本), 전(全), 총(總) 등.
ㄹ. 접미사 : 간(間), 당(當), 여(餘), 상(上), 하(下), 차(次) 등.

문제는 이러한 목록에서 드러나듯이, 동일한 한자어가 그 의미 기능에 따라 띄어쓰기 방식에 차이를 보인다는 사실이다. 다음을 보자.

(5) ㄱ. <u>각</u> 지방마다 고유한 음식 문화를 특성화할 필요가 있다. (<u>낱낱의</u>)
ㄴ. <u>각</u>살림을 하면 돈이 더 들기 때문이다. (<u>딴</u>)
(6) ㄱ. <u>본</u> 고장을 찾아 주신 관광객 여러분께 진심으로 감사의 말씀을 드립니다. (<u>화자와 직접 연관</u>)
ㄴ. 영국은 축구의 <u>본</u>고장으로 알려져 있다. (<u>본디의 중심지</u>)
(7) ㄱ. <u>당</u> 열차는 30초 후 출발하겠습니다. (<u>이</u>)
ㄴ. 노동자 한 사람<u>당</u> 한 달간 임금은 30만원이다. (<u>마다</u>)
(8) ㄱ. 당시 정부에서는 서울과 부산 <u>간</u>의 구간을 438킬로미터로 판단하고 있었다. (<u>사이</u>)
ㄴ. 노동자 한 사람당 한 달<u>간</u> 임금은 30만원이다. (<u>동안</u>)
(9) ㄱ. 문득 선운사 고랑에 가봐야겠다는 생각을 하던 <u>차</u>에 그 소식을 들었다. (<u>순간</u>)
ㄴ. 잠시 무슨 출장<u>차</u> 평계를 내어 지방에 몇 달간 내려가 있었으니 이 안에서 만나 전해줄 수도 없다. (<u>목적</u>)

위 문장들 가운데 (5), (6)은 '각(各)'과 '본(本)'이 각각 관형사로 쓰이는 경우(5ㄱ, 6ㄱ)와 접두사로 쓰이는 경우(5ㄴ, 6ㄴ)로 구분되어, 의미 기능의 차이는 물론 띄어쓰기에도 차이가 있음을 보여 준다. 또한, (7)에서는 '당(當)'이 관형사로 쓰이는 경우(7ㄱ)와 접미사로 쓰이는 경우(7ㄴ)로 구분됨을 알 수 있다. 마지막으로, (8), (9)에서는 '간(間)'과 '차(次)'가 각각 그 문법적 범주와 의미 기능에 따라 띄어쓰기에 차이를 보

인다. 즉, 의존명사로 쓰이는 경우에는 띄어 써야 하지만(8ㄱ, 9ㄱ), 접
미사로 쓰이는 경우에는 붙여 써야 함을 알 수 있다(8ㄴ, 9ㄴ). 이와 같
이, 한자어의 문법 범주와 의미 기능은 상당히 복잡한 양상을 보이므로,
개별적인 쓰임에 대해 좀더 면밀한 관찰이 필요하다고 할 것이다.

우리 동네 구자명씨 ─ 여성사 연구 5

고 정 희

맞벌이부부 우리 동네 **구자명씨**
일곱 달 된 아기엄마 구자명씨는
출근버스에 오르기가 무섭게
아침 햇살 속에서 졸기 시작한다
경기도 안산에서 서울 여의도까지
경적소리에도 아랑곳없이
옆으로 앞으로 꾸벅꾸벅 존다
차창 밖으론 사계절이 흐르고
진달래 피고 밤꽃 흐드러져도 꼭
부처님처럼 졸고 있는 구자명씨,
그래 저 십 분은
간밤 아기에게 젖 물린 시간이고
또 저 십 분은
간밤 시어머니 약시중 든 시간이고
그래 그래 저 십 분은
새벽녘 만취해서 돌아온 남편을 위하여 버린 시간일거야
고단한 하루의 시작과 끝에서
잠 속에 흔들리는 팬지꽃 아픔
식탁에 놓인 안개꽃 멍에
그러나 부엌문이 여닫기는 지붕마다
여자가 받쳐 든 한 식구의 안식이
아무도 모르게
죽음의 잠을 향하여
거부의 화살을 당기고 있다

만일 달리는 차 안에서 주변의 시선일랑 아랑곳하지 않은 채 옆으로 앞으로 줄기차게 조는 이가 있다면, 우리는 단박에 그녀를 알아볼 수 있다. 구자명 씨. 일찍이 그녀는 평범한 여자로서의 삶을 천직으로 알고, 착한 며느리이자 살뜰한 아내, 자애로운 어머니로서의 길을 기꺼이 받아들였으리라.

이른 새벽부터 밤늦은 시각까지 종종걸음으로 이어졌을 그녀의 자취는 때로 팬지꽃 같은 무늬의 선연한 아픔이면서, 안개꽃처럼 주렁주렁 망울진 멍에였음에 틀림없을 터, 그녀의 깊은 잠에 우리는 발소리를 죽여야 한다. 그녀의 이름과 잠은 이제 역사의 뒤안길로 사라져 버릴 위기에 처해 있기 때문이다.

이 땅의 모든 여성들의 삶을 쪽잠으로 대변해 주는 구자명 씨를 두고 여기에서는 성명과 호칭어, 관직명 등의 띄어쓰기 방식에 대해 살펴보기로 한다.

성과 이름은 붙이고, 호칭어, 직함은 띄어 씀

우리의 경험에 비추어 보더라도, '성명(姓名)', 곧 성과 이름을 표기하는 방식에는 문화에 따라 상당한 차이가 있다. 또한 한 개인에게는 본명 외에 별도로 부여되는 '호'가 있기도 하고, 사회적 지위와 신분에 따라 달리 적용되는 호칭어(address form)가 있다. 이와 같이 다양한 언어 형식들을 우리는 어떻게 표기하고 있는 것일까? 먼저 다음 예문들을 보기로 하자.

(1) ㄱ. <u>석천 임억령, 송강 정철, 제봉 고경명</u> 그리고 <u>서하당 김성원</u> 등
　　　 네 사람을 당시의 사람들은 사선이라 불렀다.
　　ㄴ. 송강정은 1972년 1월 29일 전라남도 기념물 제1호로 지정되
　　　 었으며, 환벽당, 식영정과 함께 <u>정송강</u> 유적이라고 불린다.
　　ㄷ. 한서(翰西) <u>남궁 억(南宮檍)</u> 선생은 일제강점기에 우리나라의
　　　 국화인 무궁화를 지키고 가꾼 애국지사로 유명한 분이시다.
　　ㄹ. 한나라당 <u>주호영 의원</u>은 23일 국회에서 영화 '태풍'과 '쉰들
　　　 러 리스트'를 거론하며 북한인권 문제에 대한 정부의 미온적
　　　 태도를 비판해 눈길을 끌었다.
　　ㄴ. <u>주 의원</u>은 이날 <u>이해찬 국무총리</u>에게 "북한동포의 처참한 인
　　　 권 상황을 억지로 외면하는 것은 죄악"이라고 말했다.
　　ㅁ. 지난 10월 30일, 한국인물전기학회에서는 '<u>펄벅 여사</u>의 생애
　　　 와 문학'을 주제로 한 서강대 영문학과 <u>장영희 교수</u>의 발표가
　　　 있었습니다.
　　ㅂ. <u>구자명 씨</u>는 출근버스에 오르기가 무섭게 아침 햇살 속에서
　　　 졸기 시작한다.

위 문장들을 통하여 성명과 호칭어, 직함 등의 어휘에 대한 띄어쓰기
의 원칙을 짐작할 수 있는데, 『한글 맞춤법』 제48항의 규정을 토대로
그 원칙을 제시하면 다음과 같다.

(2) ㄱ. 성과 이름, 성과 호 등은 붙여 쓴다.
　　　 예 임억령, 정철, 고경명, 김성원, 정송강 등.
　　ㄴ. 성과 이름, 성과 호를 분명히 구별할 필요가 있을 때는 띄어
　　　 쓸 수 있다.
　　　 예 남궁 억(＝남궁억)
　　ㄷ. 성명 뒤에 붙는 호칭어, 직함 등은 띄어 쓴다.
　　　 예 주호영 의원, 주 의원, 이해찬 국무총리, 펄벅 여사, 장영
　　　 희 교수, 구자명 씨 등.

이러한 원칙 가운데 (2ㄱ)의 원칙은 한자 문화권에서의 통례와 우리

말에서의 관용을 따른 것이다. 그러나 이러한 표기 방식은 성과 이름을 띄어 써야 한다고 규정하고 있는 현행 『국어의 로마자 표기법』과는 차이가 있으므로 이 두 가지를 잘 구별할 필요가 있다. 예컨대, '임억령'은 붙여 쓰지만, 이를 로마자로 표기할 때에는 성과 이름을 띄어서 'Im Eokryeong'으로 적어야 한다.

한편, 성명 뒤에 붙는 호칭어의 표기와 관련, '구자명 씨'에서 '씨'의 용법에 대해서는 별도의 언급이 필요하다. 이 경우의 '씨'는 성년이 된 사람의 성명이나 성, 이름 아래에 쓰여 그 사람을 높여 부르거나 가리키는 말이다. 따라서 '구자명 씨'는 '구 씨', '자명 씨' 등으로 쓰이기도 한다. 그런데 이 '씨'를 띄어 쓰지 않고 다음과 같이 붙여 쓰면, 호칭어가 아니라 성씨 자체를 가리키는 접미사가 된다.

(3) ㄱ. 구평회 E1(옛 LG칼텍스가스) 명예회장의 팔순잔치와 구태회
　　　 LS전선 명예회장의 손녀 결혼식이 오는 30일 열려 LG그룹과
　　　 LS그룹의 **구씨** 일가가 모두 집결할 것으로 보인다.
　 ㄴ. 의유당 **김씨**라는 조선 시대 여인의 동명일기(東溟日記)는 이
　　　 런 생각이 여성들의 오래된 것임을 보여 준다.

여기에서 쓰인 '구씨', '김씨'에서 '씨'는 그 성씨 자체를 가리키는 말이므로 호칭으로 사용된 경우와는 달리 붙여 쓰고 있다. 요컨대, 띄어쓰기 여부가 단어의 의미를 결정짓는 데 중요한 역할을 하는 경우도 많으므로, 이를 분명히 알아둘 필요가 있다 할 것이다.

제 3 장

시로 읽는
'문장부호'

시로 읽는 국어 정서법

마침표를 먼저 찍다

이 대 흠

.세상살이의 시작이 막장이고 보니 난 어쩜 마침표를 먼저 찍은 문장 아닌지 .막장은, 마침표는 이전의 것을 보여주는 구멍이다 .그 캄캄한 것을 오래 들여다보면 한 세상이 보인다 .이 캄캄한 공사장의 먼지, 이 무수한 마침표를 통해 본다 .오래된 짐승의 알처럼 둥근 마침표 .내 생의 처음이었던 어머니, 그 마침표 .그녀의 검은 눈동자 .한 세상의 아픔이 그득하여 그녀의 눈빛은 맑다 .파이프 메고 어두운 계단을 오르며 난간에만 빛이 웅성거림을 본다 .난간에 버려진 저 작은 쇳조각, 깨어진 돌멩이가 결국 하나의 사상임을 너무 늦게 알았다 .어두운 곳이라 난간이 길다 .난간을 걷는 나의 生 .언제든 죽을 수 있으므로 고개 숙이지 않으리 .무겁다 .무거운 것들이 적어 세상은 무거워졌다 .대부분 이 짐을 지지 않는다 .마침표를 찍자 .여기부터가 시작이다 .

때로 삶은 도대체 어둡기만 해서 더 이상 나아갈 수 없는 막다른 갱도처럼 아득할 때가 없지 않다. 그러나 그 마침표에서 새 생명의 탄생이 이루어진 것처럼, 막다른 현실은 출구를 마련하지 않으면 안 되는 계기를 마련해 주기도 한다. 부유(浮游)하는 먼지처럼 가벼워서 도리어 무겁기만 한 삶의 출구. 거기에서 새로운 삶의 출발이 가능한 것이다. 그러므로 어두운 막장에서 삶을 시작한 시인은, 언젠가는 그러한 세상살이에 마침표를 찍고 창조적 에너지로 충만한 삶을 새로이 시작할 수 있으리라.

우리들의 삶이 그러하듯이, 마침표가 있음으로써 문장은 끝이 나고, 그 끝에서 새로운 문장이 시작된다. 그러므로 마침표의 기능 가운데 가장 중요한 것은 새로운 문장의 산출을 예비해 놓는 일이라고 할 것이다.

온점의 표기

현행 『한글 맞춤법』에서는 일곱 가지 유형에 속하는 모두 19개의 문장부호의 용법을 부록으로 제시하고 있다. 일곱 가지 유형이라 함은 '마침표(終止符)', '쉼표(休止符)', '따옴표(引用符)', '묶음표(括弧符)', '이음표(連結符)', '드러냄표(顯在符)', '안드러냄표(潛在符)' 등을 말한다.

이 가운데 첫 번째 유형인 '마침표'는 온점(.), 물음표(?), 느낌표(!) 등 세 가지 문장부호를 포괄하는 용어이다. 이러한 범주화는 약간의 문제가 없지 않다. 왜냐하면, 일반적으로 '마침표' 하면 온점을 떠올리는 수가 많기 때문이다. 이러한 문제점은 논외로 한 채, 일단 규정을 충실히 따르자면, '온점'의 기능은 다음과 같은 네 가지로 구분된다.

> (1) ㄱ. 서술, 명령, 청유 등을 나타내는 문장의 끝에 쓴다.
> ㄴ. 아라비아 숫자만으로 연월일을 표시할 적에 쓴다.
> ㄷ. 표시 문자 다음에 쓴다.
> ㄹ. 준말을 나타내는 데 쓴다.

(1ㄱ)에서 보듯이, 온점의 첫 번째 기능은 서술문과 명령문, 청유문 등의 문장 맨 뒤에 씀으로써 문장이 끝났음을 나타내는 것이다. 이러한 온점의 기능은 다음과 같은 상황에서도 동일하게 적용된다.

> (2) ㄱ. "사람은 사회적 동물이다."라고 말한 학자가 있다.
> ㄴ. 우리말의 'ㄱ', 'ㄷ', 'ㅂ' 등의 소리는 폐쇄음이다.
> (전통적으로는 흔히 파열음이라고 하였다.)

(2ㄱ)은 남의 말을 직접 인용할 때 쓰는 큰따옴표(" ") 안에서 문장이 끝나는 경우에도 온점을 찍어야 한다는 사실을 말하여 준다. 또한, (2ㄴ)은 일단 한 문장이 끝나고 나서, 소괄호(( ))를 사용하여 주석을 달거나 설명을 하는 경우에도 괄호 안에서 문장이 끝났다고 한다면 온점을 찍어 주어야 함을 보여 준다.

그러나 이러한 온점의 용법에는 예외가 있는데, (3)의 예문에서 보듯이, 신문이나 잡지 기사의 제목으로 쓰인 표제어나 표어에는 쓰지 않는다는 것이다.

> (3) ㄱ. 한국일보, 일본에 한류 뉴스 전파한다 (신문 기사)
> ㄴ. 불은 담배를 태우고 담배는 당신을 태운다 (표어)

한편, (1ㄴ)에 제시한 대로 온점의 두 번째 용법은 아라비아 숫자로
써 '연월일'을 대신 표시하는 것이다. 다음 예를 보기로 하자.

(4) 2006년 3월 6일→2006. 3. 6.

이러한 표기와 관련해서 알아 두어야 할 사실은 연(年)과 월(月) 뒤에
서는 온점을 찍으면서도, 일(日) 뒤에서는 찍지 않는 사람들이 매우 많
다는 것이다. 요컨대, 일(日) 뒤의 온점도 필수적임을 잘 기억해야 한다.
다음으로, (1ㄷ)의 표시 문자 다음에 온점을 찍는다는 것은 가령, "1.
마침표"와 같은 방식으로 온점을 사용하는 것을 말한다. 글의 목차 등
에서 필요한 것이다.
끝으로, 온점은 준말을 나타내는 데 쓴다. 예컨대 '서기(西紀)'를 '서.'
와 같은 방식으로 쓸 수 있다는 것이다. 그러나 이러한 표기 방식은 한
글 표기에서는 잘 쓰이지 않는 것이 현실이다. 그 대신 영어의 표기에
있어서는 매우 활발하게 쓰이는데, 다음과 같은 준말 표기에 쓰인 온점
이 그러한 예이다.

(5) ㄱ. Before Christ→B.C.
    ㄴ. Anno Domini→A.D.
    ㄷ. Reserve Officers' Training Corps→R.O.T.C.
    ㄹ. International Monetary Fund→I.M.F.

이러한 예들을 통해 알 수 있듯이, 온점은 또한 일정한 단어의 첫 글
자를 따서 만든 준말임을 드러내는 표지로서의 기능을 지니고 있다.

파안

고 재 종

마을 주막에 나가서
단돈 오천원 내놓으니
소주 세 병에
두부찌개 한 냄비

쭈그렁 노인들 다섯이
그걸 나눠 자시고
모두들 볼그족족한 얼굴로

허허허
허허허
큰 대접 받았네 그려!

굳은 얼굴을 환하게 깨뜨릴 수 있는 것, 그것이 겨우 소주 세 병에 두부찌개 한 냄비라니, 그 소박한 삶의 풍경이 가슴을 뭉클하게 한다. 볼그족족한 얼굴빛으로 허허허 너털웃음을 터트려도 좋은 오후 한때. 그것이 우리들이 본래부터 가지고 있었던 '대접 문화'였다. 주머니가 가벼운 노인네들의 셈으로서는 선뜻 한잔 사겠노라고 나서지도 못하는 때, 젊다는 이유만으로도 셈이 넘치는 젊은이가 선뜻 지갑을 엶으로써 마을 어른들의 시장기를 줄여줄 수 있는 것. 그 이상도 그 이하도 아닌 소박한 정의 나눔, 거기엔 "큰 대접 받았네 그려!"라는 자연스러운 감탄이 자리 잡을 수 있었다.

'허허허' 하는 파안(破顔) 뒤에 자연스럽게 붙은 느낌표(!) 하나. 때로는 이 느낌표 하나가 차랑차랑 가슴에 파문을 일으키기도 하는바, 여기서는 마침표의 세 가지 유형 가운데 하나인 느낌표의 쓰임과 표기에 대해 기술하고자 한다.

느낌표의 표기

느낌표(!)라 함은 문자 그대로 강한 느낌을 나타내는 데 쓰이는 문장부호이다. 그러나 이것만으로는 충분하지 않다. 구체적으로 살펴보면 그 기능이 상당히 여러 가지인 것이다. 다음은 문학 작품에서 사용된 느낌표의 예를 제시한 것이다.

(1) "나으리 마님, 부르셨습니까?"

앳된 소년의 목소리였다.

"방이 왜 이리 차냐!"

"곧 불을 지피겠습니다."

"내가 지금 방이 왜 이리 차냐고 묻지 않았느냐!"

푸른 정맥이 이마빼기에서 부풀어 올랐다. 서희의 얼굴이 질린다.

"예, 지금 곧 불을 지피겠습니다."

"이놈! 방이 왜 이리 차냐고 물었겠다! 고얀 놈!"

— 박경리, <토지>에서

(2) **"너 말 마라!"**

"그래!"

조금 있더니 요 아래서

"점순아! 점순아! 이년이 바느질을 하다 말구 어딜 갔어?"

하고 어딜 갔다 온 듯싶은 그 어머니가 역정이 대단히 났다.

— 김유정, <동백꽃>에서

위 문장들에서는 느낌표가 모두 아홉 번 쓰이고 있는데, 이는 크게
다음과 같은 네 가지 기능을 갖는 것으로 볼 수 있다.

(3) ㄱ. 느낌을 힘차게 나타냄.

　　　예 "방이 왜 이리 차냐!"

　ㄴ. 강한 명령문이나 청유문의 경우.

　　　예 "너 말 마라!"

　ㄷ. 감정을 넣어 다른 사람을 부르거나 그에 대한 답을 할 때.

　　　예 "그래!"

　　　　"점순아! 점순아!"

　ㄹ. 놀람이나 항의의 뜻을 나타냄.

　　　예 "내가 지금 방이 왜 이리 차냐고 묻지 않았느냐!"

　　　　"방이 왜 이리 차냐고 물었겠다!"

　　　　"이놈!"

　　　　"고얀 놈!"

여기에서 보듯이, 그저 단순하게 어떠한 느낌을 표현하는 데 쓰이는 것으로 보아온 느낌표는 그 외에도 강한 명령문이나 청유문에서, 다른 사람을 부르거나 그에 대한 답을 하는 때, 놀람이나 항의를 하는 때에도 사용되는 등 비교적 다양한 문법적 기능을 갖고 있다.

또한, 서술문의 경우라고 하더라도 느낌을 강하게 나타내기 위해서는 온점(.) 대신 느낌표를 사용하기도 한다. 다음이 그 예이다.

(4) ㄱ. 나는 고독한 사람이기 때문이다!
　　 ㄴ. 흥미진진한 그 서막이 지금부터 열립니다!
　　 ㄷ. 그것은 개다. 로마의 개다!

마지막으로, 이른바 네티즌들이 사용하는 통신언어에서는 느낌표를 몇 개씩 겹쳐서 쓰는 경우도 있는데, 이는 느낌표가 풍부한 감정 표현의 도구로 사용될 수 있음을 시사하는 것이다.

(5) ㄱ. 시각디자인과에 들어가려면 실기를 어떻게 준비해야 하는지
　　　 아시는 분은 많은 정보 알려주세요!!
　　 ㄴ. 정말 좋은 핵 사이트!!!! 올 무료~~~~~~

희미한 옛사랑의 그림자

김 광 규

4·19가 나던 해 세밑
우리는 오후 다섯 시에 만나
반갑게 악수를 나누고
불도 없이 차가운 방에 앉아
하얀 입김 뿜으며
열띤 토론을 벌였다
어리석게도 우리는 무엇인가를
정치와는 전혀 관계없는 무엇인가를
위해서 살리라 믿었던 것이다
결론 없는 모임을 끝낸 밤
혜화동 로터리에서 대포를 마시며
사랑과 아르바이트와 병역 문제 때문에
우리는 때 묻지 않은 고민을 했고
아무도 귀 기울이지 않는 노래를
누구도 흉내 낼 수 없는 노래를
저마다 목청껏 불렀다
돈을 받지 않고 부르는 노래는
겨울밤 하늘로 올라가
별똥별이 되어 떨어졌다
그로부터 18년 오랜만에
우리는 모두 무엇인가 되어
혁명이 두려운 기성 세대가 되어

넥타이를 매고 다시 모였다
회비를 만 원씩 걷고
처자식들의 안부를 나누고
월급이 얼마인가 서로 물었다
치솟는 물가를 걱정하며
즐겁게 세상을 개탄하고
익숙하게 목소리를 낮추어
떠도는 이야기를 주고받았다
모두가 살기 위해 살고 있었다
아무도 이젠 노래를 부르지 않았다
적잖은 술과 비싼 안주를 남긴 채
우리는 달라진 전화번호를 적고 헤어졌다
몇이서는 포커를 하러 갔고
몇이서는 춤을 추러 갔고
몇이서는 허전하게 동숭동 길을 걸었다
돌돌 말은 달력을 소중하게 옆에 끼고
오랜 방황 끝에 되돌아온 곳
우리의 옛사랑이 피 흘린 곳에
낯선 건물들 수상하게 들어섰고
플라타너스 가로수들은 여전히 제자리에 서서
아직도 남아 있는 몇 개의 마른 잎 흔들며
우리의 고개를 떨구게 했다
부끄럽지 않은가
부끄럽지 않은가
바람의 속삭임 귓전으로 흘리며
우리는 짐짓 중년기의 건강을 이야기했고
또 한 발짝 깊숙이 늪으로 발을 옮겼다

흥미롭게도 우리의 현대사에는 3월에서부터 6월에 이르기까지 매월 한 번씩, 학생과 시민의 주도하에 이루어진 변혁의 몸부림이 있었다. 이 땅에 참민주주의가 뿌리를 내려 꽃을 피울 수 있도록 독재 정권의 타파를 위해 온몸으로 항거했던 자랑스러운 역사가 3·15 의거에서부터 시작하여 4·19 혁명, 5·18 광주 민주화 운동, 6·10 항쟁으로 면면히 계승되어 온 것이다.

그러나 세월이 흐르노라면 자랑스러운 지난날 또한 마치 희미한 옛 사랑의 그림자처럼 빛이 바랠 수 있다. 그리하여 한때는 때 묻지 않은 고민으로 밤을 지새우고, 아무도 흉내 낼 수 없는 노래를 목청껏 부르던 젊은 날은 마치 전설처럼 먼먼 과거의 시간 속에 묻어 버린 채, '부끄럽지 않은가'라는 질문 앞에 말문이 막히는 중년이 되고 노년이 되어 살아가지 않으면 안 된다.

그럼에도 불구하고, 때 묻지 않은 젊음이 빚어내었던 그날은 언제든 다시 활활 타오를 수 있는 불씨와도 같은 것. 언젠가는 그날의 열기가 한 점 불꽃이 되어 뜨거운 불기둥으로 되살아나게 되리라는 것을 의심해서는 안 될 것이다.

또 한 가지 의심해서는 안 되는 것을 들라 하면, '3·15'와 '4·19', '5·18', '6·10'과 같은 날을 표기하는 데는 '가운뎃점(·)'이라는 문장부호가 필요하다는 사실이다. 반점(,), 쌍점(:), 빗금(/) 등의 부호와 함께 '쉼표[休止符]'의 범주에 속하는 이 가운뎃점은 '4·19'처럼 특정한 의미를 지니는 날을 나타내는 데 쓰인다. 이번에는 이러한 언어적 사실을 비롯한 가운뎃점의 기능과 표기 원칙에 대해 기술하고자 한다.

가운뎃점의 표기

앞글에서 필자는 온점(.)의 기능 가운데 하나가 다음과 같이 '연월일
을 대신하는 것'이라는 사실에 대해 언급한 바 있다.

(1) 1960년 4월 19일→1960. 4. 19.

그런데 4월 19일은 다른 보통의 날들과는 달라서 국가 · 사회적으로
유의미한 날이라는 사실을 나타내기 위한 언어적 장치로 사용하는 것
이 바로 4 · 19의 가운뎃점(·)이다. 따라서 앞에서 언급한 날들 이외에
도 '3 · 1 운동', '6 · 25 전쟁', '8 · 15 해방' 등의 표기에도 가운뎃점을
사용해야 한다.

이 가운뎃점이 경우에 따라서는 오랜 투쟁의 결과로 얻게 된 자랑스
러운 문장부호라는 사실을 입증해 주는 사건이 있다. 다음 기사를 보기
로 하자.

(2) 5 · 18 표기 "소수점 아닌 가운뎃점"
　　"'5. 18'이 아니라 '5 · 18'입니다."

5 · 18의 명칭에 대해 광주시가 공식 이의를 제기하고 잘못된 표
기를 시정해 줄 것을 5월 관련단체 및 교육청 등에 요청하는 협조
공문을 보냈다.
이 같은 지적은 상당수 언론매체와 각종 단체에서 내건 플래카드,
도로 이정표, 인터넷 사이트 등에 잘못된 표기가 계속 사용되고 있
는데 따른 것.
시는 3일 "5 · 18이 광주 민주화 운동 또는 민중 항쟁 등 역사적
사건으로 자리 매김된 현 시점에서 아무런 뜻이 없는 수량 표기(소

수점)에 불과한 '5.18'로 쓰이는 것은 그 숭고한 의미를 깎아 내리는
것"이라고 밝혔다.

—2001. 5. 3일자 동아일보 기사

때로 세월은 모든 기억을 희미하게 만듦으로써 한때는 두 사람의 가
슴을 뜨겁게 달구었던 사랑조차도 아득한 옛일이 되도록 만든다. 그리
하여 우리는 '희미한 옛 사랑의 그림자'를 운운하게 되는 것이다. 그러
나 해마다 그날이 되면 '달'과 '날' 사이에 가운뎃점 하나를 넣음으로써
그 의미를 새롭게, 그리고 공고히 하고 있는바, 문장부호 하나가 그와
같은 힘을 발휘할 수 있음은 가히 놀라운 일이다.

물론, 가운뎃점의 쓰임은 여기서 그치지 않는다. 다음에서 보듯이, 가
운뎃점은 몇 가지 기능을 추가적으로 가지고 있다.

(3) ㄱ. 공주·논산, 천안·아산·청원 등 각 지역구에서 2명씩 국회
　　　의원을 뽑는다.
　　ㄴ. 충북·충남 두 도를 합하여 충청도라고 한다.

이를 통해 알 수 있는 것처럼, 가운뎃점은 (3ㄱ)에서처럼 반점(,)으로
열거된 어구가 다시 여러 단위로 나뉘는 경우와, (3ㄴ)에서처럼 같은 계
열의 단어 사이에 쓰인다. 가운뎃점의 이러한 용법은 반점(,)의 기능과
도 밀접한 관련이 있다. 다음 글에서는 이 문제를 좀 더 면밀히 검토하
기로 하겠다.

찻잔을 씻으며

이 향 아

찻잔 밑바닥 꺾인 모서리에
실금 하나 얼룩졌다
봄날은 덩달아 끓어 넘치고
가을은 어영부영 지나갔어도
언제였을까
블루마운틴, 헤이즐넛, 맥심, 초이스
실금에 주저앉은 수상한 자국
까맣게 모르고 지나갈 뻔했다

울지 마, 울지 마,
잊지않아, 잊지않아,
맹세하던 소리들은 허랑하여라
그사람 안창 깊은 밑바닥
은밀하게 꺾인 찻잔의 모서리에
나 아직도 남아있을라
실금의 땟국처럼 가라앉아서
지금 온몸이 죽을 듯이 쓰라리다
설거지통 비눗물이 스미나보다

누군가의 가슴에 앙금으로 남아 있는 것만큼 개운치 못한 일은 아마 없으리라. 무심코 들여다보면 아무것도 없는 것처럼 맑고 투명하지만, 조금만 헤집어 보면 저 어두운 심연에서 파도처럼 넘실대는 감정의 찌꺼기, 바로 그것이 감정의 앙금일 터……. 더구나 그 앙금이 찻잔의 모서리에 가라앉은 실금의 땟국과 같은 것이라면 실로 유감스러운 일이 아닐 수 없다.

그러므로 혹여 누군가의 가슴에 남는다면, 차라리 블루마운틴 혹은 헤이즐넛, 맥심, 초이스와 같은 커피 향기로 남을 수 있었으면 하는 마음 간절하다. 설령 그것이 찻잔의 모서리에 자리 잡은 실금처럼 미약한 것일지라도, 누군가의 가슴에 상처로 남지는 않기를 바라는 마음 간절하기 때문이다.

반점과 가운뎃점의 구별

블루마운틴, 헤이즐넛, 맥심, 초이스……. 각기 다른 맛과 향을 지닌 커피의 종류를 헤아리기 위해 사용한 문장부호는 바로 반점(,)이다. 주지하는 대로, 이 반점은 동일한 자격을 지닌 어구를 열거하는 일을 주된 기능으로 삼는다. 예를 좀 더 들면 다음과 같다.

   (1) ㄱ. **고구려, 백제, 신라**가 중앙 집권 체제를 갖추기 시작할 무렵부터 국가적 차원에서 한자어를 사용하는 양이 급격히 증가하였다.

      ㄴ. **곰팡이, 세균, 효모** 등이 섞여 사는 보통의 발효 식품과 달리

김치는 젖산균의 지배에 워낙 공고하게 구축돼 있다.

위의 예문에서, (1ㄱ)의 '고구려, 백제, 신라', (1ㄴ)의 '곰팡이, 세균, 효모'는 일정한 의미 범주 안에 묶일 수 있는 단어들이 병렬적으로 나열되는 경우에 반점을 사용한다는 사실을 보여준다.

그런데 동일한 자격을 지닌 어구들을 반점을 사용해 열거하다가 다시 여러 단위로 나뉘는 경우에는 가운뎃점(·)을 사용하는데, 이는 '4·19'처럼 특정한 의미를 지니는 날을 나타내는 것과 함께 가운뎃점의 주요한 기능에 속한다.

> (2) ㄱ. 공주·논산, 천안·아산·청원 등 각 지역구에서 2명씩 국회
>   의원을 뽑는다.
>   ㄴ. 시장에 가서 사과·배·복숭아, 고추·마늘·파, 조기·명
>   태·고등어를 샀다.

또한, 가운뎃점은 같은 계열의 단어 사이에서도 쓰인다는 점에서 (1)에서 제시한 반점의 기능과 유사한 모습을 보이는데, 다음이 그 예이다.

> (3) ㄱ. 동사·형용사를 합하여 용언이라고 한다.
>   ㄴ. 충북·충남 두 도를 합하여 충청도라고 한다.

그렇다면, (1)에서 쓰인 반점과 (3)에서 쓰인 가운뎃점 사이에는 어떠한 차이가 있을까? 필자가 보기에 가운뎃점은 주로 열거된 요소가 둘이면서 서로 대립적 의미를 지니는 경우에 쓰이는 것으로 보인다.

(2), (3)에 제시된 가운뎃점의 기능은 『한글 맞춤법』 규정에 명시적으로 제시된 것이라는 점에서 특기할 만한 사실은 아니다. 그러나 가운뎃

점은 다음과 같은 문법적 기능들을 또한 갖는다는 점에서 눈여겨볼 필요가 있다.

    (4) ㄱ. 훈민정음의 모음은 성리학에서 말하는 우주의 기본 요소인 삼재(三才), 즉 **천(天)·지(地)·인(人)**을 상형한 ‘·’, ‘ㅡ’, ‘ㅣ’를 기본자로 하여 초출(初出), 재출(再出), 합용(合用)의 원리를 적용하여 만들었다.
       ㄴ. 일부 보수적인 사대부들은 편견을 내세워 임진왜란 중의 **충신·효자·열녀**를 뽑아 편찬한『동국신속삼강행실도(東國新續三綱行實圖)』에 논개를 올리지 않았다.
    (5) ㄱ. 서울시 교육청은 올해 서울 지역 **중·고등학교**의 50%가 수준별 이동수업을 실시하도록 지원할 계획이라고 31일 밝혔다.
       ㄴ. 다양한 매체 언어들은 변화된 **사회·문화적 상황**을 이해하고 재조직하여 활용하는 능력과 태도가 더욱 필요해졌다.
       ㄷ. 북한과 러시아는 2004년 7월에 나진~핫산 구간 철도를 **개·보수**하기로 합의했으나 재원을 확보하지 못해 사업 추진에 어려움을 겪어 왔다.

위의 예에서 (4)는 가운뎃점이 반점과 마찬가지로 단순한 열거의 기능을 가질 수 있음을 보여 주는 것이고, (5)는 반복되는 표현을 생략함으로써 보다 간결하게 표현하려는 의도로 가운뎃점이 쓰인 경우이다.

다만, 유의해야 할 것이 있다면, 합성어의 신분으로 이미 사전에 올라 있는 단어들에 대해서도 가운뎃점을 사용하여 표기하는 경우가 자주 발견된다는 것이다. 다음이 그 예이다.

    (6) ㄱ. 1234년에 멸망한 금(金)나라 왕조 역사를 정리한 방대한 분량의 정사인 금사(金史) 중 일부가 국내 재야사학자에 의해 *국·한문 대조 형식으로 번역됐다.

ㄴ. 김해시가 저소득층과 농촌 지역 어린이의 보육 서비스 향상
   을 위해 *국·공립 보육 시설을 대폭 확충키로 했다.

위의 예문에 등장하는 '*국·한문', '*국·공립'은 '국한문', '국공
립'의 형태로 사전의 표제어로 올라 있다. 따라서 (6)에서와 같은 방식
으로 표기하는 것은 분명한 오류이다. 이 외에도 '남녀(*남·여), 농어
민(*농·어민), 동식물(*동·식물), 중고생(*중·고생)' 등의 어휘 역시
합성어의 신분으로 사전에 등재되어 있음을 알아둘 필요가 있다.

참깨를 털면서

김 준 태

산그늘 내린 밭귀퉁이에서 할머니와 참깨를 턴다
보아하니 할머니는 슬슬 막대기질을 하지만
어두워지기 전에 집으로 돌아가고 싶은 젊은 나는
한 번을 내리치는 데도 힘을 더한다.
세상사에는 흔히 맛보기가 어려운 쾌감이
참깨를 털어대는 일엔 희한하게 있는 것 같다
한번을 내리쳐도 셀 수 없이
쏴아쏴아 쏟아지는 무수한 흰 알맹이들
도시에서 십 년을 가차이 살아 본 나로선
기가 막히게 신나는 일인지라
휘파람을 불어 가며 몇 다발이고 연이어 털어댄다
사람도 아무 곳에나 한 번만 기분좋게 내리치면
참깨처럼 쏴아쏴아 쏟아지는 것들이
얼마든지 있을 거라고 생각하며 정신없이 털다가
"아가, 모가지까지 털어져선 안 되느니라"
할머니의 가엾어 하는 꾸중을 듣기도 했다.

아무런 애증의 갈등 없이 온전히 따스한 애정으로만 채워진 관계, 그것이 바로 할머니와 손자·손녀의 관계일 것이다. 때로는 엄마보다 더 애틋한 혈육의 정을 느끼게 하셨던 분. 내게도 그런 할머니가 계셨다. 밥상머리 교육을 호되게 받느라 목울음을 삼키고 있을 때면 막무가내로 내 편이 되어 주셨고, 어쩌다 아침을 거르고 학교에 간 날은 먼 길을 아랑곳하지 않고 손수 도시락을 싸다 주시곤 했다. 오래전에 등이 굽어 말 그대로 꼬부랑 할머니이셨건만 자신은 조금도 돌보지 않으신 채 손녀딸의 눈물을 지워주는 것을 최대의 낙으로 삼으셨던 분이 바로 할머니셨다.

어느 날 홀연히 세상을 떠나가신 후에도, 여전히 내 기억 속에 생생히 살아계실 수 있는 것은 바로 그 분의 말씀 때문이다. "길이 아니면 가지를 말고, 말이 아니면 탓을 말라고 했다."고 하시거나, "가꾸지 않는 곡식 잘되는 법이 없다."고 하시던 말씀들이 아직도 귓가에 쟁쟁하다. 참깨를 털며, "아가, 모가지까지 털어져선 안 되느니라."고 하던 가르침 또한 그러한 유형에 속한다고 할 것이다. 그렇게 찰찰 차서 넘치던 것이 애틋한 정은 물론이거니와 삶의 지혜까지도 함께였으므로 삶의 굽이굽이마다에서 우리들의 할머니들께선 늘 새로운 생명을 얻고 계시는 것이리라.

큰따옴표의 표기

혹은 사랑을, 혹은 삶을 가르치던 분들의 말씀을 담고자 할 때 우리는 이른바 '따옴표'라는 것을 사용한다. '큰따옴표("   ")'와 '작은따옴표('   ')'가 바로 그것이다. 이 가운데 '큰따옴표'는 흔히 글 가운데서 직접 대화를 표시할 때나 남의 말을 직접 인용하는 경우에 쓴다. 다음을 보자.

> (1) 앞에 앉은 장교가, 부드럽게 웃으면서 말한다.
> "동무, 앉으시오."
> 명준은 움직이지 않았다.
> "동무는 어느 쪽으로 가겠소?"
> "중립국."
> 그들은 서로 쳐다본다.
>
> ― 최인훈, <광장>에서

> (2) 이 관계자는 "발신자 제한 표시를 이용할 경우에도 수신자가 정신적인 피해를 입었다고 판단할 경우 경찰에 수사를 의뢰할 수 있다"며 "문자메시지는 장난이나 희롱, 욕설 등이 담긴 내용을 저장한 뒤 피해를 입은 사람이 본인이란 점을 입증하면 대리점에서 발신자 정보를 확인할 수 있다"고 말했다.
>
> ― 2006. 3. 31일자 헤럴드 생생 뉴스 기사

위의 예에서 (1)은 소설 텍스트 안에서 인물들 간의 대화를 표시하는 데 큰따옴표가 사용된 경우이고, (2)는 신문기사 등과 같은 글에서 남의 말을 직접 인용하는 데 큰따옴표가 쓰인 경우이다.

그런데 (1), (2)를 비교해 보면 차이가 있음을 알 수 있는데, (1)에서는 따옴표 안의 문장에 온점(.)을 사용함으로써 문장의 종결을 표시하고 있는 데 반하여, (2)에서는 그와 같은 표시를 하지 않았다는 것이다. 이와 같이, 신문 기사 등에서 인용부호 안에서 온점을 표시하지 않는 것은 일종의 관례인 것으로 보인다.

그러나 현행『한글 맞춤법』에서는 온점을 표시하도록 규정하고 있으며, 다음 문장에서도 보듯이, 온점이 아닌 물음표(?)나 느낌표(!)는 마침표로 사용하고 있다는 사실에 비추어 본다면, 온점 역시 그와 동일하게 표시하는 것이 옳다고 본다.

> (3) ㄱ. 하인스 워드, "얄팍한 상혼이 한국의 전부는 아니겠지요?"
> ―2006. 3. 31일자 노컷뉴스 기사
>
> ㄴ. 그렇다면 실제 이보영의 성격은 어떨까. "차분하다고요? 아네요! 저 안 차분해요"라는 그녀의 말에서 쉽사리 짐작할 수 있다.
> ―2006. 3. 31일자 뉴스 메이커 기사

위의 예에서 (3ㄴ)의 "차분하다고요? 아네요! 저 안 차분해요"라는 문장에는 오직 온점만을 표기하지 않고 있다는 문제점이 있는바, "저 안 차분해요"의 끝 부분에 온점을 찍어 "저 안 차분해요."로 표기하는 것이 올바르다고 할 것이다.

한편, 큰따옴표는 세로쓰기에서는 겹낫표(『 』)로 쓰인다는 점 또한 특기한 만한 사실이다. 이는 예전에 세로쓰기를 주로 하던 신문들에서 주로 쓰던 방식이다. 그러나 오늘날 세로쓰기가 거의 대부분 가로쓰기로 대체됨에 따라 겹낫표가 따옴표로 쓰이는 경우는 드물다. 대신 다음 예에서 보듯이, 학술적 성격의 글쓰기에서 책이름을 표시하는 데에 겹낫표를 쓴다.

> (4) ㄱ. 강신항(1990), 『訓民正音研究』, 성균관대학교 출판부.
> ㄴ. 곽재구(2004), 『별밭에서 지상의 시를 읽다』, 이가서.

아버님의 일기장

이 동 순

아버님 돌아가신 후
남기신 일기장 한 권을 들고 왔다
모년 모일 '終日 本家'
'종일 본가'가
하루 온종일 집에만 계셨다는 이야기다
이 '종일 본가'가
전체의 팔 할이 훨씬 넘는 일기장을 뒤적이며
해 저문 저녁
침침한 눈으로 돋보기를 끼시고
그날도 어제처럼
'종일 본가' 쓰셨을
아버님의 고독한 노년을 생각한다
나는 오늘
일부러 '종일 본가'를 해보며
일기장의 빈칸에 이런 글귀를 채워넣던
아버님의 그 말할 수 없이 적적하던 심정을
혼자 곰곰이 헤아려보는 것이다

첫 아이를 출산하고 나서 맨 처음 떠올랐던 생각은 '내 어머니를 비롯하여 나보다 먼저 아이를 낳은 세상의 모든 여자들에게 참으로 미안하다.'는 아픈 참회였다. '어쩌면 그렇게도 철저하게 몰라줄 수 있었을까?'하는 것이 참 이유였다.

우리들의 한계란 바로 그런 것이다. 자신의 몸으로 직접 경험해 보지 않고서는 아무리 사소한 일일지라도 그 문제에 대한 인식에 도달하기란 참으로 어려운 법. 철저히 굶주려 보지 않고서는 배고픈 이들의 절망을 이해하기 어렵듯이, 대화를 할 상대가 아무도 없는 집에서 '종일 본가'를 경험해 보지 않고서는 지난날 대부분의 날들을 '종일 본가'할 수밖에 없었던 아버지의 쓸쓸한 노후를 이해하기란 애초부터 불가능한 일이다. 그러므로 우리는 항상 너무 늦은 때에 이르러서야 그때 그 일을 후회하게 되는 것이다.

작은따옴표와 큰따옴표의 차이

고작 문장부호 하나의 쓰임에 대한 설명을 위해 '종일 본가'의 고독을 새길 수밖에 없다니 가혹하다는 생각을 떨쳐 버릴 수 없긴 하지만, '종일 본가'에 쓰인 문장부호를 일컬어 작은따옴표(' ')라고 한다. 이는 문장에서 중요한 부분을 두드러지게 하기 위해 쓰인 장치로, 다음 글에 쓰인 작은따옴표는 그러한 언어적 사실을 아주 잘 보여준다.

(1) 어느 시대나 '오빠'는 있었다. 그리고 누구나 '오빠 신드롬'의 효

시는 자신의 우상인 '오빠'로부터 출발했다고 믿는다. 그 믿음의
바탕에는 자신의 '오빠'를 절대화하고, 자신의 욕망에 사회적 의
미를 부여하는 속성이 깔려 있다. 따라서 '오빠'를 향한 열광은
한 시대의 욕망을 설명하는 키워드다.
— 김소희, <'꽃미남'을 뛰어넘다>에서

위 글에서 필자는 '오빠' 혹은 '오빠 신드롬'에 작은따옴표를 표시
하고 있는데, 이는 자신이 말하고 있는 화제(topic)가 잘 드러나도록
하기 위한 전략적 장치로서, 작은따옴표의 기능 가운데 가장 중요한
기능이다.

그러나 작은따옴표의 쓰임은 여기에서 그치지 않는다. 이를 이해하
기 위해서는 앞글에서 언급했던 큰따옴표(" ")의 쓰임과 대조가 필요하
다. 우선, 다음 예를 보기로 하자.

(2) 호주의 한 교수는 "알코올이나 마약에서 나타나는 물질 남용의
경우처럼 휴대폰을 과다하게 사용하는 사람들은 갖가지 개인적
인 문제로 고통을 받는다."면서 "휴대폰이라는 게 사람들에게 쉽
게 즐거움을 안겨주는 물건이기 때문에 사용하는 사람들이 조심
하지 않으면 담배나 군것질을 끊지 못하는 것처럼 중독될 수 있
다."고 경고했다.
(3) ㄱ. "붐빌 걸 예상은 했지만, '워낙 큰 시설이니 괜찮겠지.'라며
자꾸 긍정적으로 생각하고 싶었다는 게 그날 새벽 집을 나설
때 마음이었다."고 한다.
ㄴ. "그 마누라가 이걸 호떡이라 군밤이라 김이라 먹을 것을 사
다주면서 '나하고 우리 집에 가 살자. 이쁜 옷도 해주고 맛난
밥도 먹고 좋지. 나하고 가자, 가자.'하시니까 이것은 먹기에
미쳐서 대답도 아니 하고 앉았어요."

위 문장들 가운데 (2)에서는 큰따옴표가 쓰이고 있고, (3)에서는 큰따

옴표와 작은따옴표가 둘 다 쓰이고 있다. 일단 (2), (3)에서 큰따옴표는 둘 다 남의 말을 직접 인용하는 데 쓰였다는 공통점을 지니고 있다. 문제는 (3)에서 쓰인 작은따옴표인데, 이는 두 가지 경우로 나뉜다. 즉, (3ㄱ)의 작은따옴표는 '마음속으로 한 말'을 표시하는 데 쓰인 예이고, (3ㄴ)에서는 '인용하는 말 가운데 다시 인용하는 말이 있는 경우'에 작은따옴표를 쓴 예이다.

또한, 큰따옴표와 작은따옴표는 가로쓰기와 세로쓰기에서 각기 다른 형식으로 나타나는데, 세로쓰기의 경우, 겹낫표(『 』)와 낫표(「 」)로 대치된다는 것이 그것이다.

그러나 앞글에서 언급한 것처럼, 오늘날 세로쓰기를 택하는 글쓰기 방식은 점차로 사라져가고, 그 대신 겹낫표는 '저서명'을 표기하는 데, 낫표는 '논문명'을 표기하는 데 쓰는 것이 일반적이다. 그러므로 예컨대, 한글학회가 간행하는 학회지 『한글』에 게재한 논문은 다음과 같은 방식으로 표기된다.

(4) 이현복(1979), 「한글 맞춤법 개정 시안의 문제점」, 『한글』 165호,
    한글학회.

민지의 꽃

정 희 성

강원도 평창군 미탄면 청옥산 기슭
덜렁 집 한 채 짓고 살러 들어간 제자를 찾아갔다
거기서 만들고 거기서 키웠다는
다섯 살 배기 딸 민지
민지가 아침 일찍 눈 비비고 일어나
저보다 큰 물뿌리개를 나한테 들리고
질경이 나싱개 토끼풀 억새……
이런 풀들에게 물을 주며
잘 잤니, 인사를 하는 것이었다
그게 뭔데 거기다 물을 주니?
꽃이야, 하고 민지가 대답했다
그건 잡초야, 라고 말하려던 내 입이 다물어졌다
내 말은 때가 묻어
천지와 귀신을 감동시키지 못하는데
꽃이야, 하는 그 애의 말 한마디가
풀잎의 풋풋한 잠을 흔들어 깨우는 것이었다.

세상에서 가장 빛나는 말은 아이의 말이라고 생각한 적이 있었다. 아이가 처음으로 말을 배워 사물 하나하나에 이름을 붙여 나가던 때, 그로 인하여 더러운 때가 덕지덕지 묻은 물건까지도 반짝반짝 윤이 나 보이고, 비실비실 시들어 가던 것들도 새로이 생명을 얻은 것처럼 싱싱하게 보였었다. 하물며 그것이 꽃일 때에야 두말할 필요가 없었다. 앙증맞은 손가락을 들어 "꽃, 꽃!" 하고 외칠 때면, 하찮은 풀꽃까지도 어여쁜 한 송이 꽃으로 되살아나 그 이름에 걸맞은 향기와 자태를 뽐내었다.

그러므로 '하찮은 풀꽃'이라거나 '잡초'와 같은 관념은 오직 어른들만의 것이라고 할 수 있다. 그 크기를 요리조리 재거나, 쓸모가 있느니 없느니 효용을 따지면서 사물의 존재 이유를 재단하는 일은 아이들의 세계에는 애초에 없는 일이다. 따라서 청옥산 기슭에 살고 있는 다섯 살짜리 민지가 "질경이, 나싱개, 토끼풀, 억새……" 하고 이름을 불러주었을 때, 그들은 비로소 한 송이 꽃이 되어 빛나는 얼굴을 활짝 폈으리라.

'질경이, 나싱개, 토끼풀, 억새' 외에도 세상에 꽃들은 헤아리기조차 어려울 만큼 많은 법. 바로 그러한 때에 우리는 여섯 개의 점을 필요로 한다. 그 여섯 개의 점을 일컬어 '줄임표'라고 하는바, 이번에는 줄임표의 용법에 대해 살펴보고자 한다.

줄임표의 표기

'숨김표(○○, ××)', '빠짐표(□)' 등과 함께 문장부호의 유형 가운데 하나인 '안드러냄표'에 속하는 줄임표(……)는 주로 '할 말을 줄였을 때'나 '말이 없음을 나타낼 때'에 쓴다. 먼저 다음 예를 보기로 하자.

> (1) ㄱ. 산의 용모는 더욱 다기(多岐)하다. 혹은 깎은 듯이 준초(峻峭)하고, 혹은 그린 듯이 온후(溫厚)하고, 혹은 막잡아 빚은 듯이 험상궂고, 혹은 틀에 박은 듯이 단정하고……, 용모, 풍취(風趣)가 형형색색인 품이 이미 범속(凡俗)이 아니다.
> ㄴ. "자넨 어디 출신인가?"
> "……."
> "음, 서울이군."

위 문장들 가운데 (1ㄱ)은 정비석의 <산정무한>에서, (1ㄴ)은 최인훈의 <광장>에서 가져온 것인데, 줄임표의 가장 일반적인 기능 두 가지에 대한 예를 제공하고 있다. 즉, (1ㄱ)은 '해야 할 말을 줄였을 때'에 쓰이는 줄임표의 예이고, (1ㄴ)은 '말이 없음을 나타낼 때'에 쓰이는 줄임표의 예이다. 흔히 줄임표를 '말없음표'라고 부르는 경우가 있는데, 이는 (1ㄴ)의 경우를 두고 하는 말이라고 할 것이다.

이와 같은 일반적인 기능 이외에도 줄임표는 대화상에서 망설임이나 주저함을 표현하는 데 사용되기도 하고, 시와 같은 문학 텍스트에서는 소리의 울림을 효과적으로 표현하기 위해 사용되기도 한다. 다음이 그 예이다.

> (2) ㄱ. 저기…… 저 선생님…… 영어 담당 선생님 맞아?
> ㄴ. 애들이 아버지에 대해서 떠드는 거 싫고요……. 아버지가 윗

사람들한테 굽실거리는 것도 보기 싫고요…….

―진수완, <어느 날 심장이 말했다>에서

  (3) 쟁그랑……

      ……쟁그랑……

      …………쟁그랑……

―복효근, <풍경>에서

위의 예들 가운데 (2)는 줄임표가 대화상의 '망설임'(ㄱ) 혹은 '주저함'(ㄴ)을 나타내는 데 쓰이고 있음을 보여주며, (3)은 처마 끝에 매단 작은 종, 곧 풍경(風磬)이 '쟁그랑 쟁그랑' 하고 울리는 정경을 줄임표로써 보여주는 것이라고 할 것이다.

이와 같은 기능이 있는 줄임표의 점은 앞에서 언급한 대로 여섯 개라는 사실에 주의할 필요가 있다. 따라서 다음과 같이 점 세 개를 찍는 것은 올바른 표기법이 아니라는 점에서 재고를 요한다.

  (4) ㄱ. 거 참, 지금까지 자리를 비운 사람도 없는데…. 잘 생각해 봐!

      ㄴ. 난 배만 몰았디… 그래도 미안하디…

위의 예 가운데 (4ㄱ)은 일반적인 글쓰기에서, (4ㄴ)은 신문의 표제어에서 줄임표를 세 개의 점으로 표기한 예이다. 특히, 신문에서는 줄임표의 점을 세 개로 쓰는 것이 관례인 듯하다. 지면상의 이유 때문이라는 것을 감안한다고 할지라도, 원칙에서 벗어난 것이라는 사실만큼은 알아 두는 것이 좋으리라 생각한다.

아울러 한 가지 더 유의해야 할 것은 만일 줄임표가 문장의 끝에서 쓰인 경우라고 한다면, 줄임표 뒤에 문장의 종지부인 온점(.)을 찍어 주어야 한다는 사실이다. (1ㄴ)이나 (2ㄴ)에서 여섯 개의 줄임표 뒤에 온점을 찍은 것이 그러한 예이다.

제4장

시로 읽는
『표준어 규정』

시로 읽는 국어 정서법

꽃구경

목 필 균

윤중로 벚꽃이
그리 아름다울까
텔레비전에 비친 꽃비 그리워
올지 모르는 손님 작파하고
택시로 날아간 여의도엔
잎새 다 핀 벚나무
몇 잎 매달린 꽃이
자기를 쳐다보더라고

꽃구경도 아무나 하는 것이
아니다
혼자서 콩 튀듯 수십 년 일해도
<u>사글세방</u> 면치 못한 미용사
긴 속눈썹 꽃잎처럼 떤다

산불 번지듯 줄줄이 꽃 소식이 전해지는 봄날에도 우리 사회엔 그 반가운 소식을 외면할 수밖에 없는 사람들이 적지 않다. 절대빈곤의 삶은 지나치게 가혹해서 평생을 가난과 싸워도 거인 골리앗처럼 대적하기 어려운 상대일 수 있는 것이다. 그럼에도 불구하고 마음은 늘 벚꽃 근처에 머물곤 해서, 모든 일을 제쳐두고 겨우겨우 벚꽃나무 아래 다다른 순간, 때는 이미 늦어 마지막 남은 꽃잎 몇 장마저 잎잎이 서러움이요 아픔이 되는 일이 없지 않았을 터, 생각만으로도 가슴이 아려온다.

문제는 그 절대빈곤을 여실히 보여주는 단어가 다름 아닌 '사글세방'이라는 것인데, 이 대목에 이르면 '사글세라고?' 하는 의문 부호를 내세우는 사람들이 적지 않을 것이다. '삭월세(朔月貰)'라는 분명한 어원을 가지고 있는 이 단어가 어떻게 해서 '삭월세' 대신 표준어의 자리를 차지하게 된 것일까? 이번에는 이러한 문제에 대해 살펴보기로 하겠다.

'삭월세'는 '사글세'로

『한글 맞춤법』, 곧 우리말을 한글로 정확하게 표기하기 위한 규범은 "어떤 형태를 표준어로 삼을 것인가?" 하는 문제에 대한 답을 전제로 하고 있다. 이와 같은 맥락에서 현행 『한글 맞춤법』이 공포된 1988년과 때를 같이하여 마련된 또 하나의 언어 규범이 바로 『표준어 규정』이다.

현행 『표준어 규정』의 내용은 크게 두 부분, 곧 제1부 <표준어 사정 원칙>과 제2부 <표준 발음법>으로 이루어져 있다. 이 가운데 제2부의

<표준 발음법>은 우리의 『표준어 규정』 역사상 처음으로 제시된 것이라고 하는 점에서 관심을 가질 만한 것이다.

제1부 <표준어 사정 원칙>은 '총칙·발음 변화에 따른 표준어 규정·어휘 선택의 변화에 따른 표준어 규정' 등 3개의 장으로 이루어져 있는데, 이 가운데 '사글세'의 표기와 관련되는 것이 <제2장 발음 변화에 따른 표준어 규정>이다. 바로 여기에 "어원에서 멀어진 형태로 굳어져서 널리 쓰이는 것은 그것을 표준어로 삼는다."는 제5항의 규정이 제시되어 있다. 이에 따르면, 어원에서 멀어진 형태를 표준어로 삼은 예로는 '사글세' 외에 다음과 같은 형태들이 있다.

(1) ㄱ. 강남콩   → 강낭콩
    ㄴ. 고샅   → 고샷
    ㄷ. 위력성당 → 울력성당

이와 같은 규정에 따르면, 예컨대 '강낭콩'은 그 어원이 중국의 강남 지방에서 들여온 콩이라는 뜻을 지닌 '강남콩'이지만, 이미 어원에 대한 인식이 희박해져 '강낭콩'으로 발음하고 있다는 사실을 감안하여, '강낭콩'이라고 써야 한다.

이러한 원칙은 '고샷'이나 '울력성당'에 대해서도 마찬가지인데, 우선은 이러한 어휘들이 갖는 의미를 실제 문장의 예에서 확인해 보기로 하겠다.

(2) ㄱ. **고샷**'이란 초가지붕을 이을 때에 쓰는 새끼줄을 말하며, 이에는 '속고샷'과 '겉고샷'이 있다.
    ㄴ. 그렇게 **울력성당**으로 밀어붙인다고 해서 될 일이 아니니 돌아가게.

249

위의 문장 가운데 (2ㄱ)에서는 '고샅'의 의미가 그대로 드러난다. 즉, '고샅'이란 우리의 전통적 주거 양식이었던 초가집의 지붕을 일 때 요긴하게 쓰이던 새끼줄을 말하는데, 이 말의 어원은 바로 '고샅'이다. 그리고 (2ㄴ)의 '울력성당'이란 '떼를 지어 으르고 협박하는 일'을 가리키는데, 이 말의 어원은 다름 아닌 한자어 '위력성당(威力成黨)'이다. 어쨌거나 '사글세'를 비롯하여 (1)의 단어들은 어원과는 상당한 거리가 있는 방식으로 발음되는 단어들이라고 할 수 있는바, 표준어 사정 단계에서 그러한 언어 현실이 적극적으로 반영된 것이다.

다만, '고샅'의 어원 '고샅'은 원래 두 가지 의미를 지니고 있었던 단어로, 다음 예문에서 보는 바와 같이, '마을의 좁은 골목길'이라는 의미로 쓰일 때에는 어원적인 형태가 그대로 쓰인다는 사실을 별도로 기억해 둘 필요가 있다.

(3) ㄱ. 큰길을 벗어나 어둠이 가득 괸 고불고불한 고샅으로 들다 보면 순간 무서운 생각이 엄습하곤 했다.
ㄴ. 권대길과 대불이는…큰길을 빠져나가 어둠이 가득 괸 좁장한 고샅으로 휘어들었다.

현행 『표준어 규정』의 총칙에 따르면, 우리의 표준어란 '교양 있는 사람들이 두루 쓰는 현대 서울말'을 가리킨다. 이러한 규정은 표준어를 아는 것, 그리고 그 용법을 정확히 파악하여 사용할 줄 아는 것이 '교양인'이 갖추어야 할 요건임을 암시하고 있다 할 것이다.

메밀꽃

박 성 룡

달밤에 할 일이 없으면
<u>메밀꽃</u>을 보러 간다.
섬돌가 귀뚜라미들이
낡은 고서(古書)들을 꺼내 되읽기 시작할 무렵
달밤에 할 일이 없으면
나는 곧잘 마을 앞 메밀밭의
메밀꽃을 보러 간다.
병든 수숫대의 가슴을 메우는
그 수북한 메밀꽃 물결,
때로는 거기 누워서
울고도 싶은 마음.
아, 때로는 또 그 속에 목을 처박고
허우적거리고 싶은 마음

서늘한 하늬바람의 기운이 뻗치기 시작할 무렵이면, 우리의 눈과 귀는 문득 지난가을에 대한 기억을 더듬게 된다. 맑은 물로 헹군 듯 투명한 햇살 아래에서라면 더욱 희게 빛날 메밀꽃이 그렇고, 토방 밑 섬돌 가에서 목청을 다듬을 쓰르라미, 귀뚜라미가 또한 그러하다.

가을을 타게 만드는 것들, 까닭 없이 서글프고, 까닭 없이 헤매고 싶게 만드는 가을의 소도구들 가운데 메밀꽃을 빼놓지 못하는 것은 아마도 우리에게 이효석의 <메밀꽃 필 무렵>이 있기 때문일 것이다. 봉평에서 대화까지 팔십 리 길, 달빛에 비친 메밀꽃을 뒤로 한 채 왼손잡이 장돌뱅이 허 생원의 사연이 끝없이 펼쳐진다. 물방앗간에서 이루어진 성 서방네 처녀와의 꿈같은 하룻밤, 그리고 우연히 훔쳐본 동이의 왼손…… 그 애절한 운명의 실타래는 소금을 뿌린 듯 흰 메밀꽃과 붉은 대궁처럼 우리의 뇌리 속에 선명하게 각인되어 있는 것이다.

그런데 <메밀꽃 필 무렵>에 등장하는 '메밀'은 국어의 발달 과정에서 오랫동안 '모밀'로 쓰였던 어휘라는 점에서 주의를 요한다. 즉, '메밀'은 '모밀 > 메밀'의 변화 과정을 통해 표준어의 신분을 얻게 된 형태인바, 국어의 어휘 체계 안에서 고어(古語)와 신어(新語)의 관계를 맺고 있는 몇몇 어휘들과 관련된 표기 문제에 대해서도 관심을 가져야 할 필요가 있다.

'모밀'은 '메밀'의 고어

'모밀'이 우리의 옛 문헌에 출현하는 모습은 멀리 조선조의 중종 때까지 거슬러 올라간다. 중종 때의 어학자였던 최세진이 저술한 중국 운서 『사성통해(四聲通解)』에 "모밀 : 蕎麥"이라는 기록이 등장하는 것이다. 그렇다면 '모밀'이 '메밀'로 재구조화되어 표준어의 자리를 차지하게 된 데는 어떠한 언어 변화가 개입되어 있을까? 다음을 보자.

> (1) 기저형(underlying form)　　　모밀
> 　　움라우트(umlaut)　　　　　　뫼밀
> 　　비원순모음화(unrounding)　　메밀

이러한 도출 과정에서 알 수 있듯이, '모밀'은 움라우트, 곧 / ㅣ / 모음 역행동화에 의해 '뫼밀'로 바뀌었다가, '뫼'의 모음 [외]가 비원순모음화를 수행함으로써 '메밀'로 변화한 것이다. 이러한 변화와 관련, 우리의 기억 속에는 보수형인 '모밀'과 개신형인 '메밀'이 공존하게 됨으로써, 오늘날에도 '모밀국수' 같은 형태가 쓰이기도 한다. 그러나 '모밀'은 표준어가 아니다. 따라서 '모밀국수'는 '메밀국수'로 바로잡아야 한다.

현행 『표준어 규정』에서 일정한 언어 변화를 수행한 결과를 표준어로 채택한 사례는 그 밖에도 상당수가 있는데, 눈에 띄는 몇 가지를 제시하면 다음과 같다.

> (2) ㄱ. *삭월세(朔月貰) → 사글세, *미류나무(美柳나무) → 미루나무
> 　　ㄴ. *깡총깡총 → 깡충깡충
> 　　ㄷ. *상치 → 상추
> 　　ㄹ. *또아리 → 똬리, *무우 → 무, *소리개 → 솔개

(3) ㄱ. *오얏→자두
    ㄴ. *머귀나무→오동나무

(2)의 예는 주로 모음의 변화라는 음성학적 요인에 의해, (3)의 예들은 새로운 형태의 대체에 의해 고어와 신어의 관계를 맺고 있는 어휘의 표준어 사정이 어떻게 이루어졌는가를 보여주는 것들이다.

흥미 있는 것은 (3ㄱ)의 '오얏'이 '자두'로 대체된 것인데, 과일의 이름으로는 '오얏' 대신 신어인 '자두'가 쓰이지만, 우리나라 성씨 가운데 하나인 '이씨'의 '이(李)'는 그 새김이 아직도 '오얏'으로 쓰이고 있다는 점이다. 성씨의 새김에 대해서만큼은 이전의 고어가 그대로 유지되고 있다는 점에서 흥미롭다.

이러한 사실과 관련, 이른바 군자(君子)가 걸어야 할 길을 제시하고 있는 다음 문장에서의 '이(李)' 역시 한때는 '오얏나무'로 번역되다가 오늘날에는 '자두나무'로 번역되고 있음도 (3ㄱ)의 변화 때문이라는 것도 알아둘 필요가 있다.

(4) 李下不整冠(이하부정관) : 자두나무 밑에서 갓을 고쳐 쓰면 도둑으로 오인되기 쉬우니 자두나무 아래서는 갓을 고쳐 쓰지 말라.

내 마음의 소쩍새

김 경 윤

　내 어릴 적 고향집 뒷산에는 숲으로 향하는 오롯한 샛길이 있었는데요 그 샛길을 오르다 보면 옛날 옛적에 절터였다고 전해오는 허물어진 돌담 옆 키 작은 물푸레나무 아래 사철 마르지 않는 향맑은 옹달샘이 하나 있었지요 절샘이라 부르는 그 샘가에는 새벽마다 찾아와 시린 물에 목젖을 씻는 부리 고운 소쩍새 한 마리 살고 있었는데요 배고픈 봄날이면 소쩍소쩍 제 이름을 부르며 우는 그 새의 울음소리가 하도나 서글퍼서 어른들은 방정맞은 새라고 혀를 끌끌 차기도 했는데요 구슬픈 육자배기 가락으로 그 새가 우는 아침이면 굴뚝마다 청솔가지 매운 연기 피어나는 산마을 우리 집 마당가 텃밭에 핀 하이얀 콩꽃에도 아롱아롱 눈물 맺히는 것이었지요.

　그런데, 하 세월이 지난 지금도 봄날이 되면
　내 어린 날 고향집 뒷산에서 울던 그 방정맞은 소쩍새가
　여즉도 내 마음의 샛길 어딘가에 살고 있어
　새벽이슬 털며 학교에 가던 들길 풀섶에 **또아리** 틀고 앉아
　붉은 혓바닥 날름대던 꽃배암처럼 살고 있어
　내 詩의 가락을 휘감고 적시는 것이지요.

아득한 옛날, 오로지 상상력에 기대어 만들어진 이야기들이 오늘날까지도 그 힘을 발휘하여 우리의 사고(思考)의 원형을 이루는 경우가 많다. 그러므로 전설이란 영원히 꺼지지 않는 불꽃과도 같은 법, 그와 같은 불꽃 가운데 살고 있는 새가 바로 소쩍새이다.

중국에서는 소쩍새를 촉나라 망제(望帝)의 원혼이 깃들인 것으로 본다. 별령(鱉靈)이라는 신하가 치수(治水)를 위해 떠난 사이 그의 아내를 유혹하여 취하였던 망제는, 그가 돌아오자 자신의 행위를 부끄럽게 여겨 왕위를 벗어 던진 후 서산(西山)에 들어가 살게 된다. 그 후 망제는 한 마리 새가 되어 구슬픈 울음을 토하게 되었는바, 사람들은 그것이 망제의 넋이 흘리는 회한의 눈물이라고 보았다.

우리에게 있어 소쩍새는 시어머니에게 구박당하는 며느리의 원혼으로 등장하는 것이 일반적이다. 며느리를 미워한 시어머니가 밥을 지을 때마다 식구 수보다 적게 쌀을 내 주어 결국엔 며느리가 굶어 죽었는데, 그 며느리의 슬픈 영혼이 소쩍새가 되었다는 것이다.

망제의 원혼이든, 죽은 며느리의 가엾은 영혼이든 봄밤에 우는 소쩍새의 울음은 듣는 이들의 심장 속에 마치 비수처럼 들어와 박힌다. 그것은 오랫동안 잊혀졌던 슬픔이었으나, 한순간에 되살아나 걷잡을 수 없는 강물이 되고 만다. 그런데 만일 그 걷잡을 수 없는 슬픔의 강물이 우리들의 가슴속에 꽃뱀처럼 '또아리'를 틀고 앉아 있었던 바로 그 소쩍새 때문이었노라고 한다면, 이야기가 좀 달라져야 한다.

'또아리'는 '똬리'로

현행 『표준어 규정』에서 '또아리'는 이제 표준어의 지위를 잃은 옛말이 되고 말았다. 이것이 무슨 말인가를 좀 더 차분하게 말하자면, '또아리'는 오랜 세월이 흐르면서 표준어의 지위를 잃고 '똬리'라는 준말이 그 자리를 차지하게 된 것이다. 이와 같은 유형에 속하는 국어 어휘의 예로는 다음과 같은 것들이 있다.

> (1) ㄱ. *무우 > 무
>   ㄴ. *새앙쥐 > 생쥐
>   ㄷ. *소리개 > 솔개
>   ㄹ. *배암 > 뱀

위 어휘 항목들에서 본말인 '무우', '새앙쥐', '소리개', '배암' 등은 한때 표준어로서의 지위를 가지고 있었으나, 현행 『표준어 규정』 제14항에서 이와 같은 본말 대신 준말형인 '무', '생쥐', '솔개', '뱀'만을 표준어로 삼기로 하였다. '똬리' 또한 이러한 유형에 속한다. 따라서 다음 예에서 보는 것처럼 '또아리'를 쓰고 있는 문장들은 『표준어 규정』에 어긋나는 것들이다.

> (2) ㄱ. '경제 따로, 안보 따로' 움직이는 복잡한 이중 구조가 국제
>   관계의 저변에 *또아리를 틀고 있다.
>   ㄴ. 요새 쏟아지는 정책들은 우리 사회의 음습한 곳에 *또아리를
>   틀고 있는 실체 없는 적을 잡기 위해 내놓은 대책들치고는
>   너무나 단순하고 자극적일 뿐이다.

한편, 다음 어휘 항목들은 준말은 물론이거니와 본말까지도 표준어로

인정됨으로써, 결과적으로 복수 표준어 체계를 형성하는 형태들이다.

> (3) ㄱ. 거짓부리~거짓불
>   ㄴ. 노을~놀
>   ㄷ. 석새삼베~석새베
>   ㄹ. 찌꺼기~찌끼
>   ㅁ. 오누이~오뉘~오누
>   ㅂ. 시누이~시뉘~시누
> (4) ㄱ. 외우다~외다
>   ㄴ. 머무르다~머물다, 서두르다~서둘다, 서투르다~서툴다

위 예들에서 (3)은 명사의 예이고 (4)는 동사의 예이다. 여기에서 보듯이, 상당수 어휘들이 본말과 준말의 관계를 맺고 있으며, 이들이 모두 표준어의 자격을 가지고 있음을 알 수 있다. 특히, (3)의 명사들 가운데 '오누이'와 '시누이'는 '오누이~오뉘~오누', '시누이~시뉘~시누'의 형식으로 각각 두 종류의 준말이 가능하므로, 결과적으로 세 가지 형태가 모두 표준어의 신분을 가지고 있음에 유의할 필요가 있다.

그런데 (4ㄱ)의 '외우다~외다'와 (4ㄴ)의 '머무르다~머물다', '서두르다~서둘다', '서투르다~서툴다'의 예들은 활용 방식에 차이를 보인다는 점에서 주의를 요한다. 즉, 전자가 모든 활용형에서 준말 형태가 가능한 반면, 후자는 자음 어미 앞에서는 준말형이 가능하지만, 모음 어미 앞에서는 그렇지 않은 것이다. 다음이 그 예이다.

> (5) ㄱ. 학문을 하여도 책이나 **외우고** 글이나 잘 짓는 것보다는 실지로
>   실행하는 것을 소중히 여겼다. (본말)
>   ㄱ'. 학문을 하여도 책이나 **외고** 글이나 잘 짓는 것보다는 실지로
>   실행하는 것을 소중히 여겼다. (준말)
>   ㄴ. 그럴수록 그는 "나는 할 수 있다."는 주문을 더 자주 **외웠다**. (본말)

ㄴ'. 그럴수록 그는 "나는 할 수 있다."는 주문을 더 자주 <u>**외었다.**</u> (준말)

(6) ㄱ. 양 진사는 출타 준비를 <u>서두르고</u> 있는 참이었다. (본말)

ㄱ'. 양 진사는 출타 준비를 <u>서둘고</u> 있는 참이었다. (준말)

ㄴ. 국민은행은 이러한 일각의 의혹을 전면 부인하면서 외환은행 인수를 <u>서둘렀다.</u> (본말)

ㄴ'. 국민은행은 이러한 일각의 의혹을 전면 부인하면서 외환은행 인수를 *<u>서둘었다.</u> (준말 ×)

요컨대, '외우다'는 모음 어미 앞에서 '외우-'(본말형), '외-'(준말형)가 다 쓰일 수 있다. 그러나 '서두르다'는 '서두르-'(본말형)는 쓰일 수 있지만, '서둘-'(준말형)은 쓰이지 못한다.

아지랭이

윤 곤 강

머언 들에서
부르는 소리
들리는 듯

못 견디게 고운 아지랭이 속으로
달려도
달려가도
소리의 임자는 없고

또 다시
나를 부르는 소리,
머얼리서
더 머얼리서
들릴 듯 들리는 듯……

지금은 남의 땅—빼앗긴 들에도 봄은 오는가?
나는 온몸에 햇살을 받고
푸른 하늘 푸른 들이 맞붙은 곳으로
가르마 같은 논길을 따라 꿈속을 가듯 걸어만 간다.

이상화의 시 <빼앗긴 들에도 봄은 오는가>는 이렇게 시작된다. 일제치하, 주권을 잃은 백성으로서의 슬픔과 절망 속에서도 봄이 오는 기쁨만큼은 숨기기가 어려웠으니, 오늘의 우리에게야 봄은 그저 그립고 반가운 계절일 수밖에 없을 것이다.

그때에, 온몸에 햇살을 받으며 가르마 같은 논길을 따라 꿈속을 가듯 걸어만 갈 때에, 우리가 만날 수 있는 것은 무엇일까? 그것은 바로 저 먼 들에서 우리를 부르는 '아지랑이'일 가능성이 높다. 신기루와도 같은 것, 먼 곳에서만 아른거릴 뿐 잡으려면 형체도 없이 사라져 버리는 '아지랑이'. 그것은 못 견디게 고운 것이어서 그저 꿈처럼, 환청처럼 실체가 없는 것인지도 모른다.

시로 읽는 『표준어 규정』 4 —움라우트와 표준어(1)
'아지랭이'는 '아지랑이'로

문제는 '아지랑이'가 아니라 '아지랭이'로 등장한 시어의 실체이다. 이는 표준어가 아닌 비표준어임에도 불구하고 왜 그처럼 자주 시어(詩語)로 혹은 우리들의 일상어로 등장하는 것일까?

우선, '아지랑이'와 '아지랭이'의 관계부터 밝히자면, 후자인 '아지랭

이’는 움라우트(umlaut), 곧 ‘/이/ 모음 역행동화’에 의해 ‘아지랑이’의
‘랑’이 ‘랭’으로 변화한 것이다. 물론, 이 경우 변화를 수행한 것은 모음
으로, /아/가 /애/로 바뀌었다. 그렇다면, 움라우트란 무엇이며, 그러한
모음 변화를 우리의 『한글 맞춤법』 혹은 『표준어 규정』에서는 어떻게
반영하고 있을까? 이 글에서는 바로 이러한 문제에 관심을 갖기로 한
다. 먼저 다음 예들을 보기로 하자.

    (1) ㄱ. 아기 → 애기 : **애기**야, 가자.
         ㄴ. 어미 → 에미 : **에미**도 없이 혼자서 고생이 많았겠구나.
         ㄷ. 고기 → 괴기 : 요새는 별로 **괴기**가 안 잡힙디다.
         ㄹ. 죽이다 → 쥑이다 : 짐승을 그렇게 함부로 **쥑이면** 벌받는다.
         ㅁ. 끓이다 → 낋이다 : 죽이라도 한 그릇 **낋에서** 갖다 줄라고 그
            랬는디…….

위의 예를 통해 우리는 /아, 어, 오, 우, 으/와 같은 모음들이 각각 /애,
에, 외, 위, 이/로 바뀌었음을 알 수 있다. 이러한 변화가 일어나는 이유
는 무엇일까? 이는 한 마디로 ‘어떤 소리가 다른 소리를 닮아서 비슷해
지는 현상’, 곧 동화(同化)에 의한 것이다.

이와 같은 현상을 좀 더 쉽게 이해하려면, (1)의 예에 나타나는 모음
들이 어떻게 만들어지는가를 알 필요가 있다. ‘아기’, ‘어미’, ‘고기’, ‘죽
이다’, ‘끓이다’를 보면, 첫 번째 음절의 모음은 /아, 어, 오, 우, 으/이고,
두 번째 음절의 모음은 모두 /이/임을 알 수 있다. 그런데 /아, 어, 오,
우, 으/는 소위 후설모음(後舌母音)으로, 입안에서 소리를 만들 때 혀를
뒤쪽으로 잡아당김으로써 만드는 소리이고, /이/는 전설모음(前舌母音),
즉 혀를 앞으로 뻗음으로써 만드는 소리이다. 동화(同化)는 바로 여기에
서 이루어진다. 두 번째 음절의 /이/가 자신이 지니고 있는 [전설성]을

그 앞에 오는 후설모음에 확산시킴으로써, 후설모음 /아, 어, 오, 우, 으/
가 전설모음 /애, 에, 외, 위, 이/로 변화하게 된 결과, '애기', '에미', '괴
기', '쥑이다', '찛이다' 등의 형태가 나타난 것이다. 이와 같이, 뒤에 오
는 말소리 때문에 그 앞에 오는 말소리가 변화되는 현상을 가리켜 역행
동화(逆行同化)라고 한다.

　이러한 역행동화 현상은 '후설모음→전설모음' 순서로 발음해야 하
는 것을 '전설모음→전설모음'의 순서로 발음하도록 함으로써, 혀가
뒤에서 앞으로 부지런히 움직여야 하는 수고를 덜어주는바, 이는 될 수
있는 한 힘을 덜 들이려고 하는 '노력 경제의 원칙'에 의해 생겨난 자
연스러운 음성 변화이다.

　그럼에도 불구하고, 현행『표준어 규정』에서는 움라우트에 의해 실
현된 형태들을 대부분 표준어로 인정하지 않는다. 따라서 (1)의 '애기',
'에미', '괴기', '쥑이-', '찛이-'는 모두 표준어가 아닌 비표준어에 속한
다. '아지랭이'를 '아지랑이'라고 적어야 하는 까닭도 바로 이것 때문이
다. 다만, '멋쟁이', '담쟁이', '풋내기' 등처럼 움라우트가 적용된 형태
를 표준어로 삼고 있는 예들도 없지는 않은데, 이에 대해서는 뒤에서
다루기로 한다.

담쟁이

도 종 환

저것은 벽
어쩔 수 없는 벽이라고 우리가 느낄 때
그때
담쟁이는 말없이 그 벽을 오른다
물 한 방울 없고 씨앗 한 톨 살아남을 수 없는
저것은 절망의 벽이라고 말할 때
담쟁이는 서두르지 않고 앞으로 나아간다
한 뼘이라도 꼭 여럿이 함께 손을 잡고 올라간다
푸르게 절망을 다 덮을 때까지
바로 그 절망을 잡고 놓지 않는다
저것은 넘을 수 없는 벽이라고 고개를 떨구고 있을 때
담쟁이잎 하나는 담쟁이잎 수천 개를 이끌고
결국 그 벽을 넘는다.

거친 돌담과 바위, 메마른 시멘트벽을 가리지 않고 여린 손바닥을 내밀어 까마득히 높은 곳을 향하여 부지런히 기어오르던 것, 그것은 바로 담쟁이였다. 그것도 혼자가 아니라 여럿이, 손에 손을 잡고 벽을 넘어서던 푸른 잎들의 끝없는 행진. 더운 여름날일수록 담쟁이는 푸른 잎사귀를 반짝이며 행진을 멈추지 않는다. 절망 앞에 절대로 무릎 꿇지 않는 끈질긴 생명력, 그러므로 담쟁이는 상하고 지친 영혼들에게 어서 오라며 손짓하는 싱싱한 푯대인 셈이다.

'–장이', '–쟁이'의 구별

이 '담쟁이'의 어원은 흥미롭게도 '담장이'이다. 따라서 오늘날 쓰이고 있는 '담쟁이'는 '담장이 > 담쟁이'의 변화를 겪은 것이다. 여기에서 확인되는 '–장이 > –쟁이'의 변화는 앞글에서 언급한 움라우트, 곧 /이/ 모음 역행동화의 결과이다.

그런데 국어의 어휘들 가운데는 단어를 구성하는 요소로서 아직 '–장이'의 형태를 유지하고 있는 것과, 이것의 움라우트형인 '–쟁이'를 가지고 있는 것이 대립하고 있는데, 우선 그러한 단어의 예를 제시하면 다음과 같다.

> (1) ㄱ. 간판장이, 갓장이, 대장장이, 땜장이, 미장이, 양복장이, 옹기장이, 유기장이 등.
>
> ㄴ. 거짓말쟁이, 겁쟁이, 고집쟁이, 떼쟁이, 멋쟁이, 무식쟁이, 심술쟁이, 허풍쟁이 등.

이와 같이, 국어의 어휘 체계 안에서는 단어를 구성하는 성분, 곧 접미사(suffix)로서 '-장이'와 '-쟁이'를 엄밀하게 구별하고 있다. 흥미 있는 것은 '-장이'와 '-쟁이'는 움라우트의 실현 여부라는 음운론적 차이 외에도 의미 차이까지 지닌다는 점이다.

국립국어원에서 간행한 『표준국어대사전』의 정의를 빌리면, '-장이'와 '-쟁이'는 다음과 같은 의미 차이를 보인다.

> (2) ㄱ. -장이 : 일부 명사 뒤에 붙어 '그것과 관련된 기술을 가진 사람'의 뜻을 더함.
> ㄴ. -쟁이 : 일부 명사 뒤에 붙어 '그것이 나타내는 속성을 많이 가진 사람'의 뜻을 더함.

이와 같은 사전적 정의를 통해 알 수 있듯이, '-장이'는 '일정한 기술을 가진 사람'을 뜻하고, '-쟁이'는 '일정한 속성을 많이 지닌 사람'을 뜻한다. 그러나 이러한 사전적 의미에 기대어 '담쟁이'를 보면, '담쟁이'는 사람이 아니라는 점에서 '-쟁이'의 쓰임에 대한 의미적 확대가 이루어져 있음을 발견하게 된다. 말하자면, '담쟁이'는 주로 '담에 붙어사는 속성을 지닌 식물'이라는 의미를 지닌 것으로 볼 수 있다. '소금기 많은 물에서 주로 사는 곤충'을 일컬어 '소금쟁이'라고 하는 것도 그러한 맥락에서일 것이다.

또한, '-쟁이'는 (2ㄴ)과 같은 의미 외에, '일부 직종을 나타내는 말에 붙어 그러한 사람을 낮잡아 부르는 말'로 쓰이기도 하는데 다음이 그 예이다.

> (3) 관상쟁이, 요술쟁이, 점쟁이, 침쟁이, 풍각쟁이, 환쟁이 등.

위의 어휘들은 (2ㄱ)의 어휘들과 마찬가지로 어떤 기술을 가진 사람임에 틀림이 없되, '비존대(disrespect)'의 의미를 담고 있다는 데 유의할 필요가 있다. 오늘날에는 자주 쓰는 단어가 아니지만, '갓'을 쓰던 시대에 '갓을 만들어 팔거나 고치는 기술을 가진 사람'을 가리켜 '갓장이'라고 부르고, 갓을 쓴 사람을 낮잡아 부를 때에는 '갓쟁이'라고 한 것도 바로 그러한 사실과 관련이 있다.

앞글에서 필자는 움라우트라는 음운 현상이 언어음을 발음하는 과정에서 가능한 한 힘을 덜 들이려고 하는 '노력 경제의 원칙'에 의해 생겨난 자연스러운 음성 변화임에도 불구하고, 실제 표기에서는 움라우트를 거의 반영하지 않는다는 사실을 지적하였다. 그러나 그러한 사실에는 예외가 있으니 '-장이'와 '-쟁이'의 구별이 그에 해당하는 것이다. 이외에도 '풋내기', '새내기', '신출내기', '서울내기', '여간내기' 등의 '-내기'도 어원상으로는 '-나기 > -내기'의 변화를 반영한 것이라는 점을 알아둘 필요가 있다.

그리운 도깨비

문 정 희

대나무 숲 속에 슬쩍 앉혀 지은
우리 집 황토 측간에는
밤이 아니라도
뿔 돋은 도깨비가 살고 있어
어린 날, 측간에 갈 때는
두 손으로 등불 들고 어머니가 따라갔지
엄마는 망을 보고
나는 치마를 올리고 측간에 앉아 있으면
대나무 숲에 사는 새들 속살거리고
총총한 별들 키득거렸지
작은 옹기만 한 내 뒤를
엄마가 쑥 잎으로 닦아줄 때면
쑥 향기 사방에 퍼져
으스스한 측간 도깨비들 꼼짝 못하던
시골 공주의 행차
대나무 숲 속 작은 황토 궁전에
하루에도 두어 번
이런 소름 돋게 아름다운 행차가 있었지

초등학교 1학년 때, 나이가 지긋했던 담임선생님께선 비 오는 날이면 곧잘 이야기보따리를 풀어 놓곤 하셨다. 이야기의 소재는 대부분 도깨비이거나 귀신들이어서, 일고여덟 살밖에 되지 않은 조무래기들은 금방이라도 그들에게 붙들리게 될 것처럼 파랗게 질려 입을 다물지 못했다. 그 수많은 이야기들 가운데 압권은 측간에는 귀신이 살고 있어서 볼일을 보고 나면 불쑥 손을 내밀며 "내가 닦아줄까?"라고 묻는다는 것이었다.

그날 이후, 안채로부터 멀리 떨어져 있던, 더구나 늘 사방을 분간하기도 어려울 만큼 농밀한 어둠으로 꽉 차 있던 측간을 다녀와야 하는 일은 어린 내게 무시무시한 공포 그 자체였다. '만일 저 아래서 무슨 목소리가 들려오면 어떻게 하나?' 하는 무섬증에 사로잡히는 순간, 뒤도 닦지 못한 채 '걸음아 나 살려라!' 하고 도망쳐 나오는 일이 허다하였고, 고무신 한 짝이 벗겨져 풍덩 하고 빠져 버리는 일도 적지 않았다.

그랬으므로, 만일 거기에 등불을 든 어머니가 귀신이 꼼짝 못하도록 진한 향기를 품은 쑥을 한 움큼 들고 계실 수만 있다면, 그날은 그야말로 여유 만만한 시골 공주가 될 수 있었으리라. 대숲에서 속살거리는 새들의 음성이며, 밤하늘에 총총히 박힌 별들의 키들거림까지 놓치지 않고 들을 수 있는…….

문제는 그 '측간'을 아무도 '측간'이라고 부르지 않았다는 것이다. 할머니도, 어머니도, 그리고 동네 사람들 모두가 '측간' 대신 '칙간'이라고 불렀으므로, 우리에게 공포의 대상이 될 수 있었던 곳은 오직 하나 '칙간'뿐이었다. 그러기에 변소도, 화장실도, W.C.도 아닌 곳, 추억은 오로지 '칙간'에만 있을 수 있다고 믿는 사람들이 적지 않으리라.

음운 규칙과 언어 규범의 거리

'측간(厠間)'이라는 한자어는 어떻게 해서 '칙간'이 될 수 있었을까? 이를 이해하기 위해서는 다음 문장의 예들을 함께 살펴볼 필요가 있다.

> (1) ㄱ. 돈 좀 벌었다고 <u>*으시대는</u> 꼴이라니.
> ㄴ. '<u>*으시시하다</u>'는 사전에서 '<u>으스스하다</u>'의 잘못이라고 풀이하고 있다.
> ㄷ. 메이크업도 거의 하지 않고 머리도 <u>*부시시하게</u> 촬영장에 나갔죠.
> ㄹ. 맨발에 닿던 나락의 <u>*까실까실한</u> 감촉이, 발가락 사이로 빠져나가던 간질거림이 고스란히 화석이 되어 있었나 보다.
> ㅁ. <u>*배실배실</u> 일을 배돌면 귀 아픈 욕과 손가락질밖에 남을 것이 없다.
> ㅂ. 아무리 잘 나가는 <u>*비지니스</u>라도 단번에 집어치우고 잠적하고 싶을 때가 있다.

여기에 쓰인 '*<u>으시대는</u>', '*<u>으시시하다</u>', '*<u>부시시하게</u>', '*<u>까실까실한</u>', '*<u>배실배실</u>', '*<u>비지니스</u>'는 현행 『표준어 규정』에 비추어 볼 때, 모두 표준어가 아니다. 따라서 (1)의 단어들은 모두 '<u>으스대는</u>', '<u>으스스하다</u>', '부스스하게', '까슬까슬한', '배슬배슬', '비즈니스(business)'로 표기해야 한다.

이러한 사실에도 불구하고 '칙간'을 비롯한 비표준형들이 좀 더 친숙하게 받아들여지는 이유는 무엇일까? 여기에는 전설모음화(fronting)라는 국어의 자연스러운 음운 규칙(phonological rule)이 개입되어 있기 때문이다. 다음을 보자.

(2) ㄱ. 측간   → 칙간
    ㄴ. 으스대는   → 으시대는
    ㄷ. 으스스하다 → 으시시하다
    ㄹ. 부스스하게 → 부시시하게
    ㅁ. 까슬까슬한 → 까실까실한
    ㅂ. 배슬배슬   → 배실배실
    ㅅ. 비즈니스   → 비지니스

(2)의 예들을 자세히 검토해 보면, 이들은 결국 '스', '즈', '츠'가 '시', '지', '치'로 변화한 것인데, 이러한 변화를 일컬어 전설모음화라고 한다. 이는 국어의 자음 /ㅅ, ㅈ, ㅊ/가 혀의 전설면의 작용에 의해 발음되는 전설성([-back]) 자음들이어서 뒤에 오는 후설모음 /ㅡ/를 전설모음 [ㅣ]로 동화시킨 결과 나타나는 현상이다.

이러한 현상은 동화(assimilation)에 의한 자연스러운 음성 변화로서, 역사적으로 예컨대, '아촘 > 아츰 > 아침', 혹은 '금슬(琴瑟) > 금실'과 같은 어휘의 변화에 작용하였다. 이러한 사실에도 불구하고, 경우에 따라서는 표준어로 채택되지 못하여 비표준어의 신분을 갖고 있는 경우가 있는데, (1)의 예들이 바로 그러한 예에 속한다.

그러나 우리의 정서는 때로 비표준적 어휘에 긍정적으로 반응함으로써 유년시절을 추억케 하는 경우도 많다. '칙간'이 대표적인 예라고 할 것이다

하얀 조가비

강 동 길

고동을 불어 본다 하얀 조가비
먼 바닷물 소리가 다시 그리워

노을 진 수평선에 돛단배 하나
루루루 하얀 조가비 꽃 빛 물든다

귓가에 대어 본다 하얀 조가비
옛 친구 노래 소리가 다시 그리워

황혼의 모래밭에 그림자 한 쌍
루루루 하얀 조가비 꿈에 잠긴다

루루루 하얀 조가비 꽃 빛 물든다

아마도 진정으로 아름다웠었노라고 고백하고 싶은 젊은 날의 추억은 대부분 바닷가에 묻혀 있다고 하여도 틀린 말이 아닐 것이다. 그리하여 우리는 '해당화가 곱게 핀 바닷가에서 나 혼자 걷노라면……' 하는 식의 동요에서부터 '바닷가의 모래알처럼 수많은 사람 중에 만난 그 사람……' 등등의 가요에 이르기까지 바닷가를 배경으로 하는 노래를 즐겨 부른다. 그러한 유형의 노래로 또 한 가지를 들라 하면, 아마도 <하얀 조가비>를 빼놓을 수 없을 것이다.

통기타와 대중가요로 대변되는 1970년대 청년문화의 기수로 활약하였던 박인희 씨의 맑은 목소리를 통해 울려 퍼지던 <하얀 조가비>는 30여 년이 흐른 지금에 이르러서도 많은 이들의 사랑을 받고 있다. 그것은 먼 바닷물 소리에 대한, 또는 노을 진 수평선과 황혼의 모래밭에 대한 영원한 그리움 때문인지도 모른다.

그러나 흐르는 세월은 다시 불어보고 싶은, 혹은 귓가에 대어보고 싶은 '고동', 곧 '하얀 조가비'를 그대로 내버려두지 않았다. '고동'은 이제 표준어로서의 자격을 잃고 '고둥'에게 그 자리를 물려주었다. 이와 같은 변화는 '오 > 우', 곧 후설(後舌)의 위치에서 수행된 수직적인 모음 상승(vowel raising)에 의한 것인바, 이 글에서는 이러한 현상과 관련되는 표기 규범에 대해 설명하고자 한다.

'고둥'과 '고동'의 구별

'고동 > 고둥'의 예에서 보듯이, 후설의 위치에서 수행된 수직적인 모음 상승, 곧 '오 > 우' 변화는 18세기 후기 국어에서부터 현대국어에 이르기까지 계속해서 진행되고 있는 생산적인 음운 변화이다. 다음을 보자.

> (1) ㄱ. 나모 > 나무, 얼골 > 얼굴, 오좀 > 오줌, 하로 > 하루,
>   모도 > 모두, 자조 > 자주 등.
>   ㄴ. 깡총깡총 > 깡충깡충, 막동이 > 막둥이, 오똑이 > 오뚝이,
>   오손도손 > 오순도순, 주촛돌 > 주춧돌 등.

위의 예 가운데 (1ㄱ)은 1933년에 이루어진 『한글 마춤법 통일안』에서, (1ㄴ)은 현행 『표준어 규정』에서 '오 > 우' 변화를 수행한 형태가 표준어로 채택된 것들이다. 이와 같은 원칙에 의해 토끼의 움직임을 묘사하는 단어로 사용되어 온 '깡총깡총' 역시 '깡충깡충'으로 자리를 잡았다.

그런데 '고동 > 고둥'의 변화를 수행한 '고둥'이란 "소라나 우렁이 등 연체동물 복족강(腹足綱, gastropoda)에 속하는 조개의 총칭"으로, 대개 말려 있는 껍데기를 가지는 종류에 한정된다는 사실에 주목할 필요가 있다. 그러니까 한자어로서의 '고동(鼓動)'은 아직도 표준어로서의 신분을 잃지 않고 있는 것이다. 다음이 그 예이다.

> (2) ㄱ. 저 아래는 어디일까, <u>뱃고동</u>이 올라오는 저곳은.
>   ㄴ. 음악 속에 들리는 북 소리는 심장의 <u>고동</u> 소리처럼 다가온다.

위의 예를 통하여 알 수 있듯이, '고동 > 고둥'의 변화는 고유어의 범주에서만 수행되었을 뿐, 한자어의 경우는 여전히 '고동'의 형태를 유지하고 있다. 이러한 사실은 일정한 음성 변화가 어휘 범주에 따라 차이가 있을 수 있음을 시사하는 것이다.

한편, '오 > 우' 변화가 지니는 생산성에 힘입어 이미 언어 변화를 수행하였음에도 불구하고, 여전히 표준어로서의 신분을 얻지 못하고 있는 단어의 예들도 상당수 발견되는데, 다음이 그 예이다.

> (3) ㄱ. *<u>삼춘</u>(<삼촌), *<u>부주</u>(<부조), *<u>사둔</u>(<사돈), *<u>사춘</u>(<사촌) 등.
> ㄴ. 그땐 자동차가 없으니까 *<u>별루</u>(<별로)
> ㄷ. 그럼 다음에 *<u>보자구</u>(<보자고)

(3ㄱ)은 대부분의 국어 방언들에서, (3ㄴ)과 (3ㄷ)은 주로 서울말에서 활발하게 이루어지고 있는 '오 > 우' 변화의 예들이다. 그러나 이러한 예들은 적어도 규범적인 문어에서는 여전히 표준어가 아니다. 따라서 오늘날 *'별루', *'보자구' 하는 식의 발음이 상당히 보편화되고 있음에도 불구하고, 보수적인 언어 규범은 아직 이를 수용하지 않고 있다.

장날

정 소 슬

무 배추 이고
엄마 사라지던
동구 앞까지 나가
서로 자리 다투며
기다리는 날

꽃신 꼬까옷
이고 올
밤하늘에도
총총(叢叢)
발 비좁은 장날이었네.

장날이면 아이들은 동구 밖까지 나가 엄마를 마중하는 일을 조금도 게을리 하지 않았다. 그것은 생각만 해도 마냥 신이 나는 일이었다. 낼모레는 추석이고, 또 두 밤만 자고 나면 그렇게도 간절히 기다리던 설날인 때, 장에 가신 엄마는 명절을 쇠는 데 필요한 제찬 외에도 신발이며 옷 한 벌씩을 따로 장만해 가지고 돌아오셨다.

그리하여 거무튀튀한 빛깔의 고무신 대신 고운 무늬가 색색으로 박힌 운동화가 건네어 지거나, 칼라와 소매에 포근한 토끼털이 달린 외투가 꿈처럼 주어지게 되는 날, 그 장날에 엄마를 기다리는 일이라면 해가 지고 깜깜해져서 이윽고는 밤하늘에 별이 총총 돋는 그 시각까지도 전혀 지루한 줄 몰랐다.

설빔 혹은 추석빔이라는 이름으로 주어지던 '꼬까신'과 '꼬까옷'에 대한 기억은 늘 그렇게 장날과 함께 하는 법. 세월이 흐른 지금에도 장날은 기다림과 설렘을 불러일으키는 따스한 촉매이다.

그렇게 마냥 행복하고 들뜨기만 했던 유년의 빛깔을 고스란히 담고 있는 '꼬까신', '꼬까옷'은 '고까신', '고까옷'과 함께 복수 표준어를 형성하는 어휘인바, 이번에는 어감의 차이를 지니는 한 쌍의 어휘들이 둘 다 표준어로 수용된 결과, 복수 표준어를 형성하는 사례에 대해 살펴보기로 하겠다.

'고까'와 '꼬까'는 복수 표준어

현행 『표준어 규정』 제19항에서는 "어감의 차이를 나타내는 단어 또는 발음이 비슷한 단어들이 다 같이 널리 쓰이는 경우에는 그 모두를 표준어로 삼는다."고 규정하고 있다. 여기에 해당하는 어휘의 쌍으로는 다음과 같은 것들이 있다.

(1) 거슴츠레하다 ː 게슴츠레하다
    고까 ː 꼬까
    고린내 ː 코린내
    교기(驕氣) ː 갸기
    구린내 ː 쿠린내
    꺼림하다 ː 께름하다
    나부랭이 ː 너부렁이

위의 어휘들은 어원을 같이하는 단어이면서 어감의 차이 또한 그다지 크지 않다는 사실에 기대어 두 개의 단어가 모두 표준어로 채택된 예들이다. '고까'와 함께 '꼬까'가 나란히 표준어로서 쓰이게 된 배경 역시 바로 이와 같은 언어적 사실 때문이다.

그런데 (1)의 어휘들 가운데는 그 어감 혹은 의미의 차이에 대한 면밀한 검토를 요하는 것들이 포함되어 있다. 우선, '고린내(＝코린내)'와 '구린내(＝쿠린내)'의 차이에 대한 인식이 필요하다. 이를 위해 실제 문장에서 이 단어들이 쓰인 예를 제시해 보기로 한다.

(2) ㄱ. 자빠진 통나무처럼 여섯 명이 머리와 다리를 각각 반대로 하여 누워 있는 굴속은 후끈한 열기와 **고린내** 섞인 악취로 꽉 차 있었다.

ㄴ. 아이가 똥을 쌌는지 방안에 **구린내**가 진동했다

이와 같은 문장에서 쓰인 '고린내'와 '구린내'에 대한 사전적 정의를 제시하면 다음과 같다.

(3) ㄱ. 고린내 : 썩은 풀이나 썩은 달걀 따위에서 나는 냄새와 같이 고약한 냄새
ㄴ. 구린내 : 똥이나 방귀 냄새와 같이 고약한 냄새

이와 같은 사전적 정의에 따르면, '고린내'와 '구린내'는 자극의 요인이 다른 데서 오는 느낌의 차이를 구별하기 위한 것임을 알 수 있는데, 이는 다름 아닌 모음 /오/(고린내)와 /우/(구린내)의 차이와 관련이 있다.

한편, (1)의 어휘 가운데 '교기' 혹은 '갸기'는 교만한 태도, 곧 남을 업신여기고 잘난 체하며 뽐내는 태도를 의미하는 말로서, 이와 같은 어휘의 공존 역시 한자어 '교기(驕氣)'를 어원으로 하여, '교- > 갸-'의 변화 곧 모음 /요/를 /야/로 변화시킴으로써 어감의 차이를 꾀한 것이다.

마지막으로, '나부랭이' 혹은 '너부렁이'는 '종이나 헝겊 따위의 자질구레한 오라기' 혹은 '어떤 부류의 사람이나 물건을 낮잡아 이르는 말'로, 이 역시 첫 음절 모음의 교체에 의해 어감의 차이를 갖도록 한 것임은 두말할 필요가 없다.

우리 속담에 "아 다르고 어 다르다."는 말이 있다. 물론, 말을 잘 가려서 해야 한다는 것이지만, 국어 어휘들 가운데는 '아' 다르고 '어' 다름으로써 어감에 차이가 나는 어휘들이 상당히 많다는 사실 또한 기억해 둘 필요가 있다.

완강한 옥수수

이 진 엽

그대의 삶이 허약해질 때
<u>옥수수</u> 껍질을 벗겨 보라
한 겹 두 겹 삼베처럼 질긴 것들을
서서히 벗겨 가면
작고 단단한 무수한 알맹이들이
그대의 손끝에 닿을 것이다
야무진, 잇몸에 깊이 박힌 튼튼한 옥니같이
무언가를 깨물고픈 몸부림들
조금의 빈틈도 없이
사납게 으르렁대는 그 촘촘한 이빨 앞에
그대는 문득 소스라치리라
우리가 삶에 지칠 때
모든 꿈마저 진흙더미로 무너질 때도
옥수수들은 저마다
한 여름의 뙤약볕을 온 힘으로 물어뜯으며
저렇게 익어가지 않는가
완강한, 완강함으로 아름다운
저 시퍼런 생의 의지
작지만 옹골찬 것들이 서로의 몸을 밀착시키며
어깨가 처진 자들을 노려본다
그대여, 다시는
고개를 숙인 채 터벅이며 걷지 마라

햇빛은 눈부시고
맹렬한 **넝쿨**들이 이 여름숲을 휘감는 지금
우리도 문득 옥수수 하나를 집어들고
덥석 한 입 깨물어야 한다

그랬었다. 친친 감겨 있는 푸른 껍질과 한 움큼씩 잡히던 수염들을 벗기고 나면, 거기 눈부시도록 흰 옥수수 알갱이들이 한 치의 오차도 없이 도열해 있었다. 어떠한 틈입도 허용하지 않겠다는 듯 촘촘히 박혀 있는 알갱이들의 완강한 의지 앞에서 우리들의 허약한 치아는 늘 멈칫거릴 수밖에 없었다. 뾰족한 손톱을 동원하지 않고는 한 알도 차지하기 어려울 만큼 단단한 알갱이들의 반항. 기왕 목숨으로 태어난 바에는 그와 같이 단단한 생의 의지로써 버텨야 한다. 까닭 없이 어깨가 처져서도, 함부로 고개를 숙여서도 안 될 일이다. 눈부신 태양과 맹렬한 기세로 여름 숲을 휘감는 넝쿨들 아래에서라면 더더욱…….

문제는 아무리 단단한 생의 의지로도 '옥수수'와 '강냉이' 사이에서는 흔들리기 십상이라는 것이다. 그와 같은 혼돈은 '옥수수'와 '강냉이'가 복수 표준어라는 사실을 알지 못하는 데서 비롯된다고 할 수 있는 바, 이번에는 복수 표준어 문제에 초점을 맞추기로 하겠다.

한 가지 의미를 나타내는 단어의 공존

현행 『표준어 규정』 제3장 제5절에서는 "한 가지 의미를 나타내는 형태 몇 가지가 널리 쓰이며 『표준어 규정』에 맞으면 그 모두를 표준어로 삼는다."는 말로써 복수 표준어를 규정하고 있다. 여기에 해당하는 단어 목록으로는 모두 177개의 어휘 항목이 둘 이상의 복수 표준어를 가지고 있음을 보여주고 있다.

우선 '옥수수'와 '강냉이'처럼 두 개의 단어가 복수 표준어를 형성하고 있는 어휘 항목들로는 다음과 같은 단어 쌍들을 예로 들 수 있다.

    (1) ㄱ. 가뭄　　：　가물
       ㄴ. 고깃간　：　푸줏간
       ㄷ. 꽃도미　：　붉돔
       ㄹ. 넝쿨　　：　덩굴
       ㅁ. 마파람　：　앞바람
       ㅂ. 봉숭아　：　봉선화
       ㅅ. 보조개　：　볼우물
       ㅇ. 우레　　：　천둥
       ㅈ. 책씻이　：　책거리

위의 예들을 통하여 알 수 있듯이, 현행 『표준어 규정』에서는 의미상으로 큰 차이가 없는 단어의 쌍들을 둘 다 표준어로 인정함으로써, 둘 가운데 어느 한 가지를 배제해야 하는 문제를 극복하고 있다. 이와 같은 결정은 결과적으로 국어를 풍부하게 하는 데 기여할 뿐만 아니라, 표준어가 인위적으로 결정되는 산물이라는 인식을 줄이는 효과를 가져올 수 있다고 볼 수 있다.

경우에 따라서는 셋 이상의 형태가 모두 복수 표준어로 인정되는 경우도 적지 않은데 다음이 그 예이다.

    (2) ㄱ. 깃저고리 / 배내옷 / 배냇저고리
       ㄴ. 눈대중 / 눈어림 / 눈짐작
       ㄷ. 느리광이 / 느림보 / 늘보
       ㄹ. 멀찌감치 / 멀찌가니 / 멀찍이
       ㅁ. 보통내기 / 여간내기 / 예사내기
       ㅂ. 아무튼 / 어떻든 / 어쨌든 / 하여튼 / 여하튼
       ㅅ. 철따구니 / 철딱서니 / 철딱지

　　그러나 이와 같은 복수표준어의 인정에도 불구하고 둘 가운데 한 형
태만을 표준어로 인정하는 경우도 있는데『표준어 규정』제25항에 제
시된 것이 바로 그것이다.

(3) ㄱ. 까다롭다　　　　(○)　:　까탈스럽다　　(×)
　　ㄴ. 안절부절못하다 (○)　:　안절부절하다 (×)
　　ㄷ. 주책없다　　　　(○)　:　주책이다　　　(×)
　　ㄹ. 청대콩　　　　　(○)　:　푸른콩　　　　(×)

산 너머 남촌에는 Ⅰ

김 동 환

산 너머 남쪽에는 누가 살길래,
해마다 봄바람이 남으로 오네.

꽃 피는 사월이면 진달래 향기,
밀 익는 오월이면 보리 내음새.

어느 것 한 가진들 실어 안 오리.
남촌서 남풍 불 제 나는 좋데나.

봄이| 일깨우는 우리의 감각 기관 가운데 가장 자극적인 것은 아마도 후각일 것이다. 겨우내 얼었던 골짜기의 물이 녹아 흐르는 소리라든지, 간지럼을 태우듯 부드럽게 와 닿는 바람결, 눈이 번쩍 뜨이게 할 정도로 풍성한 볼거리들 역시 우리를 잡아끄는 것임에 틀림없다. 그러나 코를 킁킁거리며 냄새의 진원지를 찾도록 만드는 꽃향기며, 한없이 풋풋하고 싱그러운 풀 냄새, 밀과 보리가 익어 가는 냄새 등은 언제든 우리를 사로잡기에 충분할 만큼 강렬하다. 하물며 그것이 남촌에서 건너오는 것임에야 두말할 필요가 없으리라. 언젠가 한번은 가보고 싶은 곳. 추위도 거센 바람도 없이 오직 부드러운 훈풍이 향기로운 '봄 내음'을 품고 있는 그곳이야말로 우리들의 영원한 이상향이기 때문이다.

'내음새'는 시적 허용, 일상적 표준어는 '냄새'

문제는 '보리 내음새'의 '내음새'라든지 '봄 내음'의 '내음'과 같은 단어의 쓰임인데, 이들은 표준적인 언어 규범에서 벗어난 이른바 시적 허용(poetic licence)의 예들이라는 점에서 한 번쯤 검토하고 넘어갈 필요가 있다. 일반적으로 시적 허용이란 미묘한 의미 차이나 음악성 등을 살리기 위해 언어 규범에 맞지 않는 표현을 쓰는 것을 말하는데, 비교적 자주 등장하는 시적 허용의 예로서는 다음과 같은 것을 들 수 있다.

(1) ㄱ. 그립고 아쉬움에 가슴 조이던
     머언 먼 젊음의 뒤안길에서
                         — 서정주, <국화 옆에서>에서

ㄴ. 우물 속에는 달이 밝고 구름이 흐르고 하늘이 펼치고
　　파아란 바람이 불고 가을이 있습니다.

—윤동주, <자화상>에서

ㄷ. 아이야, 우리 식탁엔 은쟁반에
　　하이얀 모시 수건을 마련해 두렴.

—이육사, <청포도>에서

ㄹ. 한라에서 백두까지 향그러운 흙가슴만 남고 그, **모오든** 쇠붙
　　이는 가라.

—신동엽, <껍데기는 가라>에서

(2) ㄱ. 내 가슴속에 가늘한 **내음**
　　　애끈히 떠도는 **내음**

—김영랑, <가늘한 내음>에서

ㄴ. 눈 위에 남긴 내 **발자욱**, 다음 사람의 길이 된다.

—서산대사, <夜雪>에서

ㄷ. **님**은 갔습니다. 아아 사랑하는 나의 님은 갔습니다.

—한용운, <님의 침묵>에서

ㄹ. 한라에서 백두까지 **향그러운** 흙가슴만 남고 그, 모오든 쇠붙
　　이는 가라.

—신동엽, <껍데기는 가라>에서

위 예문의 밑줄 친 단어들은 '내음새'와 마찬가지로 언어 규범에서
벗어난 시적 허용의 예들이라고 할 수 있는데, (1)의 예들에서는 음절수
를 늘림으로써, (2)의 예들에서는 일정한 말소리의 변화를 통해서 시적
허용을 꾀하고 있다. (1), (2)의 예들은 각각 다음과 같은 방식으로 표기
해야 올바른 형태들이다.

(3) ㄱ. *머언   → 먼
    ㄴ. *파아란   → 파란
    ㄷ. *하이얀   → 하얀
    ㄹ. *모오든   → 모든
(4) ㄱ. *내음   → 냄새
    ㄴ. *발자욱   → 발자국
    ㄷ. *님   → 임
    ㄹ. *향그러운 → 향기로운

위의 예들을 통해 알 수 있듯이, 시적 허용에 의한 표현들은 음절수를 늘린다든지, 일정한 말소리의 변화와 같은 방식을 통해 이루어지는 것이 일반적이다. 시인은 이와 같은 시적 허용을 통해 일정한 시적 효과를 꾀하게 되는데, 결과적으로 음악적 리듬의 변화나 미묘한 의미상의 차이를 가져오게 된다.

한 가지 분명히 해야 할 것은 시적 허용은 우리말과 글의 전통과 규범을 무시하는 것과는 차원이 다르다는 점이다. 그것은 일단 어법에 맞는 표현을 쓰는 것이 표현의 정확성이라는 측면에서 바람직함은 물론이거니와, 누구보다 시인은 언어의 질서에 밝아야 하기 때문에 더더욱 그러하다. 그러므로 시인은 언어의 조탁 면에서 누구보다도 철저하고 민감하되, 자신의 정서와 주제를 좀 더 효과적으로 드러내기 위한 의도에서만 언어 규범에서 벗어나는 시적 허용을 스스로에게 허락해야 할 것이다.

이러한 사실들과 관련, (1), (2)와 같은 문학적 글쓰기가 아닌 일상적 글쓰기에서 사용되는 다음과 같은 표기들은 분명한 오류임을 잘 알아두어야 한다.

(5) ㄱ. 전국이 성난 비의 *발자욱에 속수무책으로 점령당하고 있다.
    ㄴ. 요즘 경남 하동엔 야생차 덖는 *내음이 가득하다.
    ㄷ. 한마디로 '*님도 보고 뽕도 딸' 생각의 일부 젊은이들로 인해
       2006 독일월드컵의 또 다른 '장외 열기'가 서서히 달아오르
       고 있다.
    ㄹ. *향그러운 차 맛을 살려 부담 없이 즐길 수 있는 차 셔벗인
       '설원지란'과 달콤한 봉황단총 소스와 어우러진 '봉황지구'
       는 차 맛에 익숙하지 않아 조심스러운 사람들에게 차의 맛과
       향을 전해 주는 건강 메뉴이다.

유배지에서 보내는 정약용의 편지

정 일 근

아직은 미명이다. 강진의 하늘 강진의 벌판 새벽이 당도하길 기다리며 죽로차를 달이는 치운 계절, 학연아 남해바다를 건너 牛頭峰을 넘어오다 우우 소 울음으로 몰아치는 하늬바람에 문풍지에 숨겨둔 내 귀 하나 부질없이 부질없이 서울의 기별이 그립고, 흑산도로 끌려가신 약전 형님의 안부가 그립다. 저희들끼리 풀리며 쓸리어가는 얼음장 밑 찬 물소리에도 열 손톱들이 젖어 흐느끼고 깊은 어둠의 끝을 헤치다 손톱마저 다 닳아 스러지는 謫所의 밤이여, 강진의 밤은 너무 깊고 어둡구나. 목포, 해남, 광주 더 멀리 나간 마음들이 지친 봉두난발을 끌고와 이 악문 찬 물소리와 함께 흘러가고 아득하여라, 정말 아득하여라. 처음도 끝도 찾을 수 없는 미명의 저편은 나의 눈물인가 무덤인가 등잔불 밝혀도 등뼈 자옥이 깎고 가는 바람소리 머리 풀어 온 강진 벌판이 우는 것 같구나.

우우 하고 어디선가 바람이 떼를 지어 몰려올 것 같은 대숲과 아름드리 솔숲을 지나 가파른 외길을 한참 오르면, 18년 유배객의 참담한 심경만큼이나 어두침침한 공간과 마주하게 된다. 다산 정약용이 유배 생활의 대부분을 보내면서, 『목민심서』를 비롯한 500여 권의 저술 활동의 산실로 삼았던 다산초당이 바로 그곳.

지금이야 제법 구색을 갖추어 긴 툇마루에 큼직한 방이 있는 팔작기와 지붕의 집이지만, 그 옛날에는 이름 그대로 오막살이 초가를 면치 못하였을 것으로 짐작되는바, 좁다란 마당 앞에 서는 순간, 사랑하는 가족을 멀리 서울에 두고 20년 가까운 세월을 유배지에서 살며 고독을 곱씹었을 다산의 참담한 심경에 저절로 붙들리게 된다.

그 자리에 서게 된 사람이라면, 누구나 그러한 감정으로부터 자유롭지 못하게 될 터, 하물며 비범한 감수성의 소유자인 시인임에랴. 그리하여 그는 다산으로 되살아나, 사랑하는 아들 학연에게 긴 사연의 편지를 띄웠으리라.

바로 그때가 밤새 차가운 바람이 문풍지를 두들기며 지나가는 때였다고 한다면, 바야흐로 '하늬바람'이 부는 계절, 온기라고는 찾기 어려운 서북풍에 고독한 유배객의 가슴은 한없이 시리고 시리었을 것이다.

국어 어원론 학자들의 견해에 따르면, '하늬'란 '하늘의'가 줄어든 말이라고 하니, '하늬바람'이란 그러니까 저 먼 서북쪽 하늘 끝에서 불어온 바람이라고 할 수 있다. 찬기를 가득 품은 북서풍, 곧 '하늬바람'은 우리에게 비교적 낯선 이중모음 /ㅢ/를 품고 있는바, 이번에는 이 이중모음의 발음과 표기 문제에 관심을 두기로 하겠다.

이중모음 /ㅢ/의 발음과 표준어

주지하는 대로, 국어의 이중모음으로는 /ㅑ, ㅕ, ㅛ, ㅠ, ㅒ, ㅖ, ㅢ, ㅘ, ㅙ, ㅝ, ㅞ/ 등 모두 11개가 있다. 이 가운데 특히 /ㅢ/는 구체적인 음성 환경에 따라 달리 발음되기도 하고, 방언에 따라 발음상의 차이를 상당히 많이 보이기도 한다는 점에서, 안정적인 하나의 음소로 간주하기 어려운 점이 있다.

우선, '하늬'의 둘째 음절 '늬'와 같이, 자음을 첫소리로 가지고 있는 /ㅢ/는 이중모음이 아닌 단모음 [ㅣ]로 발음되어야 한다. 이와 같은 경우에 해당하는 단어 목록으로는 다음과 같은 것들이 있다.

> (1) 늴리리, 닁큼, 무늬, 보늬, 오늬, 띄어쓰기, 씌어, 틔어, 희어, 희떱다, 희망, 유희 등.

이러한 단어 목록들 가운데 우리에게 비교적 낯설어 보이는 단어에 한정하여 그 용례를 제시하면 다음과 같다.

> (2) ㄱ. **늴리리야** 늴리리야, 새들이 떼 지어 깃을 찾아온다.
> ㄴ. "밤이 찬데 **닁큼** 들어가세." 두 노인이 한사코 웅보의 손을 잡아끌었다
> ㄷ. 밤의 얇은 속껍질인 **보늬**를 모아 말렸다가 가루로 만들어서 꿀에 개어 피부에 바르면 주름살을 펴는 효과가 있다.
> ㄹ. 시위에 **오늬**를 먹이는 위치는 정확할수록 좋다.

위 예문들에서 출현하는 '늴리리야', '닁큼(머뭇거리지 않고 단번에 빨리)', '보늬(밤이나 도토리 등의 속껍질)', '오늬(화살의 머리를 활시위

에 끼도록 에어 낸 부분)’ 등의 어휘는 자음 아래에서 쓰인 /ㅢ/가 단모음화 결과 [ㅣ]로 발음됨에도 불구하고, 여전히 ‘의’로 표기하고 있는 어휘들이라는 점에서 특기할 만하다. 이와는 달리, ‘느티나무’, ‘잔디’는 국어의 역사적 단계에서 ‘느틔나무’, ‘잔듸’로 쓰였던 것인데, 그 이후에 이루어진 단모음화의 결과를 반영하여, 각각 ‘느티나무’, ‘잔디’로 적고 있는 사실과는 대조적이라 할 수 있는 것이다.

자음 아래에서 쓰인 /ㅢ/가 단모음화의 결과 [ㅣ]로 발음됨에도 불구하고 여전히 형태소의 원형을 밝혀 ‘의’로 표기하는 것은 /ㅢ/ 앞에 자음이 없는 경우 또한 마찬가지이다. 이러한 사실은 예컨대, ‘민주주의의 의의’라는 구절의 발음이 어떻게 되는가를 통해서 파악할 수 있다.

    (3) ‘민주주의의 의의’의 발음
       ㄱ. 원칙→[민주주의의 의의]
       ㄴ. 허용→[민주주이에 의이]

이와 같은 발음은 현행『표준어 규정』제2부에 제시되어 있는 <표준발음법> 제5항의 규정에 근거한 것이다. 여기에서 우리는 만일 ‘의’가 자음을 첫소리로 가지고 있지 않을 경우, 두 가지 유형의 발음이 가능함을 알 수 있다. 그 하나는 (3ㄱ)처럼 모든 ‘의’를 이중모음 [ㅢ]([ij])로 발음해야 한다는 것이고, 다른 하나는 (3ㄴ)처럼 이중모음이 아닌 단모음으로 발음하는 것이 허용된다는 것이다. 이 가운데 (3ㄴ)의 발음에 대해서는 좀 더 구체적인 언급이 필요한데, 이는 다음과 같이 요약할 수 있다.

293

(4) ㄱ. 비어두 위치의 '의'는 [ㅣ]로 발음할 수 있다.
　　　　예 민주주**의**에 의**의**
　　ㄴ. 조사 '의'는 [ㅔ]로 발음할 수 있다.
　　　　예 민주주의**에** 의의

　이와 같은 사실을 종합해 볼 때, 국어의 이중모음 '의'는 자음을 첫소리로 가지고 있지 않은 어두 위치에서만 분명히 이중모음 [ㅢ]([ɰi])로 발음되며, 그 밖의 경우에는 [ㅣ]로 발음하거나, [ㅔ]로 발음할 수 있음을 알게 된다.

　그러나 발음과 표기는 엄연히 구별되어야 한다. 즉, '의'가 [ㅣ]나 [ㅔ]로 발음되는 경우가 있다고 하더라도 소리대로 적어서는 안 되는 것이다. 따라서 가령 '하늬바람', '늴리리야'를, '*하니바람', '*닐리리야'로 적는 것은 허용되지 않는다. 또한, 다음 문장들에서 나타나는 것처럼, 조사로 쓰인 '의'를 '에'로 적는 것도 올바르지 않다.

(5) ㄱ. 손에 손을 잡고 "*<u>우리에 소원은 통일</u>"하면서 남북통일 잔치의 노래를 불렀다.
　　ㄴ. 내 꿈은 언제나 *<u>희망에 나라</u>로 날개를 달고 날아보려나?
　　ㄷ. 대한민국 대표 *<u>피자에 꿈</u>!

　위의 문장들에서 쓰인 '*우리에', '*희망에', '*피자에'는 각각 '우리의', '희망의', '피자의'로 써야 하는 환경에서 '의'를 '에'로 잘못 적은 예이다. 요컨대, 우리의 표기법은 발음보다는 형태소의 원형을 먼저 고려하는 형태주의에 좀 더 높은 비중을 두고 있음을 말하여 주는 좋은 예라고 할 것이다.

제5장

시로 읽는
『외래어 표기법』

시로 읽는 국어 정서법

바람맞았을 때

이 생 진

어제는 **커피숍**에서 바람맞았다
그까짓 바람이야 차 한 잔으로 달랬지만
미아리 고갯길은 너무 길었다
그보다 갯바람은 더 길다
바람에 익숙한 내 인생
다음날 산에 오르면
산바람이 모두 쓸어가고
남아 있는 새소리
새소리는 바람맞은 데 묘약이다
바람맞게 하고 미안해하는 골짜기도
꼴깍 삼켜버린다
산새소리는 묘약이다

커피숍은 마치 동전의 양면처럼 앞뒤가 있다. 젊은 날, 우리를 한없이 달뜨게 하였던 즐거운 만남도, 더 이상의 기다림은 아무런 소용이 없음을 뼈저리게 느끼도록 하던 마지막 인사도 바로 그 커피숍에서 이루어졌다. 그러므로 커피숍을 떠올릴 때마다 우리는 두 가지 빛깔로 빚어진 기억의 조각들을 주울 수밖에 없다. 그것은 아마도 진한 갈색 빛깔의 커피와 거기에 가미된 흰눈 빛깔의 설탕 때문이리라. 한없이 쓰면서도 한없이 달콤한 것…….

어디 커피숍뿐이랴. 우리들이 서 있는 각자의 삶의 현장들 역시 어김없이 두 가지를 준비하고 있다. 마음에 따스한 위로가 되는 만남 뒤에는 소태처럼 쓴 배신의 칼날이 언제든 준비되어 있는 법. 우리는 늘 그렇게 바람을 맞으며 살고 있다고 해도 틀린 말은 아니리라.

그리하여 그렇게 쓸쓸히 바람을 맞은 날이라면, 어디로 가는 것이 가장 좋을까? 다른 무엇보다도 산으로 가는 것이 최선의 방법일 수 있다. 온갖 산새의 명랑한 울음이 골짜기를 휘몰아치는 바람까지도 모조리 잠재울 수 있을 터, 그것이야말로 세상을 살아가는 고단함과 시름을 잊게 만드는 묘약 가운데 묘약이라고 할 것이다.

시로 읽는 『외래어 표기법』 1—받침 표기 원칙
받침 표기는 'ㄱ', 'ㄴ', 'ㄹ', 'ㅁ', 'ㅂ', 'ㅅ', 'ㅇ' 7개만

문제는 '커피숍' 앞에 설 때면 또 다른 유형의 고단함을 느끼게 되는지도 모른다는 것이다. 그것은 바로 우리 사회에 어지럽게 널려 있는 표기 문제, 곧 '*커피숖', '*커피샾'과 같은 외래어 표기 때문이다. 다음

298

예들을 좀 더 검토해 보기로 하자.

> (1) ㄱ. 그래서 당시 해설자가 "코끼리가 *비스켙 먹듯 쉽게 쉽게 아
>   웃을 잘 시킨다."고 해서 코끼리라는 별명이 붙은 거예요.
>   ㄴ. 집에 가야 한다는 말은 잊은 채 그녀는 *케잌을 거실로 가지
>   고 가 늘어놓고 종류별로 하나씩 맛을 보며 정신을 못 차렸
>   다.
>   ㄷ. 폴더에 있는 모든 파일을 플로피 *디스켙에 복사해 놓아도 부
>   팅 *디스켙이 만들어 진다.
>   ㄹ. Burton 사건에서 연방대법원은 정부대리인이 운영하는 한 건
>   물 안에 위치한 *커피샾은 단지 인종에 근거하여 고객을 모시
>   는 것을 거부할 수 없다고 판결하였다.

위 예문들에서는 '*비스켙', '*케잌', '*디스켙', '*커피샾' 등과 같은 단어들이 등장하는데, 이들은 모두 현행 『외래어 표기법』에 어긋나는 비표준 형태들이다. 그렇다면, 이 단어들의 올바른 표기 형태는 무엇이며, 그와 같은 표기를 결정하는 원칙은 무엇일까? 우선, (1)의 오류를 바로 잡아 제시하면 다음과 같다.

> (2) ㄱ. *비스켙 → 비스킷(biscuit)
>   ㄴ. *케잌   → 케이크(cake)
>   ㄷ. *디스켙 → 디스켓(diskette)
>   ㄹ. *커피샾 → 커피숍(coffee shop)

국어 외래어 표기가 이와 같은 방식으로 이루어 져야 한다고 규정하고 있는 것이 바로 현행 『외래어 표기법』 제1장에서 제시하고 있는 '외래어 표기의 기본 원칙'이다. 즉, 현행 『외래어 표기법』 제1장 제3항에 따르면, 외래어 표기는 다음과 같은 원칙을 따를 필요가 있는 것이다.

(3) 받침에는 'ㄱ', 'ㄴ', 'ㄹ', 'ㅁ', 'ㅂ', 'ㅅ', 'ㅇ'만을 적는다.

　물론, (2)와 같은 외래어 표기를 결정하는 데 있어서는 (3)의 원칙만으로 해결되지 않는 문제가 없지 않다. 예컨대, 'cake'는 '케잌'이나 '케익'이 아닌 '케이크'로 표기해야 하는 것이 바로 그것이다. 그러나 이러한 문제는 추후에 해결하기로 하고, 우선 외래어의 받침 표기에만 초점을 맞춘다면, 오직 'ㄱ', 'ㄴ', 'ㄹ', 'ㅁ', 'ㅂ', 'ㅅ', 'ㅇ' 등 7개 글자만을 쓸 수 있다. 이러한 표기의 원칙은 음절말(syllable-final) 위치에서 7개 자음만 실현된다는 국어의 음절말 자음 체계와 밀접한 관련이 있다. 물론, 여기에는 약간의 차이가 있어, 음절말 위치에서는 'ㅅ' 대신 'ㄷ'가 실현된다. 국어의 음절말 자음 체계는 'ㄱ', 'ㄴ', 'ㄷ', 'ㄹ', 'ㅁ', 'ㅂ', 'ㅇ' 등 7개이기 때문이다.

　국어의 어휘들은 어원상으로 세 가지 계열, 즉 고유어, 한자어, 외래어 등으로 구분되는데, 한자어가 약 70%, 고유어가 20%, 외래어가 10% 정도의 비중을 차지한다. 한자어의 높은 비중에 비하자면, 외래어가 차지하는 10%의 비중이란 아주 낮은 편이다. 그러나 고유어 어휘가 고작 20%밖에 되지 않는다는 사실에 비추어 보자면, 10%의 외래어란 상당히 많은 편이며, 오늘날에 있어서는 그 비중이 점점 더 높아지고 있다. 이러한 외래어의 표기를 위해 마련된 것이 바로 『외래어 표기법』인바, 그 원칙에 대한 철저한 이해가 요구된다고 하겠다.

짜장 기념일

이 영 식

榮華樓,
일찍이 내가 만난 모든 기념일은
짜장면을 통해 왔다
생일, 입학, 졸업…
결혼기념일까지
굵은 국수 가락이 착하게 누워 있었다

싸락눈 키질하며 창을 때리고
주전자 뚜껑은 디딜방아를 찧는다

옛 짜장면을 시켰다
씹을 것도 없이 뚝뚝 끊기는 면발,
기쁨 같기도 하고 슬픔 같기도 하여
목구멍으로 꾹꾹 구겨 넣었다

짜장면 한 그릇을 비우고 나니
강낭콩 몇 알과 양파 조각이 뒹군다
구석으로만 밀려다니는 것들
오체투지로 밀고 가야 할 변방의 길들이
돼지기름 위에 떠 있다

감빛으로 달궈진 무쇠난로 속에서는
뼛조각 같은 무엇이 불끈거리고

대학 1학년 때였던가, 한 선배가 내게 말했다. '짜장면'이 맛이 없어지기 시작할 때부터 인생은 비극이라고……. 그날 이후, 누군가가 "뭐 먹을래요?"라고 물으면, 곧잘 "짜장면요" 하고 대답했던 것은 결코 비극적인 삶을 택하고 싶지 않았기 때문이었다.

통통 분 짜장면 한 그릇으로도 얼마든지 행복할 수 있었던 시절이었으므로, 맨 처음 생은 그렇게 솜털처럼 가벼웠다. 졸업식이든 입학식이든 그저 짜장면 한 그릇이면 세상에 부러울 것이라곤 없었던 유년.

일찍이 독일의 문호 괴테는 젊은 베르테르의 입을 빌려 인간은 딱 두 번밖에 행복할 수 없는 존재라고 단언하였다. 아직 이성(理性)이 찾아오기 전과 완전히 이성이 나가버린 때. 따라서 그의 말을 빌리자면, 완전히 이성을 잃은 때, 그러므로 실성해 버린 때를 제외한다면, 인간이 진정으로 행복할 수 있는 시절이란 오로지 유년시절밖에 없는 셈이다. 다른 무엇보다도 짜장면이 가장 맛이 있던 시절. 그러므로 우리는 유년시절의 행복을 다시 찾고 싶은 날이라면, 밀가루 반죽을 길게 늘어뜨려 국수를 뽑는 옛날 짜장집 앞에 다시 서게 되는 것이다.

된소리를 지양함

그러나 이제 '짜장면'은 없다. 그 대신 '자장면'이 그 자리를 차지하게 되었는바, 이는 다음과 같은 현행 『외래어 표기법』 규정 때문이다.

(1) 파열음 표기에는 된소리를 쓰지 않는 것을 원칙으로 한다.
   (『외래어 표기법』, 제1장 4항)

이 규정이 의미하는 바가 무엇인가를 정확히 이해하기 위해, 먼저 다음 문장들에 쓰인 외래어들을 검토해 보기로 하겠다.

(2) ㄱ. 골프 대회에서 우승하면 초록색 **가운**을 입던데 굳이 초록색 **가운**을 입을 필요가 있는지요?
   ㄴ. 베트남의 지속적인 성장이 유지된다면 2010년에는 100억 **달러**를 돌파할 것으로 전망된다.
(3) ㄱ. 역사에 관심이 많은 중·장년층을 위한 역사학 **카페**도 자리를 잡았습니다.
   ㄴ. 알록달록 예쁜 옷은 거꾸로 볼 경우 **피에로** 아저씨가 윙크하는 모습으로 바뀐다.

위 문장들에서 쓰인 (2)의 '가운(gown)'과 '달러(dollar)', (3)의 '카페(cafe)'와 '피에로(pierrot)'는 흔히 '*까운', '*딸러', '*까페', '*삐에로' 등으로 잘못 표기되는 것들이다. 그러나 이러한 표기는 모두 오류라고 할 수 있는바, 이를 규정하는 것이 바로 (1)의 원칙이다. 이러한 원칙에 의하면, (2)의 예와 같은 유성 파열음(/b, d, g/)은 예삿소리 'ㅂ', 'ㄷ', 'ㄱ'로, (3)의 예와 같은 무성 파열음(/p, t, k/)은 거센소리 'ㅍ', 'ㅌ', 'ㅋ'로 적어야 한다.

문제는 (1)의 규정이 파열음(plosive)은 물론 마찰음(fricative)이나 파찰음(affricate)에까지도 확대 적용된다는 사실이다. 다음은 그러한 언어적 사실을 입증하는 외래어 표기의 예이다.

(4) ㄱ. 사인(sign), 사인펜(sign pen), 서머타임(summertime),

서클(circle), 소나타(sonata), 소시지(sausage), 싱크대(sink) 등.
ㄴ. 재스민(jasmine), 재킷(jacket), 재즈(jazz), 잭나이프(jackknife),
잼(jam) 등.

위의 예들 가운데 (4ㄱ)의 예들은 마찰음 / s /를, (4ㄴ)의 예들은 파찰음 / j /를 각각 예삿소리로 적은 것이다. '짜장면'을 '자장면'으로 적어야 하는 이유 역시 (4ㄴ)의 예들과 동일한 맥락에서이다. 즉, '자장'은 한자어 '자장(炸醬)'에서 유래한 것으로, 이 한자어의 중국음이 본래 /zhajiang/이므로, (4ㄴ)과 마찬가지로 예삿소리로 적는 것을 원칙으로 삼은 것이다. 그 결과, 중국집에 가서 찾게 되는 '자장면'의 종류들 역시 '간자장', '유니자장', '사천자장', '쟁반자장' 등으로 적어야 한다.

다만, 이러한 원칙에도 예외는 있어서, 다음 단어들만큼은 된소리 표기를 허용하고 있다. 이들은 지금까지의 언어적 관용을 그대로 인정한 것들이다.

(5) 껌(gum), 삐라(bill), 빨치산(partizan), 히로뽕(hiropon) 등.

계란 후라이꽃

김 용 관

길가에 핀 꽃에도
희망은 있다
아무도 눈 여겨 안 봐주어도
꿈은 영글고
발에 차이는 설움에서도
하늘을 보며 웃고 있나니
내게도 꿀벌과 나비를 부르는
한 점 매력이 넘쳐
연인의 가슴에 안겨
체온을 느끼며 사나니
향기가 있다 없다 하는
그대의 가슴보다 더 노란 꽃술
당신의 뒷모습에서
소리 없이 웃는 나의 볼에는
언제나 그리움 가득하다

6월부터 8월까지, 여름 한철 내내 들녘에 흔히 피어나는 작은 풀꽃 가운데 '개망초'라는 이름의 꽃이 있다. 북미 원산의 귀화식물인 이 꽃을 두고 사람들은 흔히들 '계란꽃' 혹은 '계란 후라이꽃'이라 부르기도 하는데, 이는 그 꽃 모양이 노른자위를 가운데 두고 흰자위가 빙 둘러 있는 계란 모양을 닮은 데서 비롯된 것이다.

그 이름에서도 어느 정도는 짐작할 수 있듯이, '개망초'는 잡초에 가까운 취급을 받는다. 이는 다른 무엇보다도 길가나 들녘 혹은 묵정밭 등 뿌리를 내릴 수 있는 자리라면 어디든 피어나 온 대지를 점령할 만큼 왕성한 생명력을 보이는 풀꽃이라는 데 그 원인이 있다 할 것이다.

그러나 한낱 작은 풀꽃에게도 꿈은 있는 법. 개망초 역시 누군가의 가슴에 하나의 꽃다발로 안기고 싶은 희망을 갖기에 충분할 만큼 앙증맞은 생김새며 은근한 향기가 쉽게 사람들의 발걸음을 멈추게 만든다.

일본식 발음을 지양함

문제는 '계란 후라이꽃'이라는 별칭 속에 있다. 다시 말해, 이 이름 속에는 이제는 다시 추억하고 싶지 않은 역사의 흔적이 묻어 있는 것이다. 우선 다음 문장들을 보기로 하자.

(1) ㄱ. 건전지가 들어있는 어댑터나 메인보드, 건전지 자체는 알루미늄 *<u>호일</u>로 포장하면 안 됩니다.

　　ㄴ. 며칠 동안 작업하고 어제는 밤샘 작업까지 했는데, 오늘 점심 먹기 전 *<u>화일</u>이 모두 날아갔다.

ㄷ. <어느 멋진 날>의 제작 발표회에서 2년 만에 드라마에 출연
하는 성유리와 함께 공유, 이연희, 남궁민이 *<u>화이팅</u>을 외치
며 드라마의 선전을 기원하고 있다.
ㄹ. 미에로 *<u>화이바</u>의 'S라인' CF는 미에로 *<u>화이바</u>를 마심으로써
여성들이 날씬한 몸매를 만들 수 있다는 것을 상징적으로 표
현했다.
ㅁ. 우리가 간과해서는 안 될 것은 계기와는 무관하게 *<u>환타지</u> 소
설의 대중적인 성공에 우리의 의지가 개입되어 있다는 사실
이다.

위의 문장들에 등장하는 '호일', '화일', '화이팅', '화이바', '환타지' 등은 모두 잘못된 외래어 표기임과 동시에 우리의 외래어들 가운데 상당수가 일본을 거쳐 들어왔음을 보여주는 것이라는 점에서 재고를 요하는 것들이다. 주지하는 대로, 이들 어휘들은 마찰음 [f]를 초성으로 하는 단어들인바, 원래의 단어와 올바른 외래어 표기를 제시하면 다음과 같다.

    (2) ㄱ. foil   → 포일
         ㄴ. file   → 파일
         ㄷ. fighting → 파이팅
         ㄹ. fiber   → 파이버
         ㅁ. fantasy → 판타지

현행 『외래어 표기법』 제2장에 제시된 '표기 일람표'에 따르면, 모음 앞에 나타나는 [f]는 'ㅎ'가 아닌 'ㅍ'로 적도록 규정하고 있는데, (2)의 예들은 그러한 사실을 잘 보여준다.

그렇다면 (1)과 같은 외래어 표기의 오류는 어떻게 해서 나타나게 되었을까? 이는 일제 시대 이후 대부분의 외래 문물이 일본을 통한 간접

차용이었음을 상기케 한다는 점에서, 이제는 청산을 필요로 하는 구시대의 유산이라고 할 수 있는 것들이다. '*훼미리쥬스(family juice)', '*화운데이션(foundation)', '*마후라(muffler)', '*후래시(flash)', '*후렌치 파이(french pie)', '*후라이드 치킨(fried chicken)', '*휴즈(fuse)' 등 또한 그와 동일한 맥락에서 비롯된 오류의 예들이다. 바로 이와 같은 이유로 '개망초'를 일컬어 '계란 후라이꽃'이라고 하는 것은 그다지 환영할 만한 명명이 못 되는 것이다.

한편, (1ㄹ)의 '*화이바' 경우는 자음은 물론 모음에 있어서도 일본식 영어 발음을 그대로 따르고 있다는 점에서 올바른 외래어 표기인 '파이버(fiber)'와 거리가 너무 동떨어진 예에 속하는데, 다음 예들 또한 동일한 오류를 범하고 있는 단어 목록이다.

> (3) ㄱ. *남바, *네가티브, *다큐멘타리, *디지탈, *모타, *시그날,
> *센타, *오다, *칼라, *페스티발 등.
> ㄴ. *레자, *카렌다, *맘모스, *바케쓰, *빠찌, *빠이롯트, *사라다,
> *사루비아, *샷시, *세라복, *세무가죽, *스뎅, *엑키스 등.

위의 예 가운데 (3ㄱ)의 예들은 일본어의 모음 체계의 특징과 관련된 현상으로서, 모음 /ㅓ/를 전부 /ㅏ/로 반영한 결과를 그대로 차용한 데서 나타나는 오류이고, (3ㄴ)의 예들은 모음뿐만 아니라 자음 체계 및 음절 구조 등의 차이와 관련된 오류이다. 말하자면, 일본어의 외래어를 우리가 그대로 차용한 결과, (3)과 같은 차용어들이 국어에 그대로 수용되어 있는 것이다. 그렇다면 이러한 오류는 어떻게 바로잡아야 하는 것일까? 다음이 그 답이다.

(4) ㄱ. 넘버(number), 네거티브(negative), 디지털(digital),
시그널(signal), 센터(center), 다큐멘터리(documentary),
모터(motor), 컬러(color), 페스티벌(festival)

ㄴ. 인조가죽(leather), 달력(calendar), 대형(mammoth),
들통(bucket), 배지(badge), 파일럿(pilot), 샐러드(salad),
샐비어(salvia), 창틀(sash), 세일러복(sailor服),
새미가죽(chamois가죽), 스테인리스(stainless), 진액(extract)

위의 단어들 가운데 (4ㄱ)은 (3ㄱ)과 비교했을 때, 모음 /ㅏ/를 모두 /ㅓ/로 바로잡으면 되는 체계적인 현상이다. 그리고 (4ㄴ)의 경우에는 '인조가죽', '달력', '대형', '들통' 등의 예와 같이 순화를 필요로 하거나, '배지', '파일럿', '샐러드' 등의 예처럼 본래의 발음을 충실히 반영하는 방식으로 표기가 이루어져야 한다.

그 빵집 우미당

심 재 휘

나는 왜 어느덧 파리바케트의 푸른 문을 열고 있는가. 봄날의
유리문이여 그러면 언제나 삐이걱 하며 대답하는 슬픈 이름이여.
도넛 위에 쏟아지는 초콜렛 시럽처럼 막 익은 달콤한 저녁이 내
얼굴에 온통 묻어도 나는 이제 더 이상 달지가 않구나.

그러니까 그 옛날 강릉 우미당을 나와 곧장 파리바케트로 걸어
왔던 것은 아닌데, 젊어질 수도 없고 늙을 수도 없는 나이 마흔
살, 단팥빵을 고르기에는 너무 늦은 나이. 이제는 그 빵집 우미당,
세상에서 가장 향긋한 아침의 문은 더 이상 열리지 않네.

두드려도 열리지 않는 것은 이미 이별한 것. 오늘이 나에게 파
리바케트 푸른 문을 열어 보이네. 바케트를 고르는 손이 바케트
네. 그러면 식탁에서는 오직 마른 바케트, 하지만 씹을수록 입 안
에 고이는, 그래도 씹다 보면 봄날 저녁 속의 언뜻언뜻 서러움 같
은, 그 빵집 우미당, 누구에게나 하나씩 불에 덴 자국 같은

내게도 '우미당'이 한 군데 있었다. 사실을 말하자면, 그 집에 제대로 된 간판이 있을 리 없었다. 그저 '빵집'이라고만 불리던 집. 찹쌀 반죽을 조금씩 떼어 편편하게 만든 다음 곱게 받아 놓은 팥 앙금―물론, 당시엔 '앙꼬'라고 불렀다.―을 듬뿍 넣어 기름에 튀겨낸 후, 설탕 위에 도르르 굴려서 내놓는 그 빵을 가리켜 우리는 '도나쓰'라고 불렀다. 고소한 기름 맛이 그대로 밴 달콤한 '도나쓰'의 유혹은 너무나도 강렬한 것이어서 그 집을 그냥 지나치기란 거의 불가능한 일이었다. 그러나 그 '빵집' 앞에 '파리바게트'거나 '크라운 베이커리' 같은 낯선 간판들이 세워지면서부터 '도나쓰'는 가운데가 텅 빈 고리 모양의 '도넛(doughnut)'으로 탈바꿈하였다.

가운데가 비어 있기 때문이었을까? 달콤한 초콜릿 시럽을 듬뿍 뒤집어쓰고 있음에도 불구하고, '도넛'에는 무언가가 빠져 있는 느낌을 숨길 수가 없으니, 그것은 어느새 성큼 달아나 버린 세월을 따라 삶의 달콤함 또한 그렇게 빠져 나가버린 까닭인지도 모른다.

시로 읽는 『외래어 표기법』 4 —이중모음 [OU] 및 장모음 표기 원칙
이중모음 [ou] 및 장모음 표기를 지양함

현행 『외래어 표기법』을 그대로 따르자면, '도나쓰'와 '도너츠' 혹은 '도우넛'은 '도넛(doughnut)'으로 표기해야 한다. 이와 같은 외래어 표기에서 모음 [ou]는 '오우'로 적지 않고, '오'로 적어야 한다는 원칙에 의한 것이다. 다음 예들을 좀 더 보기로 하자.

(1) ㄱ. 주지하는 바와 같이, 펜티엄이 나타난 이후, 급격하게 PC 시
       장이 발전했으며, 이에 맞추어서 <u>윈도</u> 95가 발표되었다.
   ㄴ. 위 눈꺼풀에 칠하여 눈매를 돋보이게 하는 색조 화장품을
       '<u>아이섀도</u>'라 한다.
   ㄷ. 세르비아 몬테네그로와 네덜란드가 맞붙은 C조 경기에서는
       무려 6개의 <u>**옐로카드**</u>가 등장했다.
   ㄹ. 미국의 시인 **롱펠로**는 "음악은 인류의 공통어이며, 시는 그
       위안이며 기쁨이다."라고 하였다.

위 문장들에서 사용된 '윈도', '아이섀도', '옐로카드', '롱펠로' 등은
모두 영어에서 차용한 외래어들로서, 첫 음절 혹은 마지막 음절의 모음
으로 이중모음 [ou]를 지니고 있다. 이를 구체적으로 이해하기 위해 이
단어들의 원어와 발음을 제시하면 다음과 같다.

(2) ㄱ. window   [windou]
   ㄴ. eye shadow   [ai ʃædou]
   ㄷ. yellow card   [jelou kaːrd]
   ㄹ. Longfellow   [lɔːŋfelou]

여기에서 보듯이, 이 단어들은 모두 이중모음 [ou]를 가지고 있는바,
이를 『외래어 표기법』에 따라 적을 때에는 '오'로 적는 것이 원칙이다.
따라서 다음 문장에서 쓰인 '레인보우' 같은 단어의 경우, '레인보'로
적어야 『외래어 표기법』에 맞는 표기이다. 다만, 이는 '무지개'로 순화
하여 쓰고 있어서 국어 단어 목록에는 포함되지 않는다.

(3) MBC 새 미니시리즈 '오버 더 *레인보우'에 출연하는 김옥빈과
   지현우가 나란히 붉은 악마로 변신해 응원하는 모습이 공개됐다.

외래어 표기에 있어 또 한 가지 중요한 원칙은 장모음(long vowel)을 표기에 반영하지 않는다는 것인데, 예를 들면 다음과 같다.

(4) ㄱ. 왜 하필이면 수많은 신화 중에서 <u>그리스</u>(Greece) 로마 신화가 가장 유명할까요?

ㄴ. 동서양에 걸쳐 광대한 영토를 갖고 있던 <u>터키</u>(Turkey)는 1차 세계대전에서 독일 편을 들다 독일이 패하는 바람에 많은 영토를 잃고 오늘날의 소국으로 전락했다.

ㄷ. 폭발적이고 거만하게 보이는 <u>베토벤</u>(Beethoven)의 천성적인 기질은, 그로 하여금 모든 사교계로부터 발을 끊게 했다.

ㄹ. <u>초서</u>(G. Chaucer)는 14세기 최고의 영국 시인으로 중세 영어를 문학적 표준으로 확립함으로써 영문학의 아버지라 불리며, 대표작으로 『캔터베리 이야기』가 있다.

그러나 이와 같은 사실을 잘 모르는 언중들로서는 다음 (5)에서 보듯이, 흔히 장음 표기를 사용하는데, 이들은 모두 (4)와 같이 고쳐 써야 한다.

(5) ㄱ. 그리스와 *<u>그리이스</u>는 똑같은 나라명인가요?

ㄴ. *<u>터이키</u>와 모차르트의 *<u>터어키</u> 행진곡과는 어떤 관계가 있나요?

ㄷ. *<u>베에토벤</u>처럼 고르지 못한 환경에서 일생을 보낸 음악가도 드물 것이라고들 한다.

ㄹ. 특히 *<u>초오서</u>는 중세문학의 가장 위대한 작가로 추앙받고 있다.

죽음처럼 긴 잠

안 성 길

죽음처럼 긴 잠을 잤습니다
<u>콤팩트 디스크</u>에 차이코프스키의 비창을 넣고
리플레이 버튼을 틀어 놓은 채
끝도 없이 풀려 나오는 흰 광목 같은 잠 속을
얼마나 오래 헤매었는지 모릅니다
둥근 알약처럼 창백한 슬픔들이
한 가닥 일상의 끈마저 놓아 버린
썩은 나뭇등걸 같은
내 몸을 텅텅 북치며 빠져나갔습니다
별안간 승냥이떼처럼 송곳니 드러내고
진흙창을 뒹굴며 울부짖었습니다
찰거머리 같은 당신 지우려고
죽음처럼 긴 잠속 단숨에 뛰어 들었건만
짐승의 송곳니같이 희번뜩이는
아아 당신을 향한 적의만 키우고 말았습니다.
맨발의 피투성이로 걷고 또 걷던 잠의 터널 끝에서
매캐한 그 화약내를 맡고 말았습니다.

죽음처럼 긴 잠으로도 다스릴 길이 없는 절망과 분노는 주로 어디에서 오는 것일까? 우리의 경험에 비추어 보건대, 그것은 대개 누군가의 배신으로 인한 상처에서 오는 경우가 가장 많을 것이다. 사실, 사람들이 사는 세상에 배신은 마치 밥을 먹는 일처럼 흔히, 그러니까 다반사(茶飯事)로 일어난다. 상대에 대한 불신(不信)과 몰이해(沒理解)에서, 혹은 단순한 변심(變心)에서 가장 가까이에 있는, 그리하여 한때는 목숨처럼 사랑했던 사람에게까지 배신의 칼날을 들이대는 일이 비일비재한 것이다.

그렇게 모든 일상의 끈마저 놓아 버린 채, 죽음처럼 긴 잠을 통해서도 구할 수 없는 위안. 과연 방법은 없는 것일까? 그러한 때라면, 다시 한 장의 CD에 희망을 걸어보아도 가히 나쁘지는 않으리라 본다. 자잘한 삶의 생채기나 슬픔은 그보다 더 크고 깊은 상처나 슬픔으로 인하여 치유되는 경우가 많은 법. 그 이름만으로도 비탄의 냄새가 물씬 풍기는 차이코프스키의 교향곡이라면 치유의 묘약으로 가장 제격이기 때문이다.

문제는 CD, 곧 '콤팩트디스크'에 있다. 우리가 일반적으로 생각하듯이 '컴팩트디스크'로 표기해서는 안 되는 언어적 사실과 관련, 이 글에서는 이른바 '영국식 영어 발음 우선'이라는 원칙에 대해 설명하고자 한다.

영국식 표준 발음 반영

지금까지 몇 번에 걸쳐서 언급한 『외래어 표기법』의 원칙들이 전제해야 하는 것은 모든 외래어 표기는 해당 어휘의 표준 발음을 토대로 한다는 것이다. 따라서 예컨대 다음 (1)에 제시한 영어 단어들의 표기는 실제 발음에 근거하여 <표기 A>와 같이 적는 것이 원칙이다.

	단어	발음	표기 A	표기 B
(1) ㄱ.	ankle	[ǽŋkl	앵클	*앵글
ㄴ.	basic	[béisik]	베이식	*베이직
ㄷ.	cardigan	[kɑ́:rdigən]	카디건	*가디건
ㄹ.	jacket	[ʤǽkit]	재킷	*자켓
ㅁ.	membership	[mémbərʃip]	멤버십	*멤버쉽
ㅂ.	pamphlet	[pǽmflit]	팸플릿	*팜플렛

그런데 이와 같은 표기 원칙 안에는 "영국식 발음을 기본으로 함."이라는 전제가 깔려 있다. 따라서 만일 어떤 단어의 발음 가운데 영국식 영어 발음과 미국식 영어 발음이 다른 경우라면, 영국식 발음을 따라야 한다. 다음 예를 보기로 하자.

	단어	표기 A(영국식)	표기 B(미국식)
(2)	body language	보디랭귀지	바디랭귀지
	body lotion	보디로션	바디로션
	body massage	보디마사지	바디마사지
(3)	coffee shop	커피숍	커피샵
	workshop	워크숍	워크샵
	top class	톱클래스	탑클래스
(4)	contents	콘텐츠	컨텐츠

compact	콤팩트	컴팩트
comma	콤마	컴마
complex	콤플렉스	컴플렉스
(5) superman	슈퍼맨	수퍼맨
supermarket	슈퍼마켓	수퍼마켓
super ball	슈퍼볼	수퍼맨

　오늘날, 영어는 지리적, 혹은 사회·문화적 요인과 관련하여 수많은 변종(variety)이 나타나는데, 그 가운데 대표적인 것이 영국 영어(British English)와 미국 영어(American English)이다. 이 두 언어 변종 사이에는 상당한 발음의 차이가 있는데, 그러한 차이의 일단을 보여 주는 것이 바로 (2)~(5)의 예이다. 이러한 예들 가운데 (2)~(4)는 모음 / o /의 발음과 관련하여, (5)는 / su /의 발음과 관련하여 나타나는 것으로, 우리의 『외래어 표기법』은 모두 영국식 표준 발음을 좇아 '표기 A'를 따르고 있다.

　그렇다면, 이와 같은 원칙을 정하게 된 이유는 무엇일까? 이는 영어에서 들어온 외래어의 경우, 영국식 발음이 미국식 발음에 비해 좀 더 익숙하게 관용화되어 왔다고 보기 때문이다. 따라서 최근 들어 미국에서 직접 들어온 외래어가 있다면, 그 때는 미국식 영어의 발음에 따라 적어야 한다.

비 젖는 언덕에서

김 동 리

이슬비에 젖고 있는 언덕 위의 꽃
나도 젖으며 그 앞에 섰다
내 비록 농구화에 **바바리** 차림으로
수풀과 더불어 젖고 있지만
나는 왠지 저들만큼 이쁘지 않으이
내 입성 아무리 갈아 본다 해도
저들에 어울리겐 이쁘지 않으리
비에 젖은 언덕의
꽃과 나무들처럼
사람은 그렇게 이쁠 수 없을까
내 어쩌면 저들에 어울릴 만큼
저들과 하나 되어 살 수 있을까

아무리 바바리 깃을 높이 세운 채 폼을 잡아 보아도 비에 젖은 언덕의 꽃과 나무들처럼 멋이 있기란 어려운 일이다. 꽃과 나무라는 이름이라면, 그 자체만으로도 충분하지만, 이슬과 빗물에 촉촉이 젖었을 때라면 더욱 매혹적인 존재가 되고 만다. 그 선명한 빛깔과 싱싱한 생명력의 한결같음을 무엇에 비길 수가 있을까? 그것은 아마도 '버버리(Burberry)'가 일단 '바바리'로 자리를 잡은 후에는 더 이상 본래의 모습으로는 돌아가지 못한 채 '바바리'로 살아가는 것과 마찬가지라고 할 것이다.

시로 읽는 『외래어 표기법』 6
오래된 관용 존중

이유가 어찌 되었건, 국어 외래어들 가운데는 실제 발음과는 상당히 동떨어진 것임에도 불구하고, 오랜 세월에 걸쳐 그러한 모습으로 자리를 잡은 채 살아가는 것들이 상당히 많다. '바바리'가 그러하고, '파마(permanent)' 혹은 '돈가스(pork cutlet)'가 그러하다. 그렇다면, 어떻게 해서 이러한 어휘들은 표준적인 외래어 단어로서 국어사전에 당당히 자리를 차지하게 되었을까? 이는 『외래어 표기법』 총칙 제5항에서 밝히고 있는 대로, 이미 굳어진 외래어라고 하는 점에서 관용으로 존중되고 있기 때문이다. 이와 같은 허용 규정의 결과, 외래어 가운데는 원어의 형태와 발음과 비교해 볼 때, 상당한 차이를 보이는 것이 있기도 하고, 경우에 따라서는 원어에는 없는 표현이 새로이 만들어지기도 한다. 후자에 속하는 것으로는, 이른바 '콩글리시(Konglish)'라고 하는 것이 그 전형적인 예이다.

우선, 주로 영어에서 유래한 것으로서, 관용으로 인정되는 외래어로
는 다음과 같은 단어를 들 수 있다.

(1) 아파트　　　　← apartment
　　오토바이　　　← autobicycle
　　차지타임　　　← charged time
　　코르덴　　　　← corded velveteen
　　카레라이스　　← curried rice
　　플레어스커트　← flared skirt
　　하이힐　　　　← high heeled shoes
　　메스실린더　　← measuring cylinder

위의 예들을 보면, 오랜 관용으로 인정되는 외래어들은 대부분 발음
의 변이(variation)에 의한 것이거나, 단어의 일부를 생략(clipping)하는 방
식에 의해 형성되었음을 알 수 있다.

실제 발음과는 거리가 있는 외래어가 오랜 차용의 역사 속에서 관용
으로 굳어진 외래어로는 일본어나 중국어에서 기원한 것들도 상당수이
다. 다음이 그 전형적인 예에 속한다.

(2) 배갈　　　← 白干儿　　　[baigar]
　　쿵푸　　　← 功夫　　　　[gongfu]
　　라조기　　← 辣子鷄　　　[laziji]
　　기스면　　← 鷄絲麵　　　[jisimian]
(3) 짬뽕　　　← ちゃんぽん　[chanpon]
　　조끼　　　← チョッキ　　[chokki]
　　고도리　　← ことり　　　[godori]
　　크레파스　← クレバス　　[kurepasu]
　　라면　　　← ラーメン　　[ramen]

위의 예들 가운데 (2)는 중국어에서, (3)은 일본어에서 유래한 단어들로서, 원음과 비교할 때 모두 발음의 차이를 보인다. 특히, 중국식 권법(拳法)을 말하는 '쿵푸'의 경우, 오랫동안 '쿵후'로 잘못 알려져 온 것이었다는 점에서 주의를 요하기도 한다.

한편, 오랜 관용에 의해 굳어진 외래어로서, 콩글리시(Konglish)에 해당하는 단어들 역시 그 수가 적지 않다. 다음은 새로운 조어 방식을 통해서(4ㄱ), 혹은 영어에는 아예 없는 새로운 단어 형성에 의해서(4ㄴ) 형성된 콩글리시의 예들이다.

> (4) ㄱ. 레포츠(leisure sports)　　오므라이스(omelet rice)
>   ㄴ. 오버센스(over sense)　　키포인트(key point)
>   와이셔츠(white shirt)　　하이칼라(high collar)
>   카센터(car center)　　홈드레스(home dress)
>   카스테레오(car stereo)　　모닝커피(morning coffee)

방주

박 형 준

그것은 **다라이**에 붙어 있었다.
그것이 자랄수록 다라이는 하늘로 떠올랐다.
인생이란 때로 붉은 다라이에서 바라본
물빛 세로줄무늬가 연속된 비닐 천막의
천장인지 모른다, 포장마차 속
아이는 다라이에 눕혀져 키워졌다.
흰 실로 몸을 친친 감은 누에고치처럼.
뜨내기 손님들이 남긴 생의 얼룩이
카바이트 불빛 아래 고여가는 雨期의 밤,
포장을 때리는 쉼없는 빗소리에
아이는 한 겹씩 고치를 벗고 있다.
나비로 탈바꿈할 때까지, 비가 내린다.

우동을 파는 어미의 고단한 잠에 떠밀려
새벽을 견디는 시장의 포장마차 속
아무도 눈여겨본 적 없는 한 척의 배가,
조심스레 아이를 품고 물거품 이는
해변의 풍요로운 기슭으로 간다.
세로줄무늬의 천장 위로
비가, 그치고 있다.
파리떼가 푸른 등을 반짝이며
점점이 박혀 있다.

물빛 세로줄 무늬의 비닐 천막 천장에 점점이 박힌 쉬파리 떼처럼 가난이 덕지덕지 달라붙어 있는 삶. 우동을 파는 엄마의 천막 안에서 아이는 다라이에 담긴 채 자란다.

고작 비닐로 만든 붉은 색 다라이가 바깥세상의 거친 파도로부터 지켜줄 수 있는 튼튼한 방주인 것으로 알고 자라야 하는 아기와 그 엄마의 삶이라니, 때로 가난은 아무리 피하려도 피할 길이 없는 가혹한 운명일 수 있다. 그러한 운명에서라면, 아이는 태어난 지 얼마 되지 않은 핏덩이 때부터 비닐 천막의 천장이 세상의 전부인 것으로 여기며 누워 있었는지도 모를 일이다.

그러나 주머니가 그다지 넉넉지 못한 사람들이 잠시 머물며, 빨아들이듯 국수 한 그릇을 후루룩 마시고 일어서는 포장마차 속의 삶도 한껏 여유로워질 때가 있으니, 그것은 밤샘 피로에 지친 엄마가 잠에 떠밀려 꿈속으로 잠수하는 바로 그때일 것이다.

적어도 꿈속에서라면, 멍에와도 같은 삶의 짐을 벗어 던져 버리고 목숨보다도 소중한 아기와 함께 풍요로운 해변의 기슭에 닿을 수 있을 터, 아무쪼록 그 쪽잠이 아침이 올 때까지 깨지 않기를 바라는 마음 간절하다.

그와 같은 간절함 속에 또 한 가지 담아야 할 것이 있다면, 우리의 일상생활 속에 켜켜로 박혀 있는 일본어의 잔재를 지워야 한다는 당위성이다. 붉은 색 '다라이' 안에, 혹은 따뜻한 국물을 자랑하는 '우동' 속에 우리가 그토록 벗어나고 싶었던 일제 강점기의 흔적들이 고스란히 남아 있다는 것은 그다지 유쾌한 일이 아니기 때문이다. 따라서 이번에는 주로 일본어에서 차용한 외래어의 순화 문제에 대해 관심을 두기로 하겠다.

일본어 기원 외래어의 바로 세우기

어떤 시대건 언어 접촉(language contact)이 원인이 되어 이루어지는 외래어의 유입은 어느 면에서 지극히 자연스러운 언어 현상이다. 그러나 우리의 언어 정책에서 끊임없이 대두되어 온 일본어의 잔재 문제는 차원이 다른 문제이다. 일제 강점기에서 벗어난 지 60년이 지난 오늘날에 이르기까지 청산되지 못한 채 우리말에 뿌리를 깊게 내리고 있는 일본어 기원 외래어의 숫자가 결코 적지 않기 때문이다. 2005년 국립국어원에서 내놓은 『일본어 투 용어 순화 자료집』에 수록된 순화 대상 어휘가 무려 1,171개나 된다는 사실이 그러한 사실을 잘 입증한다.

일본어의 뿌리는 일상생활에서는 물론이거니와 전문 기술 분야, 법률이나 의학 등과 같은 학술 분야에 이르기까지 넓고도 깊다. 우선, 우리의 일상생활에서 흔히 접할 수 있는 대표적인 예를 몇 가지 들면 다음과 같다.

(1) ㄱ. 곤죠(근성), 구좌(계좌), 구사리(면박, 핀잔), 기스(흠), 나가리(유찰, 깨짐), 와이로(뇌물), 뗑뗑이(물방울), 마호병(보온병), 무뎃뽀(막무가내), 엔코(바닥남), 유도리(융통, 여유), 야리쿠리(둘러대기 / 꾸며대기), 이지메(집단 괴롭힘), 잉꼬(원앙), 지라시(선전지), 히마리(맥), 히야시(차게 함) 등.

    ㄴ. 기지(천), 몸뻬(일 바지, 왜 바지), 소데나시(민소매), 에리(깃), 우라(안감), 우와기(윗도리, 상의), 지지미(쫄쫄이), 한소데(반소매) 등.

    ㄷ. 다시물(맛국물), 다쿠앙(단무지), 덴푸라(튀김), 마키(김말이), 복지리(복국), 사시미(생선회), 센베이(전병과자), 소보로빵(곰보빵), 아나고(붕장어), 아부라게(유부), 아지(전갱이), 앙꼬(팥소), 야키만두(군만두), 오코시(밥풀과자), 와사비(고추냉이) 등.

ㄹ. 닥상이다(넉넉하다), 뗑깡부리다(생떼부리다), 뽀록나다(드러
나다, 들통나다), 왔다리갔다리(왔다갔다) 등.

위의 예들 가운데 (1ㄱ)의 예들은 전형적인 일상어로 사용되는 것들
이고, (1ㄴ)의 예들은 의복 관련 어휘들이다. 또한, (1ㄷ)의 예들은 식생
활 관련 어휘들이며, (1ㄹ)은 일정한 상태나 움직임을 나타내는 형용사
나 동사의 예들이다.

(1)과 같은 양상의 문제점은 괄호 안에 제시된 순화어를 통해 알 수
있듯이, 우리말에서 이들이 일종의 이중 체계를 형성하고 있다는 사실
이다. 말하자면, 동일한 지시 대상을 두고 두 가지 상이한 어휘 체계가
공존하고 있는 양상인데, 일본어에 대한 체계적인 지식이 없이는 그와
같은 언어적 사실을 인식하지 못하는 경우가 대부분이라고 할 수 있다.

음식 문화의 일면을 예로 들어 보기로 하자. '복지리'를 먹으면서도
그것이 '복국'이라는 사실을 전혀 인식하지 못하였을 뿐만 아니라, '김
치마키', '대마키' 등을 주문해 먹으면서도 그것이 '김말이'에 해당한다
는 사실을 간과하기 일쑤였다고 해도 틀린 말이 아니다. '앙꼬 없는 찐
빵' 같은 관용적 어구에서도 마찬가지여서, 만일 '앙꼬'를 '팥소'로 대
체해야 한다고 하면, 전문적인 학자들조차도 의아해하는 경우가 적지
않을 것이다.

우리말에 깊숙이 침투해 있는 일본어의 잔재는 전문적인 건축 용어
나 학술용어의 경우에도 마찬가지라고 할 수 있다. 다음은 그 전형적인
예들이다.

(2) ㄱ. 가건물(임시건물), 가쿠목(각목), 가타와쿠(거푸집), 노가다(공
사판 노동자), 나라시(고루 펴기), 뻬빠(사포), 함바(현장 식

　　당), 하코방(판잣집) 등.
　ㄴ. 가압류(임시 압류), 격납(넣어 둠), 기라성(빛나는 별), 방사(놓
　　아기르기), 신쭈(놋쇠), 메키(금 입히기), 입방미터(세제곱미
　　터), 천연두(마마), 하구언(강어귀 둑), 호열자(괴질), 혹성(행
　　성) 등.

　위의 예들 가운데 (2ㄱ)은 건축 관련 어휘이고, (2ㄴ)은 전문적인 학술 용어에 해당하는 것들이다. 이러한 예들 가운데는 한자어도 상당수 눈에 띄는데, 이와 같은 언어적 사실은 우리와는 다른 방식으로 조어된 일본식 한자어가 그대로 유입되어 쓰인 경우도 적지 않음을 시사한다.

　이상에서 살펴본 것처럼, 우리 국어 어휘 체계 안에는 상당히 많은 일본어 혹은 일본어 투 용어들이 차용되어 오랜 세월 동안 자리를 차지해 왔음을 알 수 있다. 물론 국어 순화의 대상으로 삼아야 할 요소는 이와 같은 일본어의 잔재만은 아니다. 오늘날 점차로 확산되고 있는 영어와, 우리말의 전통과 규범을 깨뜨리고 있는 통신언어 등도 순화해야 할 대상임은 물론이다.

　언어 접촉에 의한 차용 혹은 새로운 세대에 의한 언어 개신(linguistic innovation) 등의 요인에 의한 언어의 변화란 피할 수 없는 일이기도 하다. 그러나 우리말의 역사와 전통을 계승하고 그 바탕 위에서 새로운 언어적 자산을 발굴하려는 노력 없이 오로지 새로운 변화만을 추구한다면, 우리의 고유어가 설 자리를 잃게 되는 날이 오고야 말 것이다. 국가적 차원에서, 그리고 모든 국어 화자 차원에서 외래어나 통신어의 순화에 대한 끊임없는 관심이 요구되는 이유가 바로 여기에 있다.

지은이 **강희숙**

조선대학교 사범대학 국어교육과 및 동 대학원 졸업
전북대학교 대학원 국어국문학과 졸업(문학박사)
캐나다 토론토대학교 언어학과 교환교수
현, 조선대학교 인문과학대학 국어국문학과 부교수

주요 논저

『삶과 글』(2002, 조선대학교 출판부, 공저)
『국어정서법의 이해』(2003, 역락)
『현대음운론 입문』(1997, 한신문화사, 공역)
『언어 변이와 변화』(1998, 태학사, 공역) 외 논문 다수

시로 읽는 국어 정서법

초판 인쇄 2007년 5월 4일 | **초판 발행** 2007년 5월 15일
지은이 강희숙
펴낸이 최종숙 | **책임편집** 권분옥 | **편집** 이태곤 이소희 김주헌 양지숙
펴낸곳 도서출판 글누림 | **등록** 제303-2005-000038호(등록일 2005년 10월 5일)
주소 서울시 서초구 반포 4동 577-25 문창빌딩 2층
전화 3409-2055 | **팩시밀리** 3409-2059 | **전자우편** nurim3888@hanmail.net
ISBN 978-89-91990-51-7 03710

정가 12,000원
* 잘못된 책은 교환해 드립니다.